DIEDERICHS GELBE REIHE

herausgegeben von Michael Günther

W0075478

Matthias Mala

Die Macht der weißen Magie

Glück und Beistand
durch die Zauberkraft der Psyche

Diederichs

Die Zeichnungen wurden vom Autor angefertigt. Die restlichen
Abbildungen stammen aus dem Archiv des Autors und des
Verlages.

Die Deutsche Bibliothek – CIP Einheitsaufnahme
Mala, Matthias:
Die Macht der weißen Magie: Glück und Beistand durch die
Zauberkraft der Psyche / Matthias Mala. – Kreuzlingen ; München :
Hugendubel, 1999 (Diederichs)
(Diederichs Gelbe Reihe; Bd. 158: Weltkulturen)
ISBN 3-424-01446-X

Umschlaggestaltung: Zembsch' Werkstatt, München
Produktion: Tillmann Roeder, München
Satz und Repro: SatzTeam Berger, Ellenberg
Druck und Bindung: Pressedruck Augsburg
Printed in Germany

ISBN 3-424-01446-X

Inhalt

Hört, ich sehe Glück,
Glück, das uns nicht beschieden war;
Glück, das wir nie wähnen mochten;
Glück und schieren Geist.

Wie sind wir nur dorthin gelangt,
dorthin, wohin kein Weg uns lenkte?

Durch Schmerz und Leid und Blut und Haß!
Lieblos, zielend und nur Trug vor Augen
strebten wir zum Untergang!

Darnieder, ohne Los vor Augen
verloren wir uns, erhöhend,
im Lichte loser Tat …

Einleitung

Five o'clock tea in der Halle eines englischen Hotels. Weiß gedeckte Tische mit frischen Blumen, silbernen Menagen und edlem Porzellan. Der Tee wird aus schweren Silberkannen serviert. Entrindete Happen Sandwiches folgen, danach Scones, kleine Hefebrötchen, mit Buttercreme und Konfitüre, und zum Abschluß Petits fours, sündhaftes Feingebäck. Man nimmt sich Zeit, plaudert, genießt, gibt sich entspannt und lauscht dem Pianospiel im Hintergrund. Verläßt man schließlich das Hotel, bleibt man ein wenig verzaubert, und es dauert eine Weile, bis einen die Zeit wieder einzuholen beginnt.

Die Zeremonie des Nachmittagtees mag man als ein überkommenes Ritual des Großbürgertums abtun, wer sich ihr jedoch aussetzt, kann sich kaum ihrem Zauber entziehen. Und daß diese Form der Unterbrechung des Alltages keineswegs so antiquiert ist, wie sie einem in dem alten Prunk traditionsreicher Grandhotels auf den ersten Blick anmuten mag, zeigt sich in der zunehmenden Bedeutung, die der ritualisierten abendlichen Teestunde vielerorts wieder beigemessen wird.

Freilich hat dies nichts mit Magie zu tun, auch wenn der Zauber solcher Mußestunde uns angenehm umwandelt. Gewiß ließe sich der Ablauf der Vesper mit ihren verschiedenen Komponenten magisch ausdeuten, doch empfänden wir solches Unterfangen nur als aufgesetzt. Magisch allein ist vielleicht das Eintauchen in eine andere Zeit, in jenen seltsamen Moment des Stillstandes. Von eigentlicher Bedeutung ist indes das Ritual, der Akt, mit dem wir diese Weile zelebrieren. Dieses Ritual hat Tradition und allein hierdurch bereits Bedeutung und Wichtigkeit.

Kein Ritual ohne Magie, keine Magie ohne Ritual

Unser Leben ist in vielfältiger Weise ritualisiert, unzählige sichtbare und verborgene Rituale zwingen uns Verhaltensweisen und Reaktionen auf, denen wir uns nur selten entziehen können. Insoweit tragen bei oberflächlicher Betrachtung Rituale an sich durchaus ein magisch wirksames Moment in sich. Sie entzaubern sich jedoch rasch, sobald wir sie als hohl und bedeutungslos empfinden. So gesehen sind Rituale Manifestationen anerkannter sozialer Kontexte; verlieren diese hintergründigen gemeinschaftstiftenden Zusammenhänge an Bedeutung, verliert sich auch das Ritual als ihr sinnhafter Ausdruck. Deshalb ist die Kreation eines Rituals auch keineswegs dem Bereich der Beliebigkeit zuzuordnen. Jedes Ritual verlangt nach einem Grund. So ist etwa mit der simplen Geste des Vortrittgewährens unabdingbar auch eine Anerkennung des sozialen Ranges verbunden. Dagegen entlarvt sich ein leeres Ritual, zum Beispiel das stille Exerzieren eines einsamen Wachsoldaten, schnell selbst und wirkt entsprechend lächerlich. Offenbart ein Ritual andererseits nicht, worauf es gründet, bleibt es unverstanden und verfehlt so seine Absicht, nämlich seinen Grund zu festigen.

Wirksame Rituale sind folglich kein Selbstzweck, sondern dienen dazu, allgemeine Übereinkünfte, Regeln und kommunikative Prozesse zu befördern. Hierdurch vermitteln sie Sicherheit und gelten als ein notwendiges Instrument der Befriedung. Durch die symbolisch verschlüsselte Handlung eines Rituals soll die Idee seines Grundes einfühlsam dargestellt werden. Gelingt dies, entfaltet sich durch das Ritual auch eine magische Kraft, indem sich die ihm zugrundeliegende Idee dem Beteiligten in sinnlicher Weise einschreibt. Aus diesem Grunde ist vor allen Dingen die Vermittlung metaphysischer Sichten mit Ritualen verbunden; was insbesondere für alle Formen der Magie gilt, da es ihr an jeglicher materieller Substanz mangelt.

Magie bedarf also des Rituals, um sich wirksam zu entfalten. Zum anderen muß das der magischen Vorstellung zugewiesene Ritual ihr auch entsprechen und gleichzeitig von den Beteiligten emotional, aber auch intellektuell verstanden werden. Nur dann ist es möglich, daß das Ritual seinem Zweck gerecht wird, der darin liegt, das Magische zu verfestigen, ihm gleichsam über die Wahrnehmung durch die alle Sinne ansprechende Performance auch materielle Substanz zu verleihen. So ist beispielsweise die Herstellung eines Amuletts im Prinzip noch kein magischer Akt an sich. Bekanntlich werden heute die meisten zum Verkauf bestimmten Amulette in großen Schmuckmanufakturen gefertigt. Erst die Veräußerung, der Erwerb und die Aneignung eines Amuletts sind Stationen, an denen rituelle Momente, wenn auch häufig von unkonventioneller Art, wirksam werden und dem als zauberkräftig erachteten Gegenstand ein magisches Fluidum verleihen. Andererseits muten uns beschriebene Rituale und vorgeschriebene Handlungen in alten Zauberbüchern oft derart märchenhaft an, daß sie nicht mehr dazu geeignet sind, magische Kräfte zu potenzieren. Jedenfalls ist es, um ein Beispiel aus der Vergangenheit zu geben, kaum vorstellbar, daß jemand heute noch einem Alkoholiker einen Schluck Schnaps aus dem Mund einer Leiche offerieren würde, um ihn hierdurch auf magische Weise von seiner Sucht zu befreien. Ähnliches gilt für magische Rituale, deren Zweck zwar bekannt ist, die jedoch von den Praktizierenden nicht mehr verstanden beziehungsweise ausgedeutet werden können. Im allgemeinen handelt es sich dabei um tradierte magische Handlungen, die von als zaubermächtig anerkannten Personen, seien es Schamanen, Kräuterweiber oder Priester, durchgeführt und von den hierin Einbezogenen als wirksam erachtet werden. So begehen brahmanische Priester auf Bali eine kanonische morgendliche Reinigungsandacht, bei der sie Bewegungsabfolgen vollziehen und Sprüche aufsagen, deren Sinn und Zweck sie im einzelnen nicht mehr verstehen und begründen können. Bei solcherart Praxis haben Zweck und Mittel ihren Zusammenhang verloren, so daß das Ritual nur noch einen gewissen Selbstzweck erfüllt. Aufgrund dieser Unbestimmtheit öffnet sich das Ritual aber auch diffusen Kräften, wodurch sich nicht mehr ausschließlich die zu aktivierende Kraft manifestiert; der Zauber wirkt vielmehr unkontrolliert und kann womöglich fatale Folgen haben.

Magische Rituale müssen also, unabhängig von der sie begründenden Idee, dem Verständnis ihrer Nutzer angepaßt werden, damit der Grund, der durch sie Geltung erlangen soll, auch unverfälscht manifest wird. Wie dies zum einen durch eine heutigen Erkenntnissen angepaßte Kosmologie ermöglicht wird und zum anderen durch die kreative Abwandlung auf uns gekommener Riten sowie der Neuschöpfung von Ritualen in praktischer Weise geschehen kann, soll mit dem vorliegenden Buch vermittelt werden. Schließlich ermöglichen uns prinzipiell nur lebendige und mit ihrem Grund verwurzelte Rituale einen »bezaubernden« Ausbruch aus der Alltäglichkeit; mit ihm aber verändert sich für den Augenblick auch unsere Sicht der Umwelt, wodurch wir uns zugleich selbst die Gelegenheit zur Wandlung eröffnen. Solche Wandlung aber ist ihrer Natur nach durchaus auch ein magisches Moment.

Wer das Gute will, darf um das Böse wissen

Unabhängig davon, in welche Richtung magisches Wollen strebt, ist sein Zweck Wandlung durch die Beschwörung spiritueller Kräfte. Wobei hiermit grundsätzlich zwei widerstreitende Kräfte, nämlich eine dunkle und eine lichte

Macht, zum Ausdruck gelangen können. Diesen Aspekt der Magie darzulegen und andererseits den Versuch zu wagen, eine Form der weißen Magie als eigenständige Kraft unabhängig von der allgemein verbreiteten Magieauffassung zu beschreiben, soll ein weiterer Gegenstand dieses Buches sein. Der Vorwurf jedenfalls, ob weiß oder schwarz, Magie bleibt Magie, und deshalb ist jede Magie verwerflich, ist in seiner Pauschalität nicht haltbar. Niemand würde zum Beispiel einen harmlosen Glücksbringer, einen Segensbrief oder ein Schutzgebet ernsthaft der schwarzen Magie zurechnen wollen. Anders sieht dies bereits beim Abwehrzauber aus, der sich gegen eine Person richtet. Hier mag die magische Handlung von dem Bedrängten durchaus als guter Zauber aufgefaßt werden, während sie höchstwahrscheinlich vom Adressaten als schwarzmagischer Angriff gewertet werden würde.

Wo also liegt die Trennungslinie zwischen schwarzer und weißer Magie? Jedenfalls ist die Unterscheidung in Goëtie und Theurgie, hier das Beschwören böser Geister und da die Anrufung guter Geister, wie sie vor allem mittelalterliche Alchemisten trickreich anführten, damit ihr Tun nicht der Inquisition mißfiele, nicht ausreichend. Schließlich vermag auch ein angerufener guter Geist, dem Gegner Schaden zuzufügen. Andererseits läßt sich die gewollte magische Bedrängung einer anderen Person ebensowenig in Bausch und Bogen als schwarzmagischer Zauber verwerfen. Denn setzt ein Magus dem Bösen das Gute entgegen, wie dies etwa beim Exorzismus zwingend ist, läge es jedem fern, dies als dunkle Magie zu verurteilen.

Wollen wir eine Antwort auf die Frage finden, wann Magie malevolent und wann benevolent geartet ist, genügt es nicht, nur nach der möglichen Form einer guten, weißen Magie zu fragen, vielmehr müssen wir uns auch auf die Frage nach dem Bösen in der Welt einlassen. Papst Johannes

Paul II. wurde, als er von bösen Mächten sprach, die die Welt bedrohen, von aufgeklärten Seelen ebenso belächelt wie Papst Paul VI., der 1972 feststellte:

»Das Böse ist nicht nur ein Mangel, sondern eine Wirklichkeit, ein lebendiges, geistiges Wesen, pervertiert und pervertierend: eine schreckliche Realität, geheimnisvoll und furchterregend.« (Herder-Korrespondenz 27/1973, 125-127)

Eine Annahme, die, wie bemerkt, für viele Menschen, unter ihnen auch das Gros der Theologen, nicht mehr in unsere Zeit zu passen scheint. Indes mag, wer sich auf magische Experimente einläßt, sich unversehens vom Gegenteil überzeugen. Immerhin hatte ich eine solche unverhoffte und unerwünschte Gelegenheit, als ich an einer Überprüfung der energetischen Wirkung angeblich schwarzmagischer Zeichen teilnahm. Bis auf eines waren die vorgelegten Zeichen von mäßiger Kraft und lediglich negativ besprochen. Im einzigen wirkmächtigen Zeichen aber offenbarte sich uns, sobald wir es mittels eines kleinen Rituals stimulierten, eine derart bösartige Kraft, daß wir rasch zu einem ausgedehnten weißmagischen Gegenzauber übergingen, um diese dunkle Manifestation zu bannen. Bei ihrem Aufscheinen sträubten sich uns buchstäblich die Nackenhaare, die Atmosphäre im Raum wurde schlagartig eisig und wir hatten das Gefühl, eine Klammer würde sich um unseren Kopf legen. Gleichzeitig bekam unser Gespräch eine hysterische Note, gepaart mit unmotiviertem, bocksgleichem Gekicher. Einige weitere Erlebnisse vertrieben mir schließlich die letzten Zweifel, so daß ich heute, ganz und gar unzeitgemäß, von der Existenz einer bösen Kraft überzeugt bin.

Von welcher Art aber mag dieses ominöse Böse sein? Manch einer sieht in ihm eine satanische Macht, die von Anbeginn der Welt bestünde. Doch die Schöpfung und mit ihr die Welt ist weder gut noch schlecht. Sie ist, wie sie ist:

vollendet! Dagegen spricht im Grunde auch nicht das auf dem Laterankonzil 1215 verkündete Dogma:

» ... der Teufel und die anderen Dämonen sind von Gott ihrer Natur nach als gut geschaffen worden, aber sie sind durch sich selbst böse geworden.« (Müller, 23)

Denn wenn es einen Teufel gibt, so wohnt er nur in uns Menschen, die wir als einziges Geschöpf über Gott und die Welt nachdenken. Es ist unsere Erkenntnisfähigkeit, die uns die Welt beurteilen läßt, durch die wir das Ich vom Du und, in letzter Konsequenz, unser Menschsein von der Schöpfung trennen und glauben, Gut und Böse unterscheiden zu wissen. Doch eben diese Erkenntnisfähigkeit erwies sich von Anbeginn menschlicher Entwicklung als zweischneidiges Schwert. Durch sie vermögen wir zwar einerseits die Schöpfung zu würdigen, wissen uns ihr jedoch andererseits ebenso zu verschließen. In unserer Verschlossenheit reduzieren wir uns auf unser Ich und handeln dementsprechend egozentrisch. Freilich ist jede Ichbezogenheit notwendigerweise konfliktträchtig; sind wir doch aus unserem Selbstverständnis heraus grundsätzlich von so schlichtem Gemüt, daß wir wiederkehrend stets zu der Grundüberzeugung gelangen: Gut ist, was uns guttut. Folglich handeln wir nach dieser Maxime und tangieren hierdurch andere zwingend auch in negativer Weise. Spätestens dann aber lernen wir das Böse kennen, wenngleich noch im Anderen, nämlich unserem Gegenüber. Da wir jedoch auch dem Anderen ein Gegenüber sind, wird es uns zum Spiegel unserer eigenen Abgründigkeit. Selbst wenn wir von der Lauterkeit eines Heiligen wären, könnten wir uns dem nicht entziehen; wird doch unsere Bewußtheit mitgeprägt von dem Bewußtsein unserer Mitwelt. Und da sich dies notwendigerweise in jedem einzelnen wiederholt, steht unsere Bewußtheit stets auch im Schatten des gesamten menschlichen Bewußtseins, an dem wir wiederum zugleich teilhaben. – Eine Gegebenheit, die derzeit gerne mit dem Schlagwort »morphogenetisches Feld« belegt wird. Eine Begrifflichkeit übrigens, die sich zur Erklärung magischer Wirkweisen geradezu anbietet. Ob und wie weit sie jedoch tatsächlich dazu geeignet ist oder ob durch sie magische Abläufe eher verschleiert werden, soll uns im folgenden gleichfalls noch beschäftigen.

Das Böse ist also ebenso in uns, wie ein Gefühl und eine Vorstellung vom Gutsein, weil wir uns insgesamt durch unser Menschsein der Schöpfung gegenüberstehend wiederfinden. Inwieweit diese Bipolarität zwischen dem Lichten und dem Dunklen über uns hinauswirkt oder auf uns beschränkt bleibt, soll weiterhin in Verbindung mit der Betrachtung einer möglichen lauteren weißen Magie untersucht werden. Jedenfalls kann letztlich nur jene Form der Magie, die außerhalb dieser Bipolarität wirkt, als lautere weiße Magie verstanden werden, da nur sie sich nicht aus einem Gegensatz zum Bösen ableitet, somit auch nicht durch ihren Gegensatz determiniert wird und nicht das Muster ihres Widerspruches in sich trägt. Eine solche Form der weißen Magie trüge quasi etwas Übermenschliches in sich, wäre sie doch eine transzendente Magie, die aus einer allumfassenden Wirklichkeit heraus greifen würde. Trotz solcher Unfaßbarkeit halte ich diese Art magischer Mächtigkeit für erlangbar. Es ist eine pure Magie, jenseits jeder Gebundenheit. Und als solche ist sie ein Verlachen des Bösen; vermag sie ihm doch nie zum strukturalen Widerpart zu werden.

Aus den angeführten Gründen wäre es falsch, Magie einzig nach der Absicht des Magus zu beurteilen. Im Guten muß deshalb Magie ebensowenig zwingend gut sein, wie sie im Bösen nicht ausschließlich böse wirken muß. Solange es sich um bipolare Magie handelt, bleiben die Grenzen zwischen weißer und schwarzer Magie fließend. Beschwören wir einen guten Geist, so versichern wir uns zwar gleichzeitig der hellen Seite menschlichen Bewußtseins. Umgekehrt rufen wir die Schattenseite dieses übergreifenden Bewußtseins, sobald wir einen bösen Geist beschwören. Dennoch stellen wir hier wie da eine Verbindung zu ein und derselben Bewußtheit her. Suchen wir aber, um abschließend eine Antwort auf die vorangegangene Frage zu finden, die wahre Trennungslinie, welche weiße und schwarze Magie voneinander scheidet, so müßten wir bis an die Grenzen unseres Bewußtseins gehen und womöglich noch einen Schritt darüber hinaus und in jene Sphäre eintauchen, in der sich Gut und Böse gegenseitig aufheben. – Folgerichtig wird im Verlauf dieses Buches auch der Umstand zu erhellen sein, von welcher Art der wirkende Moment in der Magie sein könnte, beziehungsweise was sie bewegt, sobald sie ausgeübt wird, sprich: woher ihr Kraft und Energie zufließen. In diesem Zusammenhang gilt es insbesondere, das Wirken der Neuplatoniker und Gnostiker kurz nach der Zeitenwende zu betrachten, deren Kosmologie magisches Handeln geradezu zwingend herausforderte und deren Weltsicht die okkulten und esoterischen Apologeten bis in unsere Zeit bewahrten. Und es ist gerade gnostische Magie, die schwarzmagische Kräfte belebt, weshalb nicht zuletzt gnostisch beeinflußte Ideologien in ihrem Kern wie in ihrem Wirken von weltfeindlicher und misanthropischer Natur sind.

Worüber man nicht reden kann, davon läßt sich vernehmlich schweigen

Wenn im Verlauf der Ausführungen der zuvor angedeutete Schritt gewagt werden soll, drängt sich gleichzeitig sowohl die Frage nach der Vernünftigkeit als auch nach der Redlichkeit eines solchen Unterfangens auf. Schließlich wissen wir, daß sich die Erhellung transzendenter Sphären im Grunde genommen jeglicher Vernunft entzieht. So gesehen ist Magie die pure Unvernunft. Bewegen wir uns doch, sobald wir uns mit ihr befassen, in einem irrationalen Raum. Gleichwohl ist dieser Raum ebenso eine Lebenswirklichkeit wie das Reich der Vernunft; ja, magische Welten können trotz ihrer Irrationalität in ihrer Wirkung ebenso faßbar sein wie jene Welt, die uns unsere Vernunft erschließt. Überdies besteht durchaus die Möglichkeit, daß sich beide Welten durchwirken. Es sind dies jene Augenblicke, in denen magisches Wirken manifest zu werden scheint, was sich vor allem an psychischen respektive psychosomatischen Reaktionen ablesen läßt. Hier kann zwar Vernunft beobachtend einen Zipfel magischer Lebenswirklichkeit erfassen, ausdeutend jedoch stößt sie alsbald wieder unvermittelt an ihre eigenen Grenzen.

Diese Grenze ist gleichsam eine Sprachgrenze, hinter der fürwahr Schweigen herrschen müßte, da wir mit unserer Begrifflichkeit das Unbegreifliche nicht benennen können. Trotzdem versuchen wir zu umschreiben, wofür uns die Worte fehlen. Solche Umschreibung aber kann zu Mißverständnissen führen. Eine Gefahr, der sich auch diese Schrift aussetzt, weshalb man sich als Leser auf den Versuch einlassen sollte, die Wirklichkeit, die hinter den Worten steht und durch sie hindurch klingt, mit dem Herzen, also dem irrationalen Moment unseres Bewußtseins, zu erfassen.

I. Die Macht der Magie

Melde mir doch, den meine Seele liebt,
wo doch weidest du,
wo doch lagerst du am Mittag, –
denn warum soll ich wie eine Schmachtende sein
an den Herden deiner Genossen.

(Aus: Gesang der Gesänge,
verdeutscht von Martin Buber)

Seelische Strukturen der Magie

Als er aus der Höhle kroch, richtete er sich auf und streckte sich der aufgehenden Sonne entgegen. Das kurze Fell glänzte rotgolden. Sein Blick schweifte erst lange über die Ebene, dann rollte er sich im feuchten Gras. Als er sich wieder erhob, wußte er, was heute zu tun wäre. Er würde seine Horde zu der der Sonne abgewandten Senke führen, dort müßten jetzt die Früchte an den Bäumen, die er bei seinem letzten Streifzug gesehen hatte, rot und süß sein. Er gab Laut zum Aufbruch und trabte zügig, gefolgt von sechsen seinesgleichen, durch das hohe Gras. Die frühe Sonne stand drei Hände hoch, als sie die Senke erreicht hatten. Übermütig sprangen sie auf die mit Früchten überladenen Bäume zu. Doch ein gellender Triller hielt sie zurück. Schnell duckten sie sich ins Gras und blickten zurück. Die Großohrige saß an der Senke, starrte auf den Boden und sprang zwischendurch immer wieder auf die Füße, als wollte sie ein Kleines zum Spiel verleiten. Zögernd, zwischen Neugier und Appetit hin und her gerissen, verharrte die Horde, doch ein weiterer langer Triller der Großohrigen rief sie zurück. Als sie bei ihr waren, folgten sie ihrem Blick und erstarrten. Aus der roten Erde heraus lugte sie ein Gesicht an, es war zwar nur fingergroß und nicht von ihresgleichen, doch war es ihnen ähnlich. Es lag etwas schräg, als würde es in die Sonne blicken, und schimmerte rotbraun, ebenso wie ihr dünnes Fell. Die Großohrige sprang ein ums andere Mal hoch, doch das andere rührte sich nicht. Also entschloß sich der Alte, danach zu fassen. Vorsichtig berührte er es. Es war ein Stein und doch kein Stein, denn er hatte ein Gesicht. Sachte hob er ihn auf. Blies die Erdkrumen weg und hielt ihn dann in der flachen Hand. Die anderen standen schnatternd um ihn herum. Sie ängstigten sich noch ein wenig. Er aber schloß die Hand um den Stein, schlug sich damit gegen Stirn und Brust und eilte auf die Bäume zu. Die Horde folgte ihm und beobachtete ihn dabei, wie er von den Früchten aß und das Gesicht, das Andere, mit kleinen Bissen fütterte. Als die Sonne im Mittag stand, entschied er sich, es heim in die Höhle zu tragen. Es war zu ihnen gekommen, als die Früchte rot waren, es hatte von ihnen gekostet, und es blieb ruhig und warm in seiner Hand. Es mußte gut sein. Er würde es füttern, und es würde die Höhle bewachen, damit keines der reißenden Tiere ihr zu nahe käme.

Der Zwang zum Magischen

Die einleitende Geschichte mag sich vor drei Millionen Jahren so abgespielt haben, denn der Stein ist uns erhalten geblieben. Er ist offensichtlich unbearbeitet, doch zeigt er durch eine Laune der Natur ein breitflächiges Gesicht mit Augenhöhlen, Mundfurche und über der Stirn einen abgesetzten Haarkranz. Man fand den Stein 1925 in einer Höhle in Südafrika, die von Australophiteciden, Affenmenschen, die uns entwicklungsgeschichtlich vorausgingen, bewohnt wurde.

Das Ungewöhnliche an diesem Stein, der nach seinem Fundort Makapansgat-Stein genannt wird, ist, daß er, wie Geologen ermittelten, von einer knapp fünf Kilometer von der Höhle entfernten Stelle stammt. Seine Finder mußten also in ihm etwas erkannt haben, was sie zutiefst berührte, um ihn sich zu eigen machen und in ihre ferne Wohnhöhle tragen zu wollen. Und daß diese Verzauberung angehalten haben mußte, kann man an seiner matt polierten Oberfläche ablesen. Jedenfalls darf man annehmen, daß der Stein erst unzählige Male berührt und abgegriffen worden war, ehe er zu seinem heutigen Glanz kam.

*Der Makapansgat-Stein, ein drei Millionen Jahre altes Dokument
frühmenschlicher Erkenntnisfähigkeit und möglicher Beleg für das
entelechische Vorhandensein eines magischen Raumes.*

Was die damaligen Australophiteciden in dem Stein gesehen haben, können wir heute nicht wissen. Jedoch liegt die
Vermutung nahe, daß der Stein von ihnen besonders geschätzt wurde. Denn hätte es sich nur um ein Spielzeug ge-
handelt, wäre er wahrscheinlich verlorengegangen und

kaum in der Höhle liegend auf uns gekommen. Aus seiner Wertschätzung aber darf man, neben dem erkennbaren Beleg für das Abstraktionsvermögen dieser Affenmenschen, durchaus auch auf ein erstes Aufscheinen magischen Verständnisses schließen. Der Stein konnte seine Besitzer fesseln, weil er nicht nur ein Anderes, gleichwohl Verwandtes war, sondern auch ein Gegenüber, das durch den Reiz, es zu betasten und zu betrachten, den es ausübte, Kraft besaß und folglich, obwohl aus totem Stein, als etwas Belebtes betrachtet wurde.

Eine solche Sicht der Dinge, bei der ein Objekt in magischer Weise unmittelbar auf den Menschen wirkt, weil es zwar als von Mächten belebt, aber weniger als ein Gegenüber, sondern vielmehr als ein Mit-sich-Lebendes erachtet wird, bezeichnete Sigmund Freud als Animatismus und sah in ihm wie andere Wissenschaftler seiner Zeit einen Ursprung religiöser und magischer Weltsicht, aus dem sich schließlich der Animismus als eine erste Art Naturphilosophie herausbildete. Unter Anthropologen ist indes umstritten, ob der Animatismus, in dem es noch keine Vorstellung von Geistern und Seelen gibt, eine Vorstufe zum Animismus ist. Der Makapansgat-Stein mag womöglich ein Beleg für die Stichhaltigkeit dieser strittigen These sein, in jedem Falle ist er ein Millionen Jahre alter Hinweis für eine scheinbar in unserer Natur angelegte magische Affektion. Magische Weltsichten beziehungsweise magisches Berührtsein wären demnach auch etwas durch unsere Entwicklungsgeschichte geprägtes Archetypisches. Dies würde zumindest erklären, warum selbst überzeugte Materialisten häufig genug, entgegen ihrer eigenen Vernunftsbekundung, abergläubisch sind und gewisse Zeichen meiden respektive vor ihnen zurückschrecken.

Die Welt mit großen Kinderaugen sehen

Magisches Empfinden ist unbestreitbar eine Lebenswirklichkeit, der wir uns, wenn überhaupt, nicht so ohne weiteres entziehen können. Bedenkt man, daß Kinder nicht nur in ihrem Werden im Mutterleib, sondern auch in der langen Phase ihrer Sozialisation gewissermaßen in verdichteter Form die gesamte Spanne unserer Entwicklungsgeschichte durchlaufen, können wir mit einem Blick auf unser Werden an und in uns selbst jenem scheinbar eingeborenen Sinn für alles Magische nachspüren. Hierdurch erlangen wir nicht nur Verständnis für unser transzendentes Sehnen und Empfinden, sondern versetzen uns auch in die Lage, unsere Glaubensbereitschaft kritisch zu hinterfragen. Denn wer sich eingehender mit den Vorstellungen und Praktiken der Magie beschäftigt, wird oft zu seiner eigenen heilsamen Enttäuschung entdecken, daß sich der Budenzauber der Gaukler und der Hokuspokus angeblicher Magier selten unterscheiden und vielfach Hand in Hand gehen. Man denke etwa an die billigen Tricks der Fakire, deren einziger Zweck es ist, die Gläubigkeit ihrer Mitmenschen auszubeuten. Es ist freilich weniger ein Kinderglaube als vielmehr unsere vielfach motivierte Neigung zur Selbsttäuschung, die uns Magisches an Ecken und Enden sehen läßt, wo in Wirklichkeit nur Trug und Beutelschneiderei herrschen. Hingegen lassen sich Kinder durch Zaubertricks weniger täuschen als Erwachsene, die sich allzugerne einer Scheinwirklichkeit hingeben; so gibt es etliche erfolgreiche Zauberkünstler, die sich kategorisch weigern, vor Kindern aufzutreten, da diese, statt dem Zauber nachzusinnen, die Manipulation beobachten. Erwachsene suchen hingegen die Verzauberung im Varieté wie die Täuschung im wirklichen Leben, weshalb sie auch in aufdeckenden Krisen nur selten die ursächliche Täuschung, dafür um so mehr die mit ihr einhergehende Enttäuschung beklagen. Wir verstehen es offensichtlich anders als Kinder, der Verzauberung einen außerordentlichen emotionalen Genuß abzugewinnen. Dieses erwachsene Verlangen nach und der Genuß an Verzauberung tragen jedoch durchaus etwas Infantiles in sich und sind beinahe wie der Animismus als entwickelte Reaktionen auf den Animatismus zu werten. Denn im Übergang von der Kindheit zur Erwachsenenwelt erleben wir endgültig jenen Bruch, durch den wir als Subjekt der Welt gegenübertreten. Das kindliche Einssein mit der Welt bleibt uns als magische, ja als allmächtige Verbundenheit mit der Welt in Erinnerung. Mit dieser Erinnerung aber wissen wir gleichzeitig um unsere Weltverlorenheit, die sich durch die Spaltung in das beobachtende und rufende Ich und das uns anrührende und anrufende Du, hier nahes Selbst – dort fernes Selbiges, ergibt. Die Verzauberung, wie wir sie im Magischen als etwas die Welt Durchwirkendes und Verbindendes zu entdecken glauben, wird uns deshalb zur Brücke, weil wir sie uns als kindlich paradiesische Weltsicht erinnern und wieder herbeisehnen, getreu dem Christuswort:

»Wahrlich ich sage euch: Wer das Reich Gottes nicht empfängt als ein Kindlein, der wird nicht hineinkommen«, (Mark. 10, 15).

Entzauberung und magische Lust

Freilich ist solche Erinnerung an die magische Verbundenheit mit der Welt auch eine Verklärung blasser, verschütteter Bilder aus Kindertagen. Denn mit der Lösung aus dieser einerseits osmotischen, andererseits auch durchaus drückenden Weltumarmung ging eine unbändige Lust an Entdeckung und Aufklärung, dem Einreißen, Durchschauen und Hinterfragen einher. Eine Lust, die ihrerseits von magisch bezwingender Art war, selbstverständlich gepaart mit der berauschenden Lustangst, Grenzen zu überschreiten und Tabus zu brechen. Hier traten wir erstmals selbst in die Rolle des Magiers, waren nicht mehr in die Welt Gewobene, sondern der Welt Mächtige, die den Schleier aufreißen und dem uns vordem Umgreifenden wissend ins Antlitz schauen konnten. In dieser Weile waren wir Weltbezwingende, die sich kraft des Geistes die Welt erklären und untertan zu machen glaubten. Es ist diese Lust an der Weltmächtigkeit, die jeden Magier lockt, aber ebenso verzehrt, sobald er sich ihr hingibt. Doch darüber später mehr. Andererseits fanden wir uns auch in der Rolle des Zauberlehrlings wieder, der freilich diesmal entgegen der alten Mär die Geister, die er rief, unwillentlich los wurde, indem er die kindliche Einheit verlor und sich der Welt alleine gegenüber wiederfand. So aus der Welt gefallen, schwand auch die sich zugedachte Weltmächtigkeit, auch wenn sie als impulsive Illusion in uns verschlossen blieb, wir sahen uns verzagt der Allmacht gegenüber. Was blieb war rauschhafte Erinnerung und magische Lust.

Womöglich aber empfänden wir diesen Bruch aus der Einheit nicht so entschieden, gäbe es noch die Tradition der Initiation, durch die wir nicht nur in die Geheimnisse der Erwachsenenwelt eingewiesen würden, sondern durch die auch bewußt ein magisches Band zur einstigen Weltverbundenheit geknüpft worden wäre. So aber bewahren wir mehrheitlich in uns nur ein unbestimmtes Verlangen nach ursprünglicher Heimeligkeit mit der Welt und das gelegentliche, seltsam bedrängende Empfinden magischer Berührung. Obwohl irrational und scheinbar ganz aus der Welt, behält das Magische in dieser Weise für uns Gültigkeit. Es wird uns zu einer fordernden Wirklichkeit, der wir uns nicht entziehen können. Und wie alles auf uns Einwirkende wollen wir auch dieses Geschehen beherrschen. Also bemühen wir uns, widerstreitend zwischen Lust und

Furcht, diesen ungreifbaren Einfluß deutelnd zu erhellen und zu fassen. Wohl wissend, daß wir es hier mit einer Tatsächlichkeit zu tun haben, der wir zwar unterworfen sind, die wir aber dennoch nie ganz durchschauen können. Hier greifen schließlich die in uns verschlossenen Trugbilder als ein mächtiger Impuls, der uns umtreibt und stets aufs neue gegen das Schattenhafte, uns Zwingende und sich uns zugleich Entziehende anrennen läßt. Ermattet von solch vergeblicher Anwandlung, das Trübe zu klären, werden wir dann anfällig für windigen Spuk und wohlfeile Erklärungen. Versprechen wir uns doch von dergleichen Fadenscheinigkeiten, werden sie nur überzeugend und auf bedeutungsvolle Weise vorgetragen, jene Mächtigkeit zurück, durch die wir letztlich doch noch bezwingen können, was sich uns anderwärts entzieht. Mag auch der eine oder andere hierdurch scheinbare und dennoch tröstliche Gewißheit erlangen, versperrt er sich gleichzeitig dem eigentlichen Magischen und hat sich endgültig jener Magie zugewandt, die in dieser Form unabdingbar bipolar und damit unbedingt im Schatten schwarzmagischen Wirkens bleibt. Dies muß allerdings nicht bedeuten, daß, wer so weit gegangen ist, sich notwendigerweise auch der Praxis der Magie zuwendet. Scheuen doch vor diesem Schritt viele aus Angst vor Überwältigung zurück. Gleichwohl ist der sich dem Transzendenten verweigernde Akt der Erklärung zugleich »Besprechung« und somit praktizierte Magie.

Zauberwelten, nicht nur für Kinderaugen

Die kindliche Eingebundenheit in die Welt ist freilich nur in der Erinnerung Erwachsener von schönem Zauber und magischer Durchdringung. Im Auge des Kindes sieht sie hingegen keineswegs so vollkommen und erfreulich aus. Zwar denkt sich ein Kind noch nicht von der Welt getrennt, vielmehr ist ihm seine Welt ein ihm Zugehöriges und durch und durch geliebtes Eigenes, aber deshalb nicht minder zwiespältig. Die Welt erscheint dem Kind als sein von ihm nicht getrennter Raum, den es seinerseits gleichzeitig auch nur durch sich allein ausfüllt. Seine Mitwelt ist ihm in diesem Raum zugehörig Handelndes. Es sind also seine Personen, unter denen es selbst wiederum nur eine Person ist; folglich ist es sowohl in sich als auch im Vielen. Von daher lebt das Kind in einer »Traumwelt«, kann es sie doch sowohl mit Hilfe seiner Imagination und Bestimmung als auch seiner Affekte jederzeit variieren und kreieren; Traum und Wachen sind sich gleich. Gleichzeitig ist ihm seine Welt belebt, entdeckt es seine Gedanken und Affekte im anderen: Sei es der Schrank im Kinderzimmer, der es des Nachts mit seinem großen Maul bedroht, sei es der Baum, der zu ihm spricht, oder ein Stein, der es aus dem Kiesbett heraus beäugt, seine Freude, seine Sorgen, seine Trauer sind mit ihm in seiner Welt.

So ist mir beispielsweise aus Kindertagen in Erinnerung, wie während eines Sommergewitters eine Sturmböe einen Ast aus der Linde vor dem Haus brach. Der Schmerz des Baumes über diese Wunde, war mir unmittelbar. Er war im Baum und in mir. Also schob ich die Wolken zur Seite, damit die Sonne wieder schiene. Und im Glanz der Sonne entfaltete sich der Baum wieder, erholte sich von seinem Schmerz und strahlte. Nicht die Sonne strahlte, sondern der Baum in seinem vom Regen umperlten Blätterkleid. Das Licht dieses geklärten Sommertages schien nur für ihn, so wie die Vögel in seinem Laub nur für ihn sangen. Schließlich wollte ich ihm den verlorenen Ast wieder anfügen, doch der Baum nahm in nicht an; und ich wußte, daß es gut so war. Gemeinsam spürten wir die leise Trauer über den Verlust, aber auch die Freude, die Schrecklichkeit überwunden zu haben.

Dies ist gleichzeitig die bedrückende Erfahrung kindlichen Gemütes, daß die Welt, obwohl eins mit ihm, sich eigen verhält. Der gebrochene Ast will sich nicht mehr anfügen; die Mitperson widerstrebt der affektiven Forderung; der tagsüber so warme Schrank mag im Dunklen sein Maul nicht schließen; der Stein, an dem es sich blutig schlug, verwehrt ihm sein Mitleid. Aus unbegreiflichen Gründen stellt sich das mit ihm Eine gegen es, widersetzt sich, bedroht es und wird ihm zum Feind, der ihm Schmerz zufügt. Zorn, Wut und Trauer über solch böse Widersetzlichkeit ergreift es, und es plärrt seinen Schmerz in die Welt, erschreckt sie, lehrt sie seinerseits das Fürchten; und versiegt schließlich sein Tränenstrom, klärt sich die Welt wie nach einem Gewitter. Und spürbar rückt sich wieder zurecht, was zuvor aus der Ordnung gefallen war. Darüber hinaus gibt es in dieser Kinderwelt Böses, das eigentlich nicht in ihr sein dürfte. Es scheint ihm gelegentlich, als käme es von außerhalb, würde sich förmlich in sie hineindrücken oder in sie hineinplatzen.

Gleichzeitig gibt es Orte, Mitpersonen und Dinge, die ihm böse verschattet sind und die die Welt erkalten lassen, sobald sie in seinen Gesichtskreis treten. Der dunkle Keller, in dem die Furcht haust, der Hund an der Ecke, der es mit seinem Gekläff erschreckt, oder der grobe Spielkamerad im Kindergarten, der ihm zum Alptraum wird. Doch dagegen gibt es Mittel, mal ist es das Licht, das die Furcht bannt und die Welt zurückverwandelt, mal ist es die Macht der Mutter oder des Vaters, die das Übel beseitigt. Es sind Mittel, die mit ihm sind, die ihm mit der Welt eigen sind, aber es sind zugleich sparsame Mittel, die ihm nicht immer zur Seite stehen. Und so bleibt das eigene Gefüge dieser Kinderwelt, dem Kind etwas Bedrohliches und Unverständliches, etwas Abweichendes von seiner heilen Zauberwelt, das ihm nicht minder magisch dünkt.

Und solange das Band zu dieser einen, umschließenden Wahrnehmung der Welt Bestand hat und über die Reife hinaus erhalten bleibt beziehungsweise gepflegt wird, behalten und erhalten die Welt und ihre Wirklichkeit magische Kontur. Voraussetzung dafür ist allerdings auch, daß diese bewußt bewahrte Bindung sich in einem ebenbürtigen sozio-kulturellen Umfeld vollzieht. Denn nur wenn eine derartige magische Bewußtheit auch von der Mitwelt geteilt wird, können wir uns mit ihrer Wirklichkeit auseinandersetzen und uns in den von ihr abgeleiteten Gegebenheiten einrichten. Schließlich vermittelt uns allein dieses Umfeld das kulturelle Instrumentarium zur Lebensgestaltung und -bewältigung, indem es uns den Rahmen vorgibt, die Welt so zu sehen, wie wir sie in diesem Fall auch empfinden. Andernfalls würden wir uns isolieren, fänden keine Kontrolle über das auf uns einwirkende Magische und wären zu einem gewissen Grade lebensuntauglich beziehungsweise würden von unserer Umgebung als seltsam empfunden werden, so wie dies in der Tat in unserer aufgeklärten Gesellschaft geschieht, die so gut wie keinen verbindlichen Rahmen mehr für magische Denkweisen und Wahrnehmungen bietet.

Den Kinderschuhen entwachsen, stampft es trotzig mit dem Bocksfuß

Freilich verändert sich eine kultivierte magische Weltsicht mit der Reife. Jetzt ist man nicht mehr wie in Kindertagen in diese Welt Eingebundener, sondern Subjekt, auf das die Welt einwirkt. Erhalten geblieben ist einem aber die Gewißheit, daß man mit der Welt Verbundener bleibt. Demzufolge kann man seinerseits ebenso wirksame Impulse in die Welt setzen, vorausgesetzt, man agiert in gleicher, nämlich magischer Weise. Wobei diese Wechselbeziehung in magisch-religiösen Gesellschaften, die wir aus unserer Sicht als primitive Kulturen bezeichnen, in ritueller Weise in den Alltag eingebettet ist und ihn entsprechend strukturiert. Indes haben wir wenig Grund, diese für uns häufig befremdliche Art magischen Gepräges als etwas den Primitiven Eigenes abzutun. Auch in unserer Kultur ist der Gedanke magischer Wechselwirksamkeiten lebendig, wenngleich weniger offensichtlich, da wir, ausgenommen wenige kirchlich zeremonielle Riten, uns die Gelegenheiten genommen haben, sie erkennbar als magische Handlungen zu demonstrieren. Denken wir beispielsweise an einen Stammeskrieger, der seinen Schild mit magischen Schutz- und Kraftsymbolen bemalt, so halten wir sein Tun noch für mehr oder minder nutzlose Magie, die allenfalls das Selbstbewußtsein und den Kampfesmut des Kriegers zu stärken vermag. Bemalen aber unsere Krieger statt Schilde ihre Kampfflugzeuge mit martialischen Fratzen und comicartigen Glücksbringern oder bekritzeln sie ihre Bomben mit bösen Flüchen für den Gegner, mögen wir darin nur soldatesken Witz erkennen, obwohl das veranlassende und dahinter wirkende psychische Moment von derselben Art ist wie das des Primitiven. Der Unterschied zwischen beiden Kulturen besteht in dieser Hinsicht im wesentlichen darin, daß der Mensch in einer magisch determinierten Umwelt seine magisch-psychischen Strukturen problemlos in seine Außenwelt verlagern und sich mit den dort erkannten Zeichen und Entsprechungen identifizieren kann; dies ist seine ihn formende und stabilisierende Geschichte. Durch die magische Handlung gelingt es ihm zugleich, über das Äußere mit seinem Inneren zu kommunizieren und auf reflexive Weise negative Affekte zu regulieren. Da diese in sich geschlossene Wahrnehmung uns jedoch kulturell versperrt bleibt, wir also für unsere magischen Empfindungen im Äußeren keine Entsprechungen finden und somit von dort auch kein Regulativ erfahren, bleibt das Magische in uns verschlossen und wird uns die Identifikation mit ihm erschwert. Wenn magische Affekte nach außen dringen, dann über Umwegshandlungen, die das eigentliche Motiv der Äußerung meist gründlich verbergen.

Gleichwohl bleiben sich die Seelenlage des »Primitiven« wie die des Abendländers in ihrem magischen Potential, ihren Affekten und Reflexen ähnlich. Weshalb der Blick auf psychische Aspekte des Magischen und der Magie bei »Primitiven« grundsätzlich auch als Betrachtung allgemein menschlicher Seelenverfassung gelten darf. Die Schilderung der seelischen Verfassung von im Animismus verwurzelten Menschen sollte deshalb als illustratives Moment in uns selbst verblaßter, aber durchaus wirkmächtiger Strukturen verstanden werden. Wobei wir uns, wenn wir animistisch-magische Weltsichten beobachten, auch weitergehend von dem Bild des »Primitiven« lösen sollten, da dieses religiöse Weltverständnis durchaus auch in hochentwickelten Gesellschaften auf breiten Konsens stößt – man denke nur an den Shintoismus, die Volksreligion Japans, beziehungsweise an die erhaltenen Naturreligionen in Ländern wie Südafrika mit seiner Kultur der Medizinmänner oder dem Candomblé Brasiliens.

Wollen wir also aus einem offenen oder verborgenen magischen Weltverständnis heraus wirksame Impulse in die Welt setzen, müssen wir in magischer Weise agieren – entweder offen oder zwangsweise verschlüsselt, je nachdem welcher Rahmen uns durch kulturelle Einbindung vorgegeben wurde. Ist uns die Welt gut gesonnen, widerfährt uns durch sie entsprechend Gutes. Und um uns dieses Geschick zu erhalten, richten wir unseren Dank an jene Kraft, von der wir glauben, daß sie uns begünstigte. Im Dank- wie im Bittopfer gelangt diese Verbundenheit zum Ausdruck. Hierbei handelt es sich im übrigen um eine der wenigen magisch motivierten Handlungen, für die unsere Kultur einen Rahmen bietet; man denke nur an das Benefizwesen. Geschieht uns hingegen Schreckliches, sei es Krankheit, Not oder Tod, sehen wir dahinter eine böse Macht wirken, der wir begegnen müssen. Das Schreckliche, das wir erleiden, empfinden wir als Fluch, der eine Ursache hat. Für den animistisch Denkenden wird das Übel entweder durch Feindestat oder Selbstverschulden ausgelöst. War der Feind der Verursacher, war es böser Zauber, der ihn traf. Diesem Zauber begegnet er durch einen Abwehrzauber, einem gleichwertigen Schadenszauber oder ein entsprechendes Versöhnungsopfer an die erzürnte Seelenkraft. Bei Selbstverschulden faßt ein animistisch ausgerichteter Mensch den ihn ereilenden Schaden häufig als Strafe für einen Tabubruch auf. Hier helfen dann Unterwerfung unter die Stammesregeln sowie Opferung und Anrufung, um weiteren Schaden von sich oder der Gemeinschaft abzuwenden und die Zaubermacht wieder zu versöhnen.

So bot, um ein Beispiel zu geben, die verheerende Todeswoge, die 1998 die Küste Papua-Neuguineas heimsuchte, den Stammesältesten Gelegenheit, mit beachtlichem Erfolg erneuten Gehorsam gegenüber den alten Traditionen einzufordern. Wurde doch die Todeswoge, obwohl den Papuas der geophysikalische Sachverhalt hinsichtlich des ursächlichen Seebebens durchaus bekannt war, als Strafe der Götter und Ahnen aufgefaßt, weil sich die Menschen von ihnen abgewandt hatten, die Stammesregeln mißachteten und die Ahnen vergaßen. Ähnliches geschieht bei Katastrophen zwar auch in unserer Gesellschaft, allerdings finden solche Deutungen nur noch bei wenigen Sektierern Gehör. So verhallten etwa die Rufe nach Umkehr christlicher Fundamentalisten hinsichtlich der Ausbreitung von Aids, die diese Krankheit als göttliche Geißel wider die Lasterhaftigkeit interpretierten.

Dahingegen fehlt ein in unserer Kultur verankertes magisch hinterfangenes Regulativ, mit dessen Hilfe wir Schicksalsschläge, die wir oft genug als magisch malevolentes Geschick auffassen, aufarbeiten und ihnen mentalen Widerstand entgegensetzen können. Zwar verfügen auch wir über eine Kultur der kollektiven Verarbeitung traumatischer Ereignisse. Allerdings ist diese rationalisiert und psychologisiert und den Massenmedien angedient. Magische Bezüge erkennt man an solcher Verarbeitung erst auf den zweiten Blick als atavistisch wirkende »Beredsamkeit der Besprechung«, durch die wir das Geschehen bis zum Überdruß bereden und bebildern. Hingegen bleiben wir beim individuellen Schicksalsschlag mehr oder minder Verlassene. Statt dessen neigen wir dazu, das aus der Welt auf uns einwirkende und uns bedrängende Unfaßbare als persönliche Prüfung aufzufassen und, sofern wir es mit einem ursächlichen Selbstverschulden in Verbindung bringen, als Forderung zur Selbstbesinnung und Wandlung zu deuten. Angemerkt sei hier nur die mittlerweile tief verwurzelte populär-psychologische Sicht, als Ursache für Krankheiten die eigene seelische Unzulänglichkeit verantwortlich zu machen. Allerdings sind die vielfach angebotenen psychotherapeutischen Hilfestellungen bei persönlichen Deprivationen oft genug von unterschwellig magischer Struktur und befriedigen damit die uneingestandene magische Auffassung des Klienten. Jedenfalls gleicht die Palette moderner therapeutischer Angebote in ihrer Funktion durchaus den magischen Praktiken animistischer Kulturen und gründet teilweise auf einem bewußten oder unwissentlichen Rückgriff auf tradierte magische Gebräuche, und dies nicht nur bei fragwürdigen Außenseitermethoden wie beispielshalber der Reinkarnationstherapie, sondern auch bei anerkannten Vorgehensweisen, etwa dem autogenen Training, der Gestalttherapie oder dem katathymen Zeichnen. Und womöglich würde manche Psychotherapie durchgreifender stabilisieren, hätten wir nur den Mut, ihre magische Wurzel ersichtlich offenzulegen beziehungsweise ganz bewußt auch magisch rituelle Momente in die therapeutische Arbeit zu integrieren.

Ein zauberhafter Reigen ist der Seele Welt

In welchem Maße uns die kindlich magische Weltauffassung in jeder Lebensphase beeinflußt, erkennen wir am ehesten, sobald wir unsere eigenen »abergläubischen« Vorstellungen an der Sichtweise animistisch geprägter Kulturen messen. Im Gegensatz zur kindlichen Auffassung einer mitlebenden, ihm zugehörigen Traumwelt, die man animatistischen Vorstellungen gleichsetzen kann, erlebt der animistisch Denkende sich und seine Umwelt als beseelt, aber als getrennt voneinander. Allerdings vermischen sich hierbei meist Vorstellungen animatistischer und spiritistischer Art, das heißt je nach Betrachtungsweise und Weltdeutung scheinen neben Beseeltem auch belebte Elemente als Geistwesen auf; wobei das hinzutretende spiritistische Moment mit dem Glauben an eigenständige Geister bereits als eine sich entwickelnde theurgische Dimension verstanden werden muß. Generell ist die Qualität der Beseelung von sehr unterschiedlicher Natur. Mal sind es eigenständige Seelen, die in den natürlichen Erscheinungen wirken, mal sind es Ahnen, die sich durch sie verkörpern. So kann in einem Baum oder einem Tier eine eigenständige Seele wirken, ebenso kann in ihnen auch die Seele eines Ahnen heimisch sein. Wobei eine persönliche Seelenvorstellung eher selten zu beobachten ist. Vielmehr herrscht die Vorstellung einer multiplen Psyche vor. Diese Selbstwahrnehmung leitet sich vor allem von einem ausgeprägten Gruppenbewußtsein ab, in dem man sich als ein mit der Gruppe verbundenes und durch sie beseeltes Wesen betrachtet. So wähnt eine im Animismus verwurzelte Person in sich auch die Seelen der Ahnen und darüber hinaus auch Seelenaspekte ihrer Umwelt wirkend, die sie teilweise mit ihrem Namen verkörpert, etwa »Säuselnder Wind« oder »Löwenherz«. Diese Auffassung einer multiplen Psyche ist auch uns nicht fremd, sobald wir uns in den verschiedenen Rollen unseres Alltags beobachten. Sie ist jedoch nicht mit der Hypothese einer multiplen Persönlichkeit zu verwechseln, die in den achtziger Jahren des 20. Jahrhunderts einen psychotherapeutischen Trend auslöste – obgleich aus verschiedenen hierzu vorliegenden Fallbeschreibungen durchaus auch ein »animistischer Archetyp« herausgelesen werden könnte. Für den animistisch Denkenden ist vielmehr die eigene Person ein Konstrukt unterschiedlicher Seelenaspekte, die seine eigene Seele nähren und ihr kollektiv Gestalt verleihen. Seine Aufgabe ist es, diese Kräfte im Gleichklang zu erhalten, woraus sich letztlich sein Wohlbefinden und seine eigene Seelenstärke ableiten.

Solchermaßen selbstbeseelt und in eine gleichermaßen beseelte Umwelt hineingestellt, wähnt sich der Mensch mit seiner Welt in beständiger und unmittelbarer Kommunikation. Jedes Geschehen steht in einem direkten Bezug zu ihm, und keine seiner Handlungen ist aus diesem Zusammenhang zu lösen. Anders als in der kindlich magischen Weltsicht ist er kraft seiner Person ein in der Welt Wirkender. Durch seine Seelenmächtigkeit kann er Geschehen beeinflussen, und dort wo seine Kraft nicht ausreicht, versteht er es, psychische Allianzen zu schließen, sprich: auf andere und mächtigere Seelen in seinem Sinne einzuwirken respektive sich ihres Beistandes zu versichern. Gleichzeitig ist er ähnlich zusammengefügten Kräften ausgesetzt.

Dergestalt ist Leben für ihn ein magisches Ringen mit der Welt. Magie wird somit zu einer zwingenden Kraft und

Methode der Lebensbewältigung. Wobei das Ziel jeder magischen Handlung von dem ihm zufallenden Nutzen bestimmt wird. Magie ist für ihn, noch vor jeder eigentlichen Tat, das ureigentliche Mittel zum Zweck, nämlich zu seiner heilen Welt. Eine Unterscheidung zwischen guter und schlechter Magie trifft er nur insoweit, als er ihm Schädliches als malevolente Magie begreift. Andererseits sieht er sich auch durch die innige Kommunikation mit seiner Umwelt einem Regelwerk ausgesetzt, dem er sich fügen muß, sofern er schädliche Einwirkungen für seine Person vermeiden möchte. Die über die Einhaltung dieser Normen wachenden Seelenkräfte sind ihm oft unheimlich, da sie ihm nur als strafende Aspekte gegenübertreten. Darum gilt es für ihn, mit diesen Seelenkräften einen versöhnlichen Umgang zu pflegen beziehungsweise den Kontakt mit ihnen zu vermeiden. Diese Kräfte sieht er meist in Verbindung mit Totems, der sublimierten Seelenkraft der Ahnen oder in götterhaften Aspekten von Schutzgeistern und Dämonen. In dieser Deutung mag man auch einen ersten Ansatz von schwarzer Magie, soweit man in ihr verbotenen Zauber sieht, erkennen, da mit dieser Sicht magische Elemente in die Wirklichkeit treten, die tabuisiert werden.

Wie mächtig die Unmittelbarkeit dieser Zauberwelt für den animistisch Denkenden ist, zeigt sich unter anderem darin, daß er seiner eigenen Gedankenwelt gegenüber scheuen Respekt bewahrt. So ist etwa der gedanklich formulierte Wunsch, der Tod möge einen Widersacher dahinraffen, für ihn keine unbedachte Leichtfertigkeit, sondern eine wirkende Kraft, der sich der Gegner nur durch apotropäischen Zauber entziehen kann. Die Macht der Gedanken erlaubt es ihm auch, Raum und Zeit zu überwinden und mit anderen Seelenkräften in direkten Austausch zu treten. Die Seelenreise ist für ihn keine okkulte Spielerei, sondern eine Wirklichkeit, die sich ihm wiederum Nacht für Nacht durch sein Träumen eröffnet. In dieserart geträumten Neben- und Überwelten wähnt er sich der eigentlichen Wirklichkeit oft näher als in seinem Tagbewußtsein. Freund, Feind, Dämonen, Zukunft und Vergangenheit sind ihm hier unmittelbar wirkende und beeinflußbare Erscheinungen.

Diese Allmächtigkeit seiner Gedanken spiegelt sich auch in seinem Alltag wider, so ist ihm das stille Zwiegespräch mit seiner dinglichen Welt selbstverständlich, sei es das Werkstück, das er bearbeitet, die Pflanzung, die er pflegt, oder das Vieh, das er hütet. Stets und überall lauscht er auf das, was ihm von den Seelen dort zugeflüstert wird, und ruft seinerseits die Seelen an und muntert sie auf, erläutert ihnen sein Tun oder beschwichtigt sie, sobald er verändernd in ihr Umfeld eingreift beziehungsweise ihre Integrität verletzt.

Dergestalte magische Verbundenheit verlangt auch Regeln, die es im Umgang mit der dinglichen Welt zu beachten gibt. So wird er beispielsweise keinen Baum fällen, ohne zuvor und danach ein Dankopfer an dessen Seele respektive Geist zu richten. Ja, bereits die Auswahl des Baumes ist nicht beliebig, sondern erfolgt erst nach eingehender Zwiesprache mit dem Einschlag, denn nicht jeder nach den Regeln in Frage kommende Baum ist willens, sich ungestraft fällen zu lassen. Und so gilt es beständig, auf die Zeichen in der Welt und der Psyche zu achten, sie richtig zu deuten und danach zu handeln, um den für das eigene Heil notwendigen Einklang nicht zu beeinträchtigen. Nichts in der Welt ist für den animistisch Denkenden ohne Sinn. Alles ist miteinander verbunden und strebt einem Zweck zu, dem letztlich der Mensch selbst nur ein Mittel ist. Und so geschieht nichts zufällig, es sind vielmehr Zusammenwirken und Bestimmung, die zum Ereignis führen. Infolge dieser Wahrnehmung bleibt der Mensch nicht nur ein in die Welt hinein Wirkender, sondern ist auch ein von ihr Bedrohter. Seine alltägliche Erfahrung bestätigt ihn in dieser Sichtweise, denn Leben und Überleben sind für ihn ein beständiges Anrennen gegen Naturgewalten, die ihm in ihrer Ursächlichkeit noch weitgehend unbegreiflich bleiben. Der primitive Mensch lebt folglich auch in beständiger Furcht vor einer magisch durchdrungenen Umwelt. Auf Schritt und Tritt lauern auf ihn Gefahr und Überwältigung, wobei die Bedrohung für ihn nicht nur von der Natur selbst ausgeht, sondern auch von den in ihr waltenden Seelen und Geistwesen.

Furchtsam auf eigenen Füßen, weiß er, wohin er tritt

Weit drängender als das Prinzip des Eigennutzes dürfte daher die Furcht Antrieb für den Menschen gewesen sein, magisch zu handeln. Magie wurde ihm zur schlüssigen und methodischen Erwiderung auf die Fährnisse des Lebens. Wer Gewalt über Geister und Seelen hatte, der hatte auch Gewalt über die Natur. Anstatt den Elementen hilflos ausgeliefert zu sein, verfügte er fortan per Magie über Instrumente, sie in seinem Sinne zu zwingen. Dies war kein Pfeifen im Walde, sondern ein aus animistischer Sicht von der Natur abgeschautes Wirken, eine aus dem Weltverständnis abgeleitete präzise Naturbeobachtung. Praktizierte der Schamane etwa einen Regenzauber, so wußte er nicht nur die Zeichen zu deuten, sondern auch die Natur durch eben die ihr adäquaten Zeichen zu zwingen, seinem Willen zu folgen. Und wenn er wie weiland Moses mit seinem Stab gegen einen Fels schlug, um seinem Stamm eine Quelle zu erschließen, geschah diese Handlung, weitab von jeder Beliebigkeit, aus einem tiefen Wissen um die natürlichen Zusammenhänge heraus, auch wenn er sie selbst als Zauber auffassen mochte. Magie war also von Beginn an mehr als nur Selbstbeschwichtigung zur Abwendung der eigenen

Furchtsamkeit, vielmehr war sie Bekundung und Ausdruck des Willens zur Eigenmächtigkeit im Rahmen erkannter Gesetzmäßigkeiten.

Durch seine Zauberhandlung verstärkte sich im Menschen gleichzeitig das Gefühl seiner Mächtigkeit, er wurde nun zu einem regulierenden Faktor, der der Natur gegenübertrat. Diese Mächtigkeit konnte er sich jedoch nur erschließen, weil seine Magie Wirkung zeitigte. Wäre es je anders gewesen, hätte sich Magie als sichtliche Fähigkeit zur Naturbewältigung und Seelenpflege nicht bis heute in unserem Bewußtsein verankern können. Andererseits bedingte diese erkannte Kausalität auch unausbleiblich, daß Magie als Mittel zur Macht verstanden wurde. Das uns inhärente Streben nach Omnipotenz verquickte sich mit der Auffassung von Magie, und so war es nur konsequent, sie auch in diesem Sinne zu instrumentalisieren. Es genügte folglich nicht, allein den Feind physisch zu bezwingen. Wollte man ihm wirklich Herr sein, mußte man auch seiner Seelenaspekte mächtig werden. So sollten sich durch Magie auch die Mächte der Natur, etwa die Kraft des Windes, des Feuers und des Wassers mit dem Menschen verbinden. Gleichermaßen galt es auch, die Kraft und Fähigkeit des erschlagenen Feindes in sich aufzunehmen, weswegen man ihn in einem rituellen Mahl gemeinsam verzehrte. Gleichzeitig versöhnte man dessen Seele, indem man ihr aus Achtung vor ihrer Stärke in sich eine Bleibe gab.

In dem Maße aber, in dem Magie zunehmend als bezwingende Handlung verstanden und omnipotentes Instrument ausgebildet wurde, verlor sich auch der animatistische Blick aus den Kindertagen der Menschheit. Nicht mehr Weltverbundenheit und ein unmittelbares affektives Wirkungsverständnis sind von nun an ursächlich für magische Impulse. Magie wandelte sich statt dessen zu einem Wissen, das gezielte Handlung, gewollte Einflußnahme und vorbestimmte Wirkung ermöglichte. Zwar mochte man mit diesem Verständnis die Welt durchaus noch als Zauberwelt erfassen, doch findet man sich damit nicht mehr in ihr wieder, sondern ihr gegenüber.

Eine Welt voll Zauberkraft

Es ist eine beinahe selbstverständliche Erkenntnis, daß die Welt keineswegs so ist, wie wir sie sehen wollen. Unsere heute so viel beschworene Aufgeklärtheit, unser Wissen um die kausalen Prinzipien der Natur, unser Zwang zur Rationalität – durch nichts von alledem zeigt sich uns die Welt in ihrer Gänze, so wie wir sie eigentlich verstehen. Unsere rationale Weltsicht und unser affektives Weltverständnis klaffen, gottlob, ein Stück weit auseinander. So mag etwa der Zauber der Liebe, als hormonelle Zwangsläufigkeit beschrieben, eine vernünftige Erklärung sein, doch bei aller Vernunft wäre sie als Deutung des Geschehens gleichermaßen unvernünftig. Irrationalität ist nun mal eine Gegebenheit menschlicher Bewußtheit und Weltauffassung, die unsere gedachtermaßen objektive Weltsicht beständig konterkariert. Dementsprechend ist uns aufgeklärten Abendländern auch die Vorstellung einer beseelten Umwelt nichts ungewöhnlich Fremdes. Auch wenn es uns immer wieder gelingt, zu dieser Empfindung Distanz zu wahren, bleibt sie uns als wiederkehrendes Phänomen erhalten. Wie anders könnte man sich sonst das Verhalten eines verkopften Informatikers erklären, der bei auftauchenden Schwierigkeiten mit seinem Computer zu sprechen beginnt, den Bildschirm oder die Tastatur aufmunternd streichelt oder zornig gegen dessen Chassis tritt. Unabhängig davon, daß wir von der Vernunft her die Dinge als unbeseelt und unbelebt erkennen, leben wir auf der affektiven Ebene geradewegs das Gegenteil. Hier sprechen wir mit unseren Zimmerpflanzen, leiden mit den Blumen, die wir pflücken, oder personifizieren Gegenstände, indem wir ihnen Namen geben.

Im Grunde unserer Psyche, oder besser im Wähnen unseres Herzen, währt die zivilisatorisch nicht mehr gebotene Zauberwelt fort. Sie ist offensichtlich ein seelenprägendes Erbe, das wir zwar verleugnen können, dem wir uns aber dennoch nicht zu entziehen vermögen. Und so hegen wir Bräuche und Vorstellungen, deren magischer Hintergrund trotz fortgeschrittener Entmythologisierung nur oberflächlich kaschiert ist und deren animistische Wurzeln unser Seelenleben nach wie vor nähren und befruchten; auch wenn etliche Gepflogenheiten, wie beispielsweise das Errichten von Maibäumen als Fruchtbarkeitszauber, nur noch folkloristischen Charakter haben und andere Zauberhandlungen durch die Veränderung unserer Arbeitswelt kaum mehr praktiziert werden, bleiben sie als eine eigentliche Notwendigkeit nach wie vor präsent. So wird etwa der Stallzauber zum Schutz des Viehs oder das Baumopfer beim Fällen mittels dreier kreuzweiser Kerben im Wurzelstock heute nur noch selten gepflegt, dafür aber dementsprechend häufig als ungute Unterlassung aufgefaßt. Andererseits beschwichtigen wir in ähnlicher Weise wie unsere Altvorderen zu November unsere Ahnen durch Besuche auf den Friedhöfen und denken in dunklen Tagen vielleicht noch an deren umherschweifende Seelen. Wie sie glauben wir auch an die Allmacht unserer Gedanken, nur wird dies Wirken heute nicht mehr Magie genannt, sondern Imagination, Telepathie oder Macht des positiven Denkens. Und selbst in Handlungen, die fernab jeglichen magischen Impulses allein unserer rationalen Weltsicht zu entspringen scheinen, kann man tief verwurzelte magische Beweggründe ablesen. So ist etwa die Notwendigkeit, die Natur beherrschen zu wollen, in ihrer praktizierten Überspitzung und streckenweisen Unsinnigkeit aus rationalen Gesichtspunkten allein nicht erklärbar. Wie anders mag man sich zum Beispiel mit reinem Verstand erklären, daß wir den Turmbau zu Babel oder die Stammestürme mittelalterlicher Familien belächeln, zur gleichen Zeit aber aus vordergründiger Rekordsucht berghohe Gebäude errichten, deren wirtschaftlicher Nutzen jeglicher ökonomischer Vernunft spottet? Oder wie läßt sich der Widerwille fetischistischer Technikgläubiger gegen begründete ökologische und ökonomische Einwände zu ihren phantastischen Projekten noch verstehen? Kommt hier nicht kausal der ursprünglich magische Wunsch nach Naturbewältigung zum Tragen, wenn auch zum Selbstzweck atavistischen Verlangens nach allmagischer Macht verkümmert.

War ursprünglich praktizierte Magie die konsequente Reaktion auf eine als magisch empfundene Welt, so hat sich die Sicht mit der Aufklärung entscheidend verändert. Zwar empfinden wir unsere Umwelt vielfach wie ehedem ebenso magisch auf uns einwirkend, indessen gilt magisches Handeln, sofern es als Magie erkennbar vorgetragen wird, als einfältiger, wenn nicht gar verdammenswerter Irrationalismus. Dementsprechend unterschwellig bleiben die auf magisch bedingte Empfindungen folgenden Reaktionen. Magie, einst ein primäres Medium zur Lebensbewältigung, wird zum verdrängten Unterbewußten. Ihre Äußerung wird vielfach ummäntelt, ironisiert und nimmt hierdurch gelegentlich neurotische Züge an beziehungsweise bewirkt dahingehende Auffälligkeiten durch verdeckte Verhaltensformungen. Als Beispiel seien übertriebene unbewußte Kräftigungs- als auch Vermeidungsrituale genannt, wie wir sie im ausgeprägten Waschzwang erkennen oder in der abergläubischen Furcht, an bestimmten Tagen das Haus zu verlassen. Man weiß aus Beobachtungen, daß gerade unterschwellige und damit auch unverstandene magische Assoziationen drastische Reaktionen bis hin zur Kataplexie auslösen können; beispielshalber sei nur an die affektiven Beeinträchtigungen erinnert, die in Verbindung mit dem bösen Blick gebracht werden und denen auch Personen erliegen, die mit diesem Terminus nichts anfangen können. Eine Ahnung davon, daß hierbei ein nicht nur unserer Psyche eigener, sondern womöglich ein in der Natur prinzipiell angelegter »magischer Komplex« zur Geltung kommt, vermitteln uns manche Tierversuche. So wird etwa ein Huhn aufgrund zuvor antrainierter Reize seinen Stall nicht mehr betreten, sobald ein bestimmtes anderes Huhn vor ihm hineinschlüpfte. Statt dessen wird es so lange vor dem Einschlupf verharren, bis ein weiteres Huhn in den Stall schlüpft. Die Assoziation, die das Huhn hindert, den Stall zu betreten, würden wir, auf uns selbst bezogen, durchaus als magisch besetzt empfinden, indem wir entweder die Situation als solche oder die Gegenwart des anderen Huhns vor uns als zaubermächtig deuteten.

Auch den Ungläubigen berührt der Feen Macht

Wie wir solcherart unterschwellige assoziierte Zaubermächtigkeit bewerten, ist eng mit unserem ausgebildeten magischen Empfinden verknüpft. Neigen wir ohnehin zu einer magischen Sicht, werden wir auch eine besondere Affinität zu scheinbar magisch besetzten Dingen und Wesen entwickeln. Andererseits werden wir, auch als jeder Metaphysik abhold, Situationen, Örtlichkeiten und Personen begegnen, von denen wir magisch intensiv berührt werden. Jedermann vermag zum Beispiel die Magie nachzuempfinden, die man während und nach einem Déjà-vu-Erlebnis wahrnimmt. Die Spanne, in der wir den Eindruck gewinnen, die augenblickliche Situation schon einmal durchlebt zu haben, versetzt uns zum einen in eine

Traumwelt und zum anderen in eine außerordentliche Anspannung, da sie meist mit dem uneinlösbaren Entscheidungs- beziehungsweise Erwartungsdruck einhergeht, die »wiedererkannte« Begebenheit durch eine vorgesehene Handlung zu besiegeln. Löst sich die scheinbare »Wiedersicht« schließlich auf, bleibt meist eine anhaltende Irritation zurück, die wir ebenso magisch durchdrungen erleben.

Dabei ist es bei einem Déjà-vu weniger die eigentliche »Wiedersicht«, die uns anrührt, als vielmehr die mit ihr einhergehende magische Entrücktheit, die uns bannt. Solchermaßen in Bann geschlagen, meinen wir, eine auf uns einwirkende Kraft wahrzunehmen, die für die empfundene Verzauberung ursächlich verantwortlich sei. Ähnliches widerfährt uns, sobald wir »energieträchtige« Kultstätten aufsuchen. Wer sich etwa auf die Kraft einläßt, die namentlich in älteren Kirchen gebunden zu sein scheint, dürfte eine verwandte Entrückung beziehungsweise Ergriffenheit durchleben. Obwohl wir für solcherart externe Zauberkraft durchaus Sinn und Empfinden haben, ist sie in unserer Kultur nur selten ein Gegenstand eigenständiger Betrachtung und deshalb weder begrifflich noch phänomenal eingegrenzt. Ganz anders hingegen verhält es sich damit in animistisch geprägten Kulturen. Erst die Enthüllung der Auffassung melanesisch-polynesischer Eingeborener vermittelte uns mit dem Begriff »Mana« eine Kategorie, mit der wir auch unsere unbestimmte Empfindung von Zauberkraft umreißen können.

Nach dieser Auffassung wird mit Mana eine magisch wirksame Kraft umschrieben, die bestimmten Personen, Wesen, Gegenständen und Orten eigen sein kann. Wobei die mit Mana behafteten beziehungsweise durchdrungenen Erscheinungen nicht Eigner dieser Zauberkraft sind. Denn die Kraft fließt den Erscheinungen zu und kann sich in ihnen auch wieder verlieren. Von daher ist Mana im doppelten Wortsinne als eine charismatische Kraft zu verstehen. Auch wenn sie nicht zwingend von einer Gottheit ausgehen muß, kann sie als ein »Theoplasma« verstanden werden. Schließlich verleiht Mana den von ihm Durchdrungenen die Mächtigkeit, Magie in einer Weise wirksam auszuüben, über die es ansonsten nicht verfügen könnte. Gleichzeitig veredelt Mana eine von ihm durchdrungene Erscheinung und hebt sie dadurch erkennbar über gleichartig andere. Von Mana behaftete Personen oder Gegenstände strahlen Zauberkraft aus und schlagen ihr Gegenüber in ihren Bann; weswegen Schamanen und Stammesoberhäuptern grundsätzlich besonders viel Mana zugesprochen wird. Mana zu besitzen ist zwar einerseits kein persönliches Verdienst; so kann sich die Kraft jemanden, der sich intensiv um sie bemüht, versagen, während sie einem anderen geradezu zufliegt. Dennoch erfüllt einen andererseits Mana für gewöhnlich nicht von ungefähr, sondern setzt einen ihrem Gehalt entsprechenden Lebenswandel voraus. Dies gilt insbesondere für die Einhaltung der Tabus, das heißt der sozialen und religiösen Gebote. Wobei die Tabus insgesamt auch als »manamächtig« angesehen werden.

Im Zusammenwirken von Mana und Tabus offenbart sich auch die Zwiespältigkeit des Mana; es kann sich nämlich gleichermaßen als positive wie als negative Zauberkraft manifestieren. So kann es, bei einer Tabuverletzung oder gegen einen Feind gerichtet, im äußersten Fall tödlich wirken. Als Beispiel sei die protokollierte lakonische Ansicht eines Kriegers angeführt, der meinte: »Wenn ich meinem Feind den Tod wünsche und er stirbt, so war dies Mana.« Andererseits kann Mana eine segensreiche Kraft sein, so schützt und stärkt ein mit Mana aufgeladener und in das Feld eingebrachter Stein die Frucht, ebenso vermögen nur dank seiner Kraft an einen Kranken verabreichte Heilkräuter ihre genesende Wirkung entfalten. Zugleich vermag ein

Schamane durch kontrollierten Tabubruch die Wirkung von Mana zu verstärken, beispielsweise indem er seinen bloßen rechten Fuß auf die Brust des Kranken setzt. Eine Berührung, die an sich eine negative Wirkung auslösen würde und nur durch die Manakraft des Schamanen sich ins Positive wandelt; was sich damit erklärt, daß der Priester die durch den Tabubruch ausgelöste Manawirkung zu absorbieren und in seinem Sinne zu lenken versteht.

Wie sehr diese Auffassung von Mana respektive »theoplasmischer« Zauberkraft auch unsere Vorstellungswelt durchwirkt, mag man an unserem Reliquienkult ablesen. So pilgerten 1998 annähernd zwei Millionen Menschen nach Turin, um das Grabtuch Christi zu sehen, obwohl nur wenige Jahre zuvor auf der Grundlage wissenschaftlicher Erkenntnisse die Kirche selbst das Tuch als nicht original erklärte und es lediglich wegen seines Charakters und seiner Symbolkraft weiterhin als ein sakrales und kontemplatives Medium auswies. Trotz dieser Rückstufung, die beinahe einer Profanisierung der einstigen Reliquie gleichkam, trat ein, was die Kirche vorhersah: Das Grabtuch verlor sein »Mana« im Bewußtsein der Gläubigen nicht. Besonders exemplarisch für die Reliquienverehrung, die in ihrem Grund nur durch das Fortwähren animistischer Archetypen erklärbar ist, gilt die Sebastianswallfahrt zum Kloster Ebersberg bei München, wobei auch andernorts gleichartige Bräuche gepflegt wurden, etwa mit dem Schädel des heiligen Makarius zu Würzburg oder des heiligen Theodulphus von Trier. Dort, in Ebersberg, wird seit mehr als 1000 Jahren die Hirnschale des heiligen Sebastian aufbewahrt. Sie galt als wunderkräftig, insbesondere in Zeiten der Pest, gegen die der Heilige seit 680 n.Chr. als Patron angerufen wurde. Bis zur Mitte des 17. Jahrhunderts tranken die Pilger am Ziel ihrer Wallfahrt geweihten Wein durch Silberröhrchen aus der Hirnschale des Heiligen. Ein Tun, das bereits zu jener Zeit mit gruseligem Staunen eigentlich nur noch Kannibalen zugesprochen wurde. Und bis heute, nachdem die Wallfahrt mittlerweile ihre Bedeutung verloren hat, kann man kleine Bleipfeile erwerben, die mit der Reliquie in Berührung gebracht wurden. Wie hoch diese durch Kontaktzauber übertragene Wunderkraft eingeschätzt wurde, zeigt ein Bericht des Erzherzogs Maximilian von Österreich, der zur Pestzeit 1613 nach Regensburg reiste:

»Daß wir in unserem auf Regensburg durchraisen aus der hl. Hirnschale S. Seb. getrunkhen, auch seine geweihten Pfeillen mit uns hinweckh getragen, Ist unns zu großer Wolfahrt und nutz khommen, dann khainer auß unserm Hofgsindt, welches wenig anderen dort wohnenden Fürsten widerfahren, an der besen hochschwebender Krankheit mit Tod abgangen.« (Krammer 21)

Mögen wir auch heute Bräuchen wie der Sebastianswallfahrt distanziert gegenüberstehen, bleiben die seelischen Strukturen, die uns zu solchem Verhalten leiten, ungeachtet dessen in uns lebendig. Sie unterscheiden sich nur oberflächlich in ihrem Ausdruck, indem wir sie unserer aktuellen Wirklichkeit angepaßt haben. Eine Tatsache, die freilich über alle Zeiten hinweg gültige Notwendigkeit war und ist. Denn um die Regungen unserer Seele verstehen und kommunikativ offenbaren zu können, bedarf es einer allgemein zugänglichen Symbolik und Bestimmung, die sich stets an der gegebenen Begrifflichkeit und den Möglichkeiten sozialer Interaktion orientiert. Drastische und leidvolle Anschauungen für solcherlei Umdeutung und dennoch affektiv verstandene Inszenierung magisch-seelischer Inhalte boten uns die totalitären atheistischen Regime des 20. Jahrhunderts mit ihrem Personenkult und diversen »Weiheveranstaltungen«. Hier wurden teilweise bewußt und unbewußt Magie eingesetzt und Mana kultiviert, um

Kiesel mit natürlichen durch Auswaschung verursachten Durchbre-
chungen werden Trudensteine genannt. Sie gelten als magisch wirk-
sam, werden, da auf einen zugekommen, gerne als Talismane getragen
und sollen brauchbare Geisterfallen sein, die einen vor Alpdrücken be-
wahren; zudem werfen sie den bösen Blick augenblicklich zurück und
schützen im Besitz einer Mutter deren Kinder.

eine emotionale und irrationale Bindung der Allgemeinheit
zu fördern; und das mit durchschlagendem Erfolg, auch
wenn man dies nachträglich kaum mehr wahrhaben
möchte. Weniger schroff, dafür von ebenso verblüffender
Durchsichtigkeit, ist die derzeitige Affinität zu schamani-
schen und okkulten Praktiken, wie wir sie beispielshalber
im anhaltenden heilkundlichen und spirituellen Gebrauch
von Halbedelsteinen beobachten können.

Steinen von besonderer Form und Aussehen wurde seit
je Manakraft zugesprochen. Im polynesischen Raum galten
auffällige Steine als Bewahrer von Mana. Wurden sie mit
einem Totem oder Tabutier in Berührung gebracht, luden
sie sich zusätzlich mit der Kraft des kontaktierten Objektes
auf und standen gleichzeitig unter dessen Schutz. In dieser
Weise verschaffte man sich außerordentlich wirkmächtige
Amulette. Heute wird die Bestimmung der Zauberkraft der

Steine auf der Grundlage einer mehr oder minder beliebigen Synthese auffälliger Entsprechungen, tradierter Attributszuweisungen und mineralogischer Erkenntnisse vorgenommen. Zugleich lassen sich mittlerweile viele Menschen Steine von Personen, denen sie unbewußt Mana nachsagen, zueignen, und greifen auch hiermit auf, was in animistischen Kulturen gang und gäbe ist, nämlich die Aufladung und Übereignung von Amuletten durch den Schamanen. Wer solchen offenen Zauber mit seiner Ratio nicht in Einklang bringen kann, bleibt vom Mana der Dinge dennoch insofern nicht unbeeinflußt, als er ihm zufallende Gegenstände von Mal zu Mal, wenn auch unbewußt, Fetischcharakter zuspricht, oder sich von Örtlichkeiten bezaubern läßt, die gemeinhin als heilig gelten.

Von der Zauberkraft des Wortes

Als »manaträchtig« wurde und wird seit Anbeginn menschlicher Entwicklung auch unsere Wortgewalt angesehen. Mit unserer Sprache verfügen wir nicht nur über ein sozial bindendes Medium, durch das wir uns und unsere Welt mitteilen können, sondern auch über die Möglichkeit, in die Seele unseres Gegenübers einzudringen. Dementsprechend sind wir imstande, mit Worten zu heilen wie auch zu töten. Welche Bedeutung wir dem Wort beimessen, ist weit deutlicher als im Alten Testament, wo »Gott sprach: Es werde Licht«, seit annähernd 2000 Jahren im theistische Schöpfungsmythos zu Beginn des Johannesevangeliums für jedermann nachlesbar festgehalten:

»Im Anfang war das Wort, und das Wort war bei Gott, und Gott war das Wort. Dasselbe war im Anfang bei Gott. Alle Dinge sind durch dasselbe gemacht, und ohne dasselbe ist nichts gemacht, was gemacht ist. In ihm war das Leben, und das Leben war das Licht der Menschen.« (Joh. 1, 1-4)

Doch nicht nur in der christlichen Kosmogonie hat die Welt ihre Ursache im göttlichen Wort, auch in vielen anderen Schöpfungsmythen steht vor dem Augenblick der Weltentstehung das Wort als schöpferischer Impuls. Es gilt gleichsam als der göttliche Atem, der als Ausdruck göttlichen Willens und als Idee allen Erscheinungen zugrunde liegt, beziehungsweise allem Geschaffenen entgegenstrebt. Insbesondere in der vedischen Religion Indiens wird dem Wort als Medium zur Vervollkommnung überragende Bedeutung beigemessen. Die in den Veden beschriebene Schöpfungsentwicklung weist außerdem verblüffende Parallelen zum Johannesevangelium auf:

»Am Anfang war Brahman, und mit ihm war Vak (das Wort). Dieses Wesen verlangte: »Möge ich Viele sein. Möge ich mich entfalten«, und es wurde stark. Vak war Sein und ging aus ihm hervor und durchdrang alles Seiende. Als Vak von ihm (Brahman) ausging, vereinte es sich durch seinen Geist mit ihm und wurde fruchtbar. ... Das Wort ging von Brahman aus und brachte die Geschöpfe zur Welt und kehrte wieder zu ihm zurück.« (Avalon: Girlande der Buchstaben, 15)

Die Rezitation magischer Wörter, sogenannter Mantras, soll nach vedischen Vorstellungen dem Menschen ermöglichen, sich mit der höchsten Gottheit zu vereinen respektive höchste Seligkeit zu erlangen. Durch ein Mantra soll der Urton der Schöpfung im Bewußtsein des Menschen anklingen. Wobei Mantras nach unterschiedlichen Gesichtspunkten ausgewählt werden: Mal sind es reine Vokalkompositionen, mal handelt es sich um tradierte Sanskrit-Wörter, mal werden knappe Sätze oder Lobpreisungen rezitiert. Gemeinhin bekannt ist das Mantra »Om«, das »A-U-M« intoniert wird. Durch den Ton dieses Mantras sollen die drei Aspekte permanenter Schöpferkraft, Schöpfung, Werden und Vergehen, miteinander verschmelzen. Wer in der Betrachtung dessen mit diesem Mantra schwingt, dem vermittelt sich eine Ahnung ursprünglichen weltenschaffenden Genius, das heißt, er wird berührt vom weiblichen Gestalt gewährenden Aspekt der Schöpferkraft. Allerdings werden Mantras auch zu schlichten Zauberhandlungen herangezogen, um sich der Kraft eines Gottes zu versichern oder Dämonen abzuwehren. Bei in diesem Sinne gesprochenen Mantras, gleicht die Auffassung von der Macht des Wortes dem Verständnis und Gebrauch von Zauberwörtern der meisten Kulturen und Religionen.

Gut dem, der sein Herz auf der Zunge zu tragen versteht

Mit unseren Gedanken tragen Worte auch unsere innersten Regungen nach außen. Und im selben Augenblick, in dem sie über unsere Lippen wandern, bewirken sie in Herz und Seele unseres Gegenübers einen Widerhall. Diese Unmittelbarkeit und Empathie, die mit dem Wort einhergeht, ist für sich allein bereits ein Moment magischer Größe. Dementsprechend ist in unserem Bewußtsein die Auffassung von der Magie der Gedanken und besonders des gesprochenen Wortes als eigenständigem Träger von Zauberkraft ein tief verwurzeltes Selbstverständnis. Wörter sind also von einem ihnen eigenen mehr oder minder starken Mana durchdrungen und transportieren obendrein die ihnen durch eine Person »aufgehauchte« Zauberkraft gedanklichen Wollens und seelischen Empfindens. In Gestalt der Ideomagie, dem Zauber durch Gedankenkraft, und der Idiomagie, dem Wortzauber, werden diese lebhaft empfundenen Zauberkräfte regelgerecht gelenkt.

Diese Ausformungen der Magie dürften zu den ältesten Kapiteln menschlicher Kulturentwicklung zählen und den Unterbau für unsere Mythen und unsere Literatur geliefert haben. Beredsamkeit und Wortgewalt sind auch heute noch, wenn nicht magische, dann zumindest bezaubernde und beneidete Eigenschaften. Wir pflegen eine Gesprächskultur, die den magischen Zirkeln der Alten an lodernden Feuern ferner Vergangenheiten in nichts nachstehen dürfte. So vermeiden wir prinzipiell die direkte Ansprache von Umständen. Vielmehr beschwatzen wir Stimmungslagen und schaffen dadurch ein affektives Gewölk, in das sich schließlich der eigentliche Anlaß der Besprechung fügen und betten soll. Wobei der Begriff der »Besprechung« für unsere kommunikativen Zusammenkünfte auch als magische Floskel verstanden werden kann. Denken wir an das Besprechen, drängt sich uns zunächst das Bild von der Alten auf, die Warzen und kleinere Beschwerden bespricht – eine heute noch praktizierte Methode volkstümlicher Zauberei. Doch in gleicher Weise »besprechen« wir nicht minder, sei es auf Konferenzen oder im trauten Zwiegespräch, unsere Sorgen, bis sie sich aufzulösen scheinen, und versuchen andererseits, unser Glück herbeizureden, während wir mögliche Momente des Unglücks aus eben diesem Grund beschweigen, um sie durch unser Geschnatter nicht zu »beschreien«. Und so wie wir in den Predigten und feierlichen Ansprachen seit je dem magischen Wort einen kultisch verbindlichen Rahmen gegeben haben, so haben wir das magisch heilende Gespräch unserem rationalisierten Gemüt angepaßt und in die Praxen der Psychologen und Analytiker verlegt.

Wie sich allein durch Worte ein eindringlich magischer Bann aufbaut, daran dürfte sich ein jeder erinnern, sobald er an die erzählten Märchen seiner Kindheit denkt. In gleicher Weise vermochte aber auch ein ausgesprochenes Tabu eine magische Atmosphäre zu schaffen, die sich von alptraumhaft grausamer Furcht bis hin zu verzehrend versuchender Lustangst spannen konnte. So kann ich beispielsweise die bedrohliche Atmosphäre noch heute nachempfinden, die für uns Kinder um ein Haus herum entstand, das wir zu meiden hatten und von dem wir deshalb annahmen, daß in ihm ein böser Zauberer wohnte. Das geäußerte Verbot allein bewirkte, das dieses Haus im Gegensatz zu allen anderen mit bedrohlicher Zauberkraft geladen war. Auf ebenso einfache Weise konnte zu Kinderzeiten jemand einen Schutzkreis um sein Eigen ziehen, wenn er nur eine symbolträchtige Wächterfigur aufstellte und sie gebührend besprach. Der bannende und eigentliche magische Faktor entfaltete sich dabei weniger an dem Symbol, das meist von beliebiger Art war, als durch die Worte, mit denen die Objekte in ihren Stand gesetzt wurden. Je dräuender die Macht des Symbols geschildert und die Folgen des Tabubruchs ausgemalt wurden, desto mächtiger empfanden wir die Zauberkraft, die von ihm ausging: Es waren die Worte, die das Mana übertrugen und fixierten. Und wie wenig derartige Empfindungen auf ein kindliches Gemüt beschränkt bleiben, zeigt sich in der vielfach geteilten Auffassung Erwachsener, daß grundsätzlich jeder Gedanke auch Gestalt zu erringen vermag; in diesem Zusammenhang wird gerne Paracelsus zitiert, der Magie unter anderem dahingehend verstand, daß es die Bildkräfte der Seele sind, die bewirken, daß das Wort zu Fleisch wird. In den zeitgemäßen Anleitungen zum positiven Denken begegnen wir dieser fundamentalen Sichtweise häufig, indes hier das Wort weniger zu Fleisch, als vielmehr zu Geld gerinnen soll. Derweil uns mit dem Training positiver Gedanken nur eine sehr oberflächliche suggestive Abart eigentlicher Wortmagie angedient wird.

Paracelsus' beinahe biblische Bezeugung der Macht des Wortes mag dagegen in seiner ganzen Tiefe womöglich nur für jene verständlich sein, die die Macht des Gebetes am eigenen Leibe erfahren durften. Im Gebet verdichten sich Worte und Gedanken, Besprechung und Besinnung, Flehen

Ein beliebtes Medium der Zauberei sind Buchstabenkreise, die sich scheinbar wahllos zusammensetzen. Durch ein magisches Symbol, hier ein Pentagramm, verknüpft der Magier die »sinnlose« Reihung zu Zauberwörtern und initiiert hierdurch den gewünschten Zauber.

und Hoffen zu einer gebündelten Kraft. Entsprechend empfinden wir das Gebet als eine der reinsten und konzentriertesten Hinwendungen an eine transzendente Macht. Es ist uns von seiner Natur her meist so heilig, daß wir uns scheuen, es in Verbindung mit Zauberei oder Magie zu nennen. Dennoch bleibt das Gebet von seiner Eigenheit her auch ein magisches Medium. Neben der ihm zwingend unterlegten Glaubenskraft ist es auch die sublimierte Kraft des Wortes, durch die ein Gebet erst als eindringlicher und machtvoller Fakt verstanden wird. Daher ist es auch nicht verwunderlich, daß Menschen, die beten, gemeinhin eher Entspannung und Seelenfrieden finden und im Krankheitsfall häufig rascher genesen, als Menschen, die hierin keinen Trost und Zuversicht finden beziehungsweise sich erhoffen können.

Flüchtiger Geist und fliehende Geister

Unsere Individualität ist eine solide Annahme, die es uns ermöglicht, unseren alltäglichen Belangen nachzukommen. Ob wir indes auch »Ungeteilte« sind, wie uns das Wort »Individuum« verheißt, mag dahingestellt bleiben. Betrachten wir menschliche Entwicklung, ist das eigentliche Menschwerden und Menschsein immer und vorrangig eine gesellschaftliche Leistung und nur sekundär die Folge eines persönlichen Impetus. Die bereits erwähnte stammesgeschichtliche Auffassung von der vielfältigen, in der Gemeinschaft verwobenen Seele wohnt uns jedenfalls nach wie vor inne, wenn auch gelegentlich als furchtbesetzte Empfindung der Entgrenzung. Notwendigerweise geben und erleben wir uns als Person entsprechend vordergründig, ganz im Sinne des Wortes »persona«: durch die Maske sprechend und eine Rolle spielend.

Wohl deswegen finden wir gemeinhin Gefallen am Gedanken eines morphogenetischen Feldes einer all-menschlichen Bewußtheit. Erklärt er doch so vieles, was unserem magischen Empfinden entgegenkommt. Nach dieser Überlegung wird ein solchermaßen behauptetes humanes morphogenetisches Feld als ein sich aus der Summe aller menschlichen Bewußtheiten zusammensetzendes Überbewußtsein angesehen, das quasi eine externe kollektive

Psyche bildet, mit der jeder Mensch gleichzeitig und fortwährend verbunden ist. Phänomene wie Telepathie, Inspiration, Prä- und Postkognition, Synchronizitäten und andere Formen außersinnlicher Wahrnehmung als auch massenpsychologische Erscheinungen lassen sich durch die Annahme einer solchen Menschheitsseele einsichtig erklären. Ebenso bietet die Situierung dieses Feldes auch eingängige Erklärungsmöglichkeiten für die Wirksamkeit magischer Interventionen. Hiernach wird mittels persönlicher Seelenenergie, durch magische Handlungen gelenkt und potenziert, direkt in das Feld der Menschheitsseele eingegriffen, das als transpersonales Medium dem Magus für seine Absichten dienlich ist. Gleichermaßen vermag, dieser Vorstellung entsprechend, der Einfühlsame sich über dieses Feld zu kräftigen und sich Fähigkeiten zuwachsen zu lassen, die ihm ansonsten versagt wären. Eine derartige Befähigung kann von der Güte augenblicklicher Intuition, über begnadete Geistesgabe bis hin zur Visualisierung kollektiver und archetypischer Seeleninhalte reichen. Insbesondere letzteres würde über dieses morphogenetische Feld hinausweisen in einen weiteren Hyper-Raum, indem sich uns auch metaphysische Phänomene aufdrängten, die wir qualitativ spiritistischen Kategorien zurechnen.

Unter diesen Vorzeichen bietet sich ein postuliertes morphogenetisches Feld jedoch nicht nur als ideales Medium transpersonaler Kommunikation an, sondern auch als ein Feld zwiespältiger, wenn nicht gar, in seiner eigentlichen Gewichtung als ein Gewirke, dumpfer und uninspirierter Kräfte. Schließlich mag ein jeder selbst einschätzen, daß sich die Summe menschlichen Geistes kaum zu einem alles erhellenden Gewölk verdichten würde. Gerade diese Tatsache aber verhilft uns ihrerseits zur Deutung vieler magisch behafteter Erscheinungen, die uns dämonisch anmuten. So gesehen könnte jedoch die Annahme eines morphogenetischen Feldes mehr oder minder nur als eine unserem modernen Weltverständnis angepaßte Fortschreibung animistischer Zauberwelten erscheinen. Gleichzeitig ist seine Behauptung auch ein Akt bewährter Magie. Indem man nämlich dem Unfaßbaren Namen und Struktur zuweist, macht man es sich verfügbar und gegenständlich und erringt so Macht darüber. In dieser Weise haben wir uns vielgestaltige Systeme und Phänomene, etwa den Mythos von Atlantis oder den UFO-Glauben geschaffen, die, ob tatsächlich oder scheinbar, in unsere Welt hineinwirken, von Fall zu Fall eine, zumindest empfundene, seelische Tatsächlichkeit beschreiben. Wie wirksam und in seiner Externalisation Wirklichkeit schaffend dieses nominative Verfahren schlimmstenfalls sein kann, haben wir etwa mit dem fatalen bis in die Neuzeit hineinwirkenden Hexenglauben noch in böser Erinnerung.

Durch das Benennen fixieren wir, was uns flüchtig erscheint, und begründen das an sich Bewegte. Dies gilt, nebenbei bemerkt, auch für die eigene Person. Aus dem Heer der Namenlosen herauszuragen, über den eigenen Tod namentlich im Gedächtnis zu bleiben, verschafft uns selbstmächtige Zentrierung und Fortdauer. Die Flüchtigkeit und Beliebigkeit der Person wird aufgehoben; uns kommt durch uns selbst wie durch unsere Umwelt Festigkeit und somit auch Macht zu. Folglich versuchen wir den Dingen unser Siegel aufzudrücken, um sie uns zu eigen zu machen, zum anderen aber auch über das Eigen unsere Person zu fixieren. Hier wirkt der Zauber des Benennens im Aneignen. Mit der erfolgten Bindung behaftet sich das Dingliche mit dem Mana der Person, was umgekehrt einer gleichzeitigen personalen Weiterung entspricht: Wir geraten in die Dinge!

Im Märchen vom Rumpelstilzchen sind die wesentlichen Aspekte des Namenszaubers zeitlos beschrieben. Die Müllerstochter, auf Gedeih und Verderb dem goldgierigen König ausgeliefert, versteht die sie bedrohenden Mächte nicht, die nach ihr und ihrem Kinde trachten. Mit der Figur des Rumpelstilzchen, eines gnomenhaften Poltergeists, kann sie der Bedrohung zwar einen passenden Charakter zuweisen, doch wird sie ihr dadurch nicht Herr. Vielmehr verlangt das personifizierte Übel nach dem Leben des Erstgeborenen, durch das es selbst beseelt und dauerhaft werden möchte. Es ist der vielbesagte Teufelspakt, der hier verabredet wurde; eine Seele soll im Tausch gegen die magisch-alchemistische Allmacht des Goldspinnens gegeben werden. Dahinter steht nicht nur der bildhafte Gedanke der Hingabe an die Dämonen, sondern auch das intuitive Wissen, daß solchermaßen erworbene magische Allmacht die Teilhabe an der mitmenschlichen Seelenwelt ausschließt; die Seele würde sich durch Vereinzelung abgrenzen und verlieren. Erst nachdem die Müllerstochter das Übel beim Namen nennen kann, gelingt es ihr, es zu bezwingen und sich aus seinem Bann zu befreien.

Die Seele fröstelt, sobald das Üble von ihr zehrt

Damit nähern wir uns einem bemerkenswert heiklen Punkt magisch-seelischer Muster, nämlich der Wahrnehmung des Üblen in Form von »Sichten« oder mittels sensorischer Reaktionen. Damit sind insbesondere solcherart Begegebenheiten gemeint, über die wir, sofern sie uns widerfahren, im nachhinein von Geistern und Dämonen sprechen. In der psychologischen Praxis wird solches Geschehen zwar nicht als wahrnehmbares Phänomen geleugnet, es wird ihm allerdings insoweit Tatsächlichkeit abgesprochen, als dieserart Erscheinungen als stark affektbesetzte Projizierungen beziehungsweise Externalisationen gedeutet werden, durch die seelische Bedrückungen personalisiert und damit faßbar gemacht würden. Dem entgegen stehen jedoch tiefgreifende Erfahrungen und Erlebnisse, die eine solche Deutung als umfassende Erklärung fragwürdig erscheinen lassen. Beachtenswert an solcherart Geschehnissen sind sowohl die Gleichartigkeit singulärer Wahrnehmungen, wie sie uns etwa von Nahtod-Erlebnissen berichtet werden, als auch überzeugende kollektive Wahrnehmungen, etwa Berichte von Spukerscheinungen oder Präkognitionen, die sich nicht als gruppenhysterische Suggestionen abtun lassen. Gewiß ist ein Großteil paranormaler Wahrnehmungen ursächlich mit außergewöhnlichen psychischen Situationen verknüpft, durch die unterbewußte Signale unser Tagbewußtsein sensorisch kurzfristig überdecken beziehungsweise archetypische Seeleninhalte durch äußere Symbolik stimuliert werden. Darüber hinaus bleibt allerdings ein beachtlicher Rest, bei dem wir deutlich von außen auf uns einwirkende Kräfte lokalisieren. Es sind dies solche Momente, in denen wir Bedrängungen erleben, die wir uns nicht anders als magischen Ursprungs erklären können. Für den Augenblick der Einwirkung verändert sich unsere Wirklichkeit, es öffnet sich ein Raum, vor dem wir uns ansonsten verschlossen halten. Wir spüren die Kälte dieses Raumes und zugleich die Hitze der auf uns gerichteten Kraft, und wir wissen instinktiv und zweifelsfrei, daß wir einem magischen Geschehen unterworfen sind. Wir hören Geräusche, nehmen Gerüche war, unsere Haare sträuben sich, die Raumtemperatur verändert sich, und wir sehen Dinge, die so nicht sein können und dennoch sind.

Wer sich malevolent bedrängt fühlt und diese Anmutung durch Magie abwehren möchte, entwickelt eine Ahnung vom Exorzismus. Ein Vorgehen übrigens, das nur selten so gewaltig ist, wie es uns einschlägige Filme weismachen wollen. Im kirchlichen Taufritus etwa wird der Täufling gleichzeitig mit der Salbung exorziert und damit den Mächten der Finsternis, die ihn umgreifen, entrissen. Die Ahnung, daß unsere Seelen auch Einfallstore für lemurenhafte Kräfte sein können, ist uns eine innewohnende Urangst. Sie mag ein Archetyp vor- und frühmenschlicher Entwicklung wie auch eine Furcht vor dem in unserem kollektiven Unbewußten vergrabenen Wissen um menschliche Gewalt sein. Der Exorzismus beim Täufling ist demnach weder dumpfe Magie noch gestriger Aberglaube, vielmehr ist er als Apotropäum aufzufassen, das sich aus der tiefen Kenntnis der magischen Struktur und Anfälligkeit unserer Psyche speist. In gleicher Weise ist beispielshalber anzunehmen, daß Luther auf der Wartburg nicht nur aus nervöser Überarbeitung während seiner Bibelübersetzung mit dem Tintenfaß gegen den ihn versuchenden Teufel warf. Eher darf man ihm glauben, daß ihn das Böse in spürbarer Gegenwart bedrängte.

In der Psychiatrie ist dämonisch empfundene Bedrängung beziehungsweise zu beobachtende Besessenheit nur ein Randthema und wird deshalb nur von einer Minderheit damit Befaßter als ein Fakt anerkannt. Andererseits sind ekklesiogene Neurosen dieser Art nicht nur unter streng religiösen Patienten oder in dem hierfür besonders anfälligen Kreis der Canabisabhängigen zu finden. Seit dem, durch die Weltpresse gegangenen unglückseligen Fall der Anneliese Michel, die 1976 nach mehreren erfolglosen Austreibungsversuchen starb, sind der Exorzismus wie auch die Annahme von Besessenheit anrüchige Angelegenheiten. Wer sich daher heute darauf einläßt, läuft Gefahr, sich in Verruf zu bringen. Dabei sind die Feststellung und Behandlung von Besessenheit eine mit der Menschheitsentwicklung einhergehende sozio-kulturelle Gegebenheit, der wir unter veränderten Vorzeichen wahrscheinlich nicht so ablehnend gegenüberstehen würden; denken wir beispielsweise nur an die Heilerfolge psychisch Auffälliger durch die Schamanen und Medizinmänner der Stammeskulturen.

Besessenheit wurde zudem von Magiern schon vor Jahrtausenden erkannt und behandelt. Wobei man neben der rituellen Austreibung auch auf direkte Eingriffe setzte. So entwickelte man mit der Trepanation, der Schädelöffnung, eine Operationsmethode, durch die den bösen Geistern, die sich in einem Menschen festgesetzt hatten, ein Ausfallstor geboten wurde. Schädelfunde diesseits und jenseits des Atlantiks belegen überdies mehr oder minder die zeitgleiche Durchführung von Trepanationen in allen Kulturen. Was ein weiteres wichtiges Indiz dafür ist, daß sich magische Weltsicht unabhängig vom kulturellem Austausch in gleichartigen Bahnen vollzog. Magie ist demnach, auch wenn sie in vielfältigen Ausformungen und Riten vollzogen wird, nichts Beliebiges, sondern folgt einem unserer Psyche eingeschriebenen Verständnis.

Von welcher Qualität aber, das heißt, aus welcher Art Macht gespeist, eine Besessenheit tatsächlich ist, darüber läßt sich trefflich spekulieren. Je nach religiösem Weltverständnis werden die üblen Kräfte anders gedeutet und differenziert betrachtet. Dementsprechend wird, wer sich zu einem Exorzismus entschließt, diesen seinem jeweiligen Kulturkreis entsprechend durchführen. Gleichwohl ist zu beobachten, daß Besessenheit von erfahrenen Teufelsaustreibern unabhängig von ihrer eigenen religiösen Einstellung und der ihres Klienten erfolgreich behandelt werden kann. Blickt man etwa nach Südamerika, wo sich die unterschiedlichsten religiösen Strömungen miteinander verquicken und es beispielshalber für einen Christen durchaus denkbar ist, an einem Candomblé-Ritual teilzunehmen, wird man mit solcherart übergreifender Wirkung magischer Seelenbefreiung relativ häufig konfrontiert. Grundsätzlich festzustellen bleibt, daß wir bei Besessenheit offensichtlich einer externen auf die Psyche einwirkenden Kraft gegenüberstehen. Demzufolge dürfte die Austreibung einer üblen Kraft nur eingeschränkt auch eine Glaubensheilung sein. Wahrscheinlich handelt es sich ihrem Wesen nach um einen magisch-therapeutischen Vorgang, bei dem archetypische Inhalte wie die Idee des Magus, die Empfindung der All-Einheit und der Schmerz der Weltverlorenheit angesprochen und miteinander versöhnt werden, wodurch sich die partiell zersplitterte und dadurch angreifbar gewordene Psyche wieder eint und die negative Besetzung abzustoßen vermag.

Besessenheit zu diagnostizieren ist ein sehr diffiziles Unterfangen, da sich psychotische und Phänomene der Besessenheit ähneln und auch Testgebete und Namenszauber, durch die das Üble zur Offenbarung gezwungen werden soll, insbesondere bei ekklesiogenen Neurosen oft keine Klarheit bringen. Zudem ist Besessenheit nicht gleich Besessenheit. Vielmehr unterscheidet man drei Grade. Der erste leichtere Grad wird als Bedrängnis oder Obsessio definiert. Es ist ein Zustand, in dem man dazu neigt, sich scheinbar zwanghaft selbst zu schaden. Sie wird häufig als eine böse Lust am Tabubruch empfunden, um sich der magischen Reaktion einst empfundener Zauberwelt zu versichern. Überwältigender ist bereits die nächste Stufe, die »Umsessenheit« oder Circumsessio. Hier empfindet man das Üble bereits als einen ergreifenden spürbaren Widerpart. Man sieht sich Visionen und insistierenden Einflüsterungen ausgesetzt und wird dabei von Seelenqual und körperlichem Schmerz gepeinigt. Man versteht sich und sein Handeln in selbstzerrissener Manier einerseits selbst nicht mehr, findet aber andererseits an seiner scheinbaren Verworfenheit eine unstillbare Lustangst. Schließlich folgt als echte Besessenheit die Possessio, bei der dämonische Kräfte sich mit der Seele beziehungsweise Seelenaspekten des

Opfers verbinden, um hierdurch Eigenständigkeit und Stetigkeit zu erlangen. Hier ist der Mensch nur noch Erleidender und fühlt sich in sich selbst als ein Verdrängter. In seiner Brust haben sich gewissermaßen fremde Seelen verschlossen, die seiner eigenen Seele den Raum nehmen. Gleichzeitig wirken durch ihn sowohl paranormale Fähigkeiten wie das Sprechen in fremden Zungen oder von ihm ausgelöste psychokinetische Phänomene als auch die von ihm ausgehende seelische Bedrängung seiner Mitwelt.

Doch da jede Macht auch ihre Diener findet, ist es nicht verwunderlich, daß sich etliche Menschen vom Üblen in magischer Weise angezogen fühlen und es durch Magie beherrschen und in ihrem Sinne lenken wollen. Und so gibt es seit Anbeginn magischen Handelns auch den Ast der schwarzen Magie beziehungsweise der Teufelsanbeter. Wobei nicht nur die Lust an der verbotenen Frucht diese Gruppierungen lenkte, sondern die Anbetung des Bösen auch als ein Heilsweg verstanden wurde, durch den man letztlich nach Durchwanderung der Finsternis ins Licht gelangt, wie dies beispielsweise ein wesentliches Moment im Pañca-tattva, den geheimen Ritualen des Tantra-Yogas oder bei den Ophiten, den Schlangenanbetern unter den Gnostikern, der Fall war. Strenggenommen aber geht es den Satanisten wie prinzipiell jedem Magus um die Macht über das Unfaßbare.

Bei der Verfolgung ihres Zieles ist die Sexualmagie als chymnische, die Polarität aufhebende Vereinigung mit dem Göttlichen oder dessen Widerpart ein beherrschender Aspekt. Andererseits sprechen die Gedanken und Praktiken der Satanisten urmagische Seelenmomente an, weshalb sie auf Menschen auf eine unheimliche Art anziehend wirken, die ihre Initiation vom Übergang von der kindlichen Zauberwelt zur rationalen Welt des Erwachsenseins nicht beherzt, das heißt integrierend, vollzogen haben und sich statt dessen in einer zerworfenen und unbegriffenen Zwischenwelt befinden.

Beim Gedanken an oder der Beschäftigung mit finsteren Extremen der Magie wie Satanismus und Besessenheit mag man sich von der Magie insgesamt indigniert abwenden und sie als eine mittlerweile zu vernachlässigende Erscheinung aus dem Dunkel unserer Menschwerdung abtun. Betrachtet man zudem den Stellenwert, den Magie als solche im öffentlichen Bewußtsein einnimmt, darf man bei Bewertung ihrer oberflächlichen Präsenz eine solche Entscheidung auch gutheißen. Andererseits sind die seelischen Strukturen der Magie nach wie vor in uns wirksam, womit auch magisches Handeln nicht aus der Welt – und schon gar nicht aus der unsrigen – ist. Vielmehr fühlen, denken und handeln wir nach wie vor alltäglich in magischer und somit unserer Psyche entsprechenden Weise. Wer es versteht, sich dies vor Augen zu führen und sich auch dauerhaft auf diese Sicht einzulassen, wird allenthalben Entsprechungen aus scheinbar längst verlassenen Zauberwelten in unserem Alltag entdecken. Um mit ihnen kundig umgehen zu können, muß man vor allem sein eigenes magisches Potential entdecken, beleben und letztlich bejahen. Dies erfordert jedoch zum einen ein gesundes Maß an Selbstvertrauen, da man beginnt, gegen den Strom zu schwimmen, zum anderen aber verlangt es eine tief in sich ruhende Gewißheit eigener Unverletzbarkeit – womit ein »magisches« Empfinden für das eigene Heil gemeint ist; denn man wird nicht nur der magischen Unvernunft seiner Mitwelt standhalten müssen, sondern auch den Versuchungen und Anfechtungen der dunklen Seite der Magie zu widerstehen haben. Auf einer solchen Grundlage wächst einem schließlich ein Verstehen weißer Magie zu, das von mitfühlendem Menschenverständnis getragen wird. In der Praxis wird einem diese Magie, nach innen wirkend, vor allem zur eigenen Vervoll-

kommung dienen. Indes dürfte sie nach außen nur bedacht-
sam fließen und als eine stille Art beschützender und för-
dernder Einwirkung sowie heilsamer Menschenführung
verstanden werden.

Ursprünge und Entwicklung der Magie

Fahlgelb lag sie am Feuerplatz vor der Höhle. Sie hatten sie hierhergetragen, denn hier war der rote Ocker zu finden. Man würde ihren Körper damit einreiben, und damit würde das Blut in sie zurückfließen. Dann wäre sie bereit, hinüberzugehen in den Wald auf der anderen Seite des Flusses, woher die Ahnen einst kamen. Sie öffneten ihr den Mund, damit die Geister sie verlassen konnten. Der Älteste bettete ihren Kopf auf den Schädel des Wolfes, danach zündeten sie die Fackeln an und betraten die Höhle. Wenn sie zurückkämen, würde sie in die aufgehende Sonne blicken.

Sie gingen tief in die Höhle hinein, tiefer noch, als sich je ein Tier wagen würde. Die Wände waren feucht, und die Erde flüsterte und grollte ihnen zu. Sie verfielen in einen Singsang, um den Fels zu beruhigen. Dann erreichten sie den Dom. Jetzt hatten sie wieder trockenen Sand unter den Füßen. Das Licht ihrer Fackeln rief einen Glanz auf dem Fels hervor. Er begann zu wogen, und sie atmeten mit ihm. Sie setzten ihren Singsang fort und bewegten sich dazu im Kreis. Allmählich verloren sie sich. Im schwachen Licht der Fackeln streiften ihre Seelen durch den Dom, strichen die Wände entlang, verhakten sich an hellen Vorsprüngen und schmiegten sich in dämmrige Nischen. Würde der Geist der Toten zu ihnen finden? Würde er ihnen seine neue Heimstatt preisgeben? Sie hatten keine Eile, das Licht ihrer Stöcke würde bis zum Morgen reichen. Endlich schien es so weit zu sein, in einem Felsbuckel sahen zwei ihre Gestalt aufscheinen. Doch noch sahen die anderen sie nicht. Erst wenn auch der Letzte sie erkennen würde, wäre sie wieder ganz bei ihnen.

Die Stöcke waren bereits um über die Hälfte ihrer Länge niedergebrannt, als sie endlich zu ihnen stieß. Sie tanzte den

Reigen mit ihnen, drehte sich ein ums andere Mal mit ihnen im Kreis. Schließlich rastete sie im Fels. Der Stein atmete mit ihr, und auch die Körper und Seelen der Tanzenden wiegten sich mit ihr. Sie hatte die Gestalt des Hirsches angenommen und weidete unter ihnen. Die zwei, die sie zuerst erahnt hatten, tauchten ihre Finger in den farbigen Teig und hielten ihre Gestalt mit zügigen Strichen im Fels fest. Bevor sie den Dom verließen, drückten die anderen ihre rötelbeschmierten Hände gegen die Wand, um sie auf immer festzuhalten.

Vor der Höhle machte sich der Älteste daran, ihr den Kopf vom Leib zu trennen. Sie war zu ihnen in die Höhle gekommen und würde ihnen künftig mit den Hirschen folgen wollen. Jetzt mußten sie nur noch die weiße Frucht ihres Schädels in sich aufnehmen, dann wäre der Pakt geschlossen. Sie würde bei ihnen bleiben, ihre weiße Lebensfrucht würde sie, die sie an der Schwelle zur Anderwelt gestanden hatten, wiederbeleben, und der Geist des Hirsches würde ihnen allzeit folgen. Den mit rotem Ton eingeriebenen Leib aber übergaben sie dem Fluß. Die Ahnen sollten ihn zu sich nehmen, damit auch sie keinen Grund zum Murren hätten.

Magie, ein Wesensmerkmal der Kulturen

In eine Natur geworfen, die ihn mit ihrer Fülle verwöhnte und gleichzeitig durch ihre Unstetigkeit ängstigte und durch die Gefahren der Wildnis bedrohte, – so fand sich der Mensch am Beginn seiner Entwicklung in der Welt. Wie er seine Welt begriff und ob er eine Ahnung von der Zeit hatte, können wir heute nur mutmaßen. Eines aber vermögen wir aus den Funden vergangener Zeit zu erkennen, nämlich daß der frühe Mensch bereits um seine Vergänglichkeit wußte und eine Vorstellung von Tod samt einer Idee vom Wesen danach besaß. Ein Fund von den Golan-Höhen belegt, daß dieses Nachdenken über sich und die Welt uns seit wenigstens 300 000 Jahren eigen ist. Mit der dort gefundenen »Venus vom Golan«, einer daumengroßen weiblichen Steinfigur, liegt uns das älteste erhaltene Glaubenszeugnis der Menschheit vor. Anders als der Makapansgat-Stein ist dieses Stück bewußt geformt worden. Und wir können von zwar wesentlich jüngeren, aber dennoch ähnlichen Funden ableiten, daß es sich wahrscheinlich um eine einstige Kultfigur, womöglich einen Fetisch, handelt, die eine Muttergottheit versinnbildlichte. Und da Glaube und Magie in vergangenen Zeiten untrennbar miteinander verwoben waren, darf man diese Figur auch als einen Beleg praktizierter Magie ansehen. Gleichzeitig ist die Venus vom Golan der älteste auf uns gekommene Beweis für menschliches Kulturschaffen und symbolisches Verständnis.

Magie- und Glaubensvorstellungen waren nicht nur kulturprägende Vorbedingungen, sondern neben der lebensnotwendigen Rottenbildung wider die Fährnisse der Natur auch eine gesellschaftlich prägende Kraft. Zu jener Zeit konnte der Mensch die Dynamik der Natur nur beobachten, durchleben und bestenfalls überleben, jedoch kausal deuten, geschweige denn durchschauen konnte er sie nicht. Durch seine Beobachtung wußte er allerdings um ihren Rhythmus und die phänomenalen Zusammenhänge, doch blieben sie ihm ebenso unverständlich wie Geburt, Krankheit, Altern und Tod.

Dennoch stellte er sich Fragen an das Wieso und Warum und fand die Antworten in der Magie. Und da in den Anfängen magischen Verständnisses Selbst, Mitwelt, Umwelt, Wesen und Erscheinung noch zusammenfielen, waren es seine Affekte, die neben seiner Wahrnehmung das Bild von der Welt bestimmten. Welterfahrung war ihm zugleich eine mystische Erfahrung.

Mystische Erfahrungen aber wollen mitgeteilt und beschrieben werden, denn nur im Austausch, der Bestätigung und im korrigierenden Vergleich erfahren sie Festigung und erlangen universelle Wirklichkeit. Hierin gründet als weitere magisch bedingte Kulturleistung der schöpferische Impuls zur Entwicklung systematischer Symbole, die als bildhafte Kürzel der Schrift vorausgingen, sowie das Bedürfnis die metaphysische Naturdeutung und Weltsicht durch Mythen zu bewahren, die auch heute noch zum Grundstock unseres Kulturverständnisses zählen. Betrachtet man zudem die Analysen der Mythen- und Märchenforschung, erkennen wir in den von Mund zu Mund bis in unsere Zeit hineingetragenen Erzählungen nicht nur eine profunde Darstellung magischer Seelenmuster und zeitlos seelischer Befindlichkeiten, sondern auch ein ad infinitum methodisch gültiges Bestreben, sich affektive Wahrnehmungen rational zu erschließen und einander zu vermitteln.

Andererseits stößt die Weitergabe mythischer Berichte auch an kulturelle Grenzen, hinter denen ihr metaphysischer Inhalt nicht mehr erkannt wird. Das Aufkommen solcherart kommunikativer Barrieren dürfte auch jener Moment in unserer Entwicklungsgeschichte gewesen sein, zu dem sich neben dem magischen ein autonomes religiöses Verständnis herausbildete. Dementsprechend erachten etliche Religionswissenschaftler auch das fehlende Auseinanderklaffen von Glaube und Aberglaube als ein Wesensmerkmal primitiver Kulturen. Das Hinzureifen von, die eigentliche Wahrnehmung übertreffendem, religiösem Gedankengut ist zugleich der Punkt, an dem über die magisch-seelischen Strukturen hinaus sich magische Vorstellungen entwickeln, die als kulturformende Leistungen nicht mehr menschliches Gemeingut sind, sondern von speziellen sozio-kulturellen Gegebenheiten größerer und kleinerer Kulturräume bestimmt werden.

Bis zu dieser sich allmählich heranbildenden Zergliederung dürfen wir freilich von einem gemeinsamen magischen Erbe ausgehen, auf dem wir alle gründen. Gleichzeitig können wir feststellen, daß magische Vorstellung und magische Handlung eine Tatsache sind, die dem Menschen nicht nur eigen ist, sondern auch einen, wenn nicht überhaupt den kulturbildenden Faktor darstellt. Wobei dieses menschheitsgeschichtliche Erbe ein schier allmächtiges Fundament darstellt. In ihm können wir den Nährboden allen Strebens ausmachen, bis hin zur technischen Revolution der Neuzeit. Schließlich gründet so gut wie alle Wissenschaft, sei es Medizin, Chemie, Physik, Astronomie, Biologie oder Mathematik, auf ehemals auch der Magie verpflichteten Disziplinen. Neben dieser ins Rationale und Objektive übergehenden und sich dort selbst verlierenden Ausformung der Magie stellt sie sich rückblickend auch als grundlegend seelenfüllende Kraft dar. Ist sie doch, wie im Kapitel zuvor ausführlich dargelegt, ein Element, das diverse Archetypen bebildert und somit unser Unbewußtes formt.

Im Zeichen kehrt sich das Innere nach außen

Mag man die grundlegenden Archetypen noch als traumatische von der Psyche unerkannte jedoch durchlittene Entwicklungsmomente umreißen, so blieben sie in ihrem uranfänglichen Unerkanntsein freilich auch noch ohne verarbeitbare, abrufbare und psychisch zu handhabende Symbolik. Mit einer solchen Symbolik wurden sie erst dank der Bilderwelt der Magie umkleidet und durchdrungen. Nur hierdurch aber wurde dem Dräuen des Unterbewußten das namenlos Überwältigende genommen, sein Erschreckendes wurde erkennbar und hierdurch auch faßbar. Und nachdem wir dank der Magie das Ominöse der Archetypen zu bewältigen lernten, wagten wir uns auch daran, das Numinose der sich aus dem Abstrusen abzeichnenden Gottheiten mittels Magie zu bezwingen. Wobei die gefundenen und hierfür instrumentalisierten Symbole sich einerseits durch intuitive Deutung, andererseits durch kongruente affektive Reaktionen auf äußere Signale zusammenfügten.

Mit einer Symbolik, die sich solcherweise an unsere seelische Befindlichkeit anpaßt und in die Psyche einschreibt, entstand zugleich ein ursprünglicher Zeichensatz, mit dem wir kulturübergreifend die erwähnte Kommunikationsbarriere wiederum zu überwinden verstehen. Wie verbindlich diese gemeinsame Wurzel ist, läßt sich an den, sich durch alle Kulturen hindurchziehenden, deckungsgleichen Sinngehalten von Symbolen und allegorischen Umschreibungen ablesen. Zum Beispiel ist das Sinnbild des Vogels ein allerorten wiederkehrendes Motiv für die Seele und für die Entseelung des Menschen. Stirbt ein Mensch, richten wir gleichsam unseren Blick wie selbstverständlich zum Himmel und wähnen seine Seele sich auf den Flügeln der Vögel emporschwingend. Diese uns gemeinsame sinnbildliche Ursprache wurde im magischen Verständnis als Ausdruck göttlicher Idee, dem aller Ordnung zu Grunde liegendem schöpferischen Impuls aufgefaßt, womit dem Symbol als solchem ein außerordentlicher Stellenwert zugeschrieben wurde. Erhellend für die Gewalt der Magie, die den Symbolen zugesprochen wird, ist folgende Bemerkung des Anfang des 4. Jahrhunderts wirkenden Neuplatonikers Jamblichos:

»... die Kraft der von den Göttern allein erkannten, unaussprechlichen Symbole gewährt nur allein die theurgische Vereinigung. Daher wird sie nicht durch das Denken bewirkt, und wir bringen sie nicht durch Vernunfttätigkeit in uns hervor. Die göttlichen Charaktere oder Symbole bringen vielmehr, ohne daß wir es denken, oft von selbst ihre eigentliche Wirkung – die theurgische Vereinigung – hervor, also, daß die verborgene Kraft der Götter ...

durch sich selbst ihre eigentümlichen Bilder erkennt. ... Denn die göttlichen Kräfte werden nicht durch unsere Gedanken zur Tätigkeit bestimmt, ... sind's doch allein die göttlichen Charaktere, die Wunder der Natur-Signaturen, welche eigentlich den göttlichen Willen bewegen. Und also werden die Götter von sich selbst zur Tätigkeit bestimmt und nehmen von den endlichen unvollkommenen Dingen nichts in sich auf, was Ursache oder Prinzip ihrer Wirkungen ist.« (Horst 1.Bd., 80)

Jamblichos wertet das Symbol auf, indem er es quasi mit dem Gegenstand, der Symbolik, gleichstellt. Symbol und Inhalt sind für ihn ein und dasselbe, wodurch er, auch wenn er es von sich weist, durch das Symbol selbst Macht über die Göttlichkeit gewinnt. Diese Symbolauffassung ist durch und durch magischer Natur. Schließlich ist und bleibt es der Mensch, der das Symbol setzt und somit auch seinen Inhalt fixiert und ihm Charakter verleiht. Es ist nicht göttliches Empfinden, sondern der seelische Eindruck des Menschen, der durch das Symbol gefaßt wird. Dementsprechend finden wir über das Symbol zu unseren gemeinsamen Wurzeln zurück.

Die weltumspannende kongruente Bildersprache der Symbole, ihre allgemeinverbindliche Sinnzuweisung beziehungsweise Interpretation bemerken wir einmal im konkreten Zeichen, etwa einem Kreuz oder einem Drudenfuß. Hier wird dem Zeichen eine ihm entsprechende Symbolik zugewiesen, was andererseits auch bedeutet, daß das Zeichen seinen Inhalt »assoziiert«. Eine magische Beschäftigung, der sich heute anstelle der Medizinmänner vor allem die graphischen Gestalter widmen. Zum anderen erkennen wir Symbole als Verschlüsselung seelischer Inhalte, indem die Bildhaftigkeit der Psyche in Zeichen und Handlungen stimmige Entsprechung findet, beispielshalber im Symbol der Schlange oder in der Opferhandlung. In der Vergangenheit war die Ausdeutung dieser Symbole das Geschäft der

Traumdeuter und Magier, während sich ihr heute mit oft nicht geringerer magischer Interpretationskunst die Psychoanalytiker widmen.

Betrachten wir zur Verdeutlichung das Kreuzzeichen, das rund um den Globus als Symbol Verwendung findet, stoßen wir auf eine stets wiederkehrende grundsätzliche Symbolik. Generell wird die Kreuzung der beiden Linien als Zeichen für eine bestehende Zweiheit oder Vierheit aufgefaßt. Darüber hinaus wird auch der Kreuzungspunkt häufig in die Interpretation mit einbezogen, um wie etwa in China die Fünfheit zu versinnbildlichen oder wie im Christentum die fünf Wundmale Christi in ihm auszudeuten. Allgemein gilt er jedoch als Transformationspunkt, für die Kräfte, die sich in ihm begegnen. Als solcherart Kräfte werden mal die vier Himmelsrichtungen, mal die vier Elemente, mal die vier Jahreszeiten angesehen. Überwiegend und somit von grundlegender Symbolik wird jedoch im Kreuz die Begegnung zweier elementarer Kräfte erachtet, etwa die Verbindung von Himmel und Erde, eines männlichem und weiblichem Prinzips oder von Tod und Leben. Durch ihre Verflechtung im Kreuz sollen sich die Gegensätzlichkeiten ausgleichen und einer idealen Verschmelzung zustreben. Ein unter diesen Gesichtspunkten gezogenes Kreuz ist bereits ein magischer Akt. Gleichzeitig gilt das Kreuz als Sonnensymbol oder Lichtzeichen, indem sich in ihm mal Sonne und Mond verbinden und ein anderes Mal nur auf den Strahlenkranz der Sonne hingewiesen werden soll. In der Swastika, dem Hakenkreuz, wird dies heute noch so im indischen Kulturkreis verstanden.

Neben seiner grundsätzlichen Symbolik steht das Kreuz auch exemplarisch für die magische Macht, die sich mit einem Symbol infolge der ihm zugewiesenen Inhalte verbindet. Haben wir doch im Kreuz wie in der Swastika zwei starke, durch Zuweisungen aufgeladene Symbole. So gilt

Links: Jerusalemer Kreuz, die fünf Kreuze versinnbildlichen die fünf Wundmale Christi. Mitte links: Das ägyptische Schleifenkreuz »Ankh« ist ein Lebenssymbol und steht für die Befruchtung der Erde durch die Sonne. Auch Symbol der koptischen Christen. Mitte rechts: Eine Verbindung von Hexagramm und Kreuz im Kreis als magischer Zirkel. Rechts: Gälisches Kreuz, es verbindet heidnische und christliche Elemente, der Kreis steht für die Sonnenscheibe und dürfte sich von der Swastika ableiten.

das Kreuz für den gesamten abendländischen Kulturkreis als das Symbol für die Leiden und die Verklärung Christi. Es ist gewissermaßen das die Gottheit selbst darstellende Symbol und das ultimative Zeichen des Bekenntnisses zu ihr. Als solches ist es ein Heilssymbol absoluter Güte, weshalb es in der Magie auch als ein Topos weißmagischer Kraft verstanden wird. Durch die Verehrung des Kreuzes, die Gläubige seit zwei Jahrtausenden pflegen, wurde das christliche Kreuz per se zu einem Medium magischer Kraft. So genügt es beispielshalber bereits, das Kreuzzeichen zu schlagen, um eine bedrohliche okkulte Sinneswahrnehmung zu mindern. Folglich ist auch ein Exorzismus ohne Einbeziehung des Kreuzes als Sakramentalie unvorstellbar. Zugleich ist es für den Magus ein Fokus magischer Gewalt, in dem sich das Böse, sobald es von ihm erfaßt wird, zwingend offenbaren muß. Hiervon abgeleitet, wird nach simplen schwarzmagischen Vorstellungen das Kreuz zur Berufung des Antichristen auf den Kopf gestellt. Dabei handelt es sich allerdings um eine nur minder magisch wirksame Verkennung der eigentlichen Symbolik, denn das Satanische ist im Verhältnis zur Kraft Christi eine eigenständige

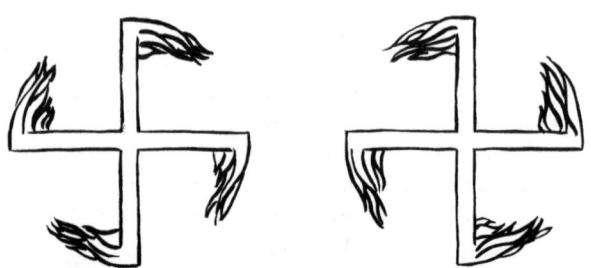

Links: Eine linksläufige Swastika. Rechts: Eine rechtsläufige Swastika

Kraft und nicht ihr Gegensatz, die sich durch die Umkehrung des Symbols beschwören ließe. Als magischer Impuls kommen hier vielmehr die durch den unbestreitbaren Tabubruch ausgelösten psychischen Kräfte des Handelnden in einer sich selbstverstärkenden Weise zur Geltung. Und man mag vorauswissendes weises Magieverständnis der Kirche darin sehen, daß sie das gestürzte Kreuz dem Apostel Petrus in die Hand gab, wodurch der blasphemische Gebrauch des Kreuzes in offensichtlicher Verkennung der Symbolik einen gewissen Zug ins Lächerliche erhält.

Bei der Betrachtung der Swastika können wir an uns selbst die wirksame Beschwerung und Aufladung eines Symbols durch kollektive Zuweisung nachempfinden. Auch das Symbol des Hakenkreuzes ist in so gut wie allen Kulturen als zaubermächtiges Heilszeichen bekannt. Durch die seitlichen Haken erhält das Kreuz den Anschein einer kreisenden Bewegung, wodurch es mehr noch als ein einfaches Kreuz den Charakter der alles bestrahlenden Sonnenscheibe versinnbildlicht. Insbesondere in Indien ist die Swastika als glückbringendes Emblem allgegenwärtig. Gleichermaßen gegenwärtig ist es auch in unserer Erinnerung als das Symbol der Nationalsozialisten, das der Partei aus den Hinterzimmern ihrer okkultistischen Anhängerschaft zugetragen wurde. Dergestalt empfinden wir es als eine Verkörperung beziehungsweise symbolische Verdichtung des Bösen. Wie verderbt dieses Zeichen auf uns wirkt, mag man vielleicht daran ermessen, daß bei einigen Besessenheitserscheinungen sich der Teufel auch mit dem Namen des Naziführers schmückt. Der einstige auch in unserer Kultur verstandene Heilscharakater der Swastika hat sich durch ihre monströse Beschwerung und das Grauen, das unter ihrem Banner geschah, gänzlich verloren. Demzufolge fährt uns der Schrecken in die Glieder, sobald wir dem Zeichen unter einem anderem als seinem uns eingeschriebenen geschichtlichen Kontext, etwa während einer Indienreise, wieder begegnen. Wer sich dennoch auf die Kraft der dort angebrachten Zeichen einläßt, wird zudem feststellen, daß sich auch dort, wo die Swastika nach wie vor in ihrer ursprünglichen Symbolik verstanden und verwendet wird, sich ihr vormals lichtes Moment eingetrübt hat.

Die Ausrichtung der Haken an der Swastika wurde seit ihrer Verwendung als Hoheitszeichen im Dritten Reich immer wieder zum Gegenstand von Betrachtungen. Deutet man die Swastika als Feuerrad, kann man in den Haken an den Enden der Kreuze Flammen erkennen, die rückwärts zur Drehrichtung lodern. Nach dieser Sichtweise dreht sich von Norden her gesehen eine Swastika nach rechts mit dem Sonnenlauf und eine dem Sonnenlauf entgegen nach links. In der einen wie in der anderen Form scheinen sie in allen Kulturen diesseits und jenseits des Atlantiks auf, wobei das rechtsläufige Hakenkreuz öfters zu sehen ist. Die rechtsläufige Swastika wird wahrscheinlich auch als Folge der jüngsten Vergangenheit als »gut« gewertet. Freilich war sie auch davor im tibetanischen Ritual wie beim Tantra-Yoga als einzige von beiden gegebenen Möglichkeiten für Kulthandlungen zugelassen. Seine rechtsläufige Bewegung wird als erhellend, vom Unterbewußten zum Bewußten aufsteigend interpretiert. Die linksläufige Bewegung, die sich vom Bewußten zum Unterbewußten wendet, wird hingegen als indoktrinierender Impuls verstanden. Ableitend von dieser Auffassung und verknüpft mit psychologischer Farbdeutung, wird das Nazi-Emblem heute als schwarzmagisches Zeichen erkannt.

Der Aufladung von Symbolen wird in der Magie ein besonderer Stellenwert eingeräumt. Zwar werden Symbole bereits aus sich selbst heraus als wirkmächtig erachtet, für das Gelingen einer Zauberhandlung muß es freilich besprochen und mit der entsprechenden Intention gezeichnet werden. Denken wir beispielsweise an das ausgedehnte Ritual, mit dem etwa im tibetanischen oder indianischen Kulturkreis Mandalas gemalt und geweiht werden, gewinnen wir eine leise Ahnung davon, wie intensiv ein Symbol mit magischer Kraft durchdrungen und geladen werden kann. Bei der Auswahl und Gestaltung von Symbolen fallen folglich deren Inhalte mit magischen Absichten zusammen. Nur wenn beide Momente übereinstimmen, entsteht ein wirkmächtiges Symbol. Dies ist mit ein Grund dafür, daß in der Magie überwiegend auf tradierte Zeichen zurückgegriffen wird und sich neu kreierte Symbole vornehmlich aus überlieferten Zeichen zusammensetzen beziehungsweise auf solchen fußen. Erfüllen doch solcherlei Zeichen allein aus ihrer Geschichte heraus diese Grundanforderungen. Insofern muß der Charakter eines wirksamen magischen Zeichens die Psyche auch unbewußt ansprechen, das heißt vom Nutzer affektiv verstanden werden. Dies erklärt letztlich auch, warum der magische Zeichensatz sich über die kulturellen Schranken hinweg sowohl in Gestalt als auch in Sinn und Zweck ähnelt.

Am Tisch der Götter gibt man sich mit Leib und Seele hin

Im Hinblick auf die beschriebene universelle Symbolik wird eingängig, warum sich auch die diversen magische Rituale rund um den Globus in vielfältiger Weise gleichen. Betrachten wir dazu nochmals die bereits erwähnte Trepanation. Obwohl bis ins hohe Mittelalter hinein die Trepanation in Deutschland, Ungarn und Rußland eine gängige medizinisch-therapeutische Maßnahme war, geriet sie vorübergehend in Vergessenheit. Wohl auch deswegen, weil medizinisches Handeln bis in die Neuzeit hinein stets von der Magie überschattet wurde, und mit der Trennung der Medizin von der Iatromagie auch das alte Wissen nicht mehr zählte. Folglich war das Erstaunen groß, als 1867 in einem Inkagrab erstmals ein Schädel gefunden wurde, aus dem einst ein viereckiges Stück Knochen operativ herausgehoben wurde. Spektakulär an diesem Fund war sowohl die Tatsache, daß die Priester dieser »steinzeitlichen« Hochkultur über derart komplexe medizinische Kenntnisse verfügten, als auch die Annahme, daß offensichtlich allein magische Vorstellungen der Beweggrund für diese waghalsigen Operationen waren. Einschlägige spätere Funde in Europa und Nordafrika – der älteste ist über 12 000 Jahre alt und entstammt der Nekropole von Taforalt in Marokko – erlauben mittlerweile Rückschlüsse auf das Vorhandensein eines kongruenten magisch-medizinischen Verständnisses über die Zeiten und Kontinente hinweg. Diese urgründige kollektive Motivation läßt sich an den erhaltenen Fundstücken ablesen und auch auf gegenwärtige Beobachtungen stützen, trepanieren doch die Medizinmänner der Kisii in Kenia heute noch aus ebensolchen iatromagischen Beweggründen betroffene Stammesmitglieder, und dies mit unverändert primitiven Mitteln wie vor Tausenden von Jahren.

Die Wurzel für solches Tun dürfte im Kannibalismus, einem weiteren magischen und kulturell prägenden Menschheitserbe, zu suchen sein. Zumindest die handwerkliche Fertigkeit zur Schädelöffnung bei lebendigem Leibe mag sich hiervon abgeleitet haben. Jedenfalls bestärken diese Annahme Fundstücke bearbeiteter Schädelstücke, die vermutlich als Amulette getragen wurden, und von Paläanthropologen allerorts und aus allen Zeiten geborgen werden. Bereits der Homo erectus, der uns vor 1,5 Millionen Jahren vorausging und den Anthropologen als ersten »Vollmenschen« anerkennen, pflegte seinen Mitmenschen den Kopf vom Leibe zu trennen, um deren Hirn zu verspeisen. Dazu erweiterte er mit seinen Steinwerkzeugen die Öffnung der Schädelbasis, was für ihn ein überaus schwieriges Unterfangen gewesen sein mußte. Der Antrieb für solches Handeln läßt sich nur mit der magischen Auffassung erklären, daß dieser unser Urahn sich hierüber die Eigenschaften seines Opfers einverleiben wollte.

Hinweise auf Kannibalismus reichen in unserem Kulturkreis bis in die Jungsteinzeit hinein, wobei hier gleichzeitig ein Übergang zum Menschenopfer beobachtet werden kann. Der Gegner oder das ausgewählte Stammesmitglied wurde nun nicht mehr in ritueller Weise verspeist, um sich dessen bewunderte Eigenschaften zu inkorporieren. Vielmehr wurden sie den Göttern als Opfer angedient. In und durch die Gottheit sollte sich die begehrte Kraft potenzieren und als Segen über die Gemeinschaft ergießen. Wobei man es wahrscheinlich noch lange Zeit nicht unterließ, sich gemeinsam mit der Gottheit an einen Tisch zu setzen.

Hand in Hand mit den kannibalistischen Ritualen entwickelte sich offensichtlich auch der Totenkult. Denn wer, wie bereits der Homo erectus, sich sein Mitgeschöpf einverleibt, mußte zumindest eine Ahnung des Fortwährens in sich tragen. Mögen es anfänglich tatsächlich nur die vorzüglichen Eigenschaften seines Opfers gewesen sein, die sich durch das magische Mahl in einem selbst erhalten sollten, so entwickelte sich alsbald auch die Vorstellung, daß nicht nur die Eigenschaften sondern auch das Wesen des Verstorbenen über den Tod hinaus von Dauer war: Blieb er doch im Gedanken und somit auch in einer Hemisphäre der Wirklichkeit erhalten. Und da dies dieselbe Hemisphäre war, in der einem auch die Gottheit begegnete, mußte in sie folglich auch der Tote eingegangen sein. Da andererseits Leben ohne körperliche Manifestation nicht vorstellbar schien, mußte der Seele auch der Leib als Wohnstatt erhalten bleiben. Wobei je nach Kulturraum Erd-, Luft- und später auch Feuerbestattung miteinander konkurrierten. Die Verbrennung des Toten war dabei das geradlinigste Vorgehen, da sich Seele und Leib gleichzeitig miteinander auf den Weg in die Anderwelt begaben.

Auch diese Entwicklung markiert eine Schwelle, an der zu den magischen Vorstellungen religiöse Auffassungen hinzutraten. Die magische Zauberwelt von einst zerfiel. Dem Empfinden der Allverbundenheit gesellte sich ein Gegenüber zu. Hier war die Welt der Menschen, der Beseelten und der Geister, und dort, jenseits dieser Welt und sie dennoch durchdringend, war eine übergreifende Wirklichkeit, die von der Gottheit beherrscht wurde. Ausgehend von der psychologischen Konditionierung durch das Jahrmillionen währende Weilen in einer im nachhinein als paradiesisch gedachten Zauberwelt, ist die Entfaltung von Religion die unabdingbare Folge eines Erkenntnisprozesses, durch den sich der Mensch schließlich als Beobachtender der Welt gegenüber fand. Die Erkenntnis, neben seiner Eingebundenheit der Welt zugleich gegenüberzustehen, konnte nur magisch verstanden werden und erweitert sie folglich um eine magische, nunmehr göttliche Dimension. Deswegen ist das Aufkommen religiösen Denkens keineswegs das Ende magischer Betrachtungsweisen, vielmehr wird es zum Impuls einer entwickelten und zweckbestimmten Magie.

Mit der Gottheit fand sich der Mensch nun einer weiteren Schicksalsmacht gegenüber, die es zusätzlich zur Natur zu bezwingen galt. Da es andererseits ein Wesensmerkmal jeder Gottheit ist, eine in sich autonome Kraft zu sein, vermochte sie sich diesem menschlichen Ansinnen auch zu entziehen. Magie wurde deshalb zu einem Instrument, mit dem man sich der Gottheit nähern, sie sich versöhnlich stimmen und in seinem Sinne beschwören konnte. Höchstes religiöses Ziel der Magie war jedoch, sich mit der Gottheit zu vordenklicher Allverbundenheit zu vereinen und ihre Kraft durch sich wirken zu lassen. Betrachten wir dieses Streben noch unter dem anfänglich anthropophagen Blickwinkel des Menschen, wurde der Gottheit das Höchste, was der Mensch ihr zu bieten hatte, nämlich er selbst, geopfert. Da andererseits dieses Opfer damals nicht wie heute die eigene Person sein konnte, die, leiblich bleibend, in der Transzendenz des ihr Höchsten aufgeht – schließlich setzt solches Sich-selbst-Lösen einen philosophischen Erkenntnisprozeß voraus – griff man wohlweislich zu seinem Nächsten. Und je mächtiger die Gottheit einem erschien, um so schrecklicher gestaltete sich das Opferritual. So wurden nicht nur bei den Azteken die Opfer, stellvertretend von den Priestern, durch die Hand der Götter förmlich zerrissen. Wir kennen ähnliche Rituale aus der Geschichte etwa von den Kelten oder Skythen her. Doch um Beispiele beziehungsweise Parallelen hierzu zu finden, müssen wir keineswegs düstere Vergangenheiten und ferne Kulturen bemühen. Es genügt, unsere abendländische Kultur zu betrachten: Denken wir nur an die blutigen »Spiele« im alten Rom im Beisein des Kaisers und Pontifex maximus, an das Morden der Kreuzritter oder das Wüten der Inqui-

Hinduistisches Speiseopfer in einem Shiva-Höhlentempel bei Dehra Dun. Ein Gläubiger beträufelt das Speiseopfer mit geweihtem Wasser.

sition. Zwar scheinen diese Bluttaten auf den ersten Blick nicht in diesem kultischen Zusammenhang zu stehen, doch bei genauerem Hinsehen werden die unterschwelligen anthropophagen Opferungsvorstellungen durchaus erkennbar.

Wesentlicher Zweck eines lebendigen Opfers war, die Gottheit durch das sich anschließende Mahl in seinen Kreis zu zwingen. Freilich wäre der Mensch nicht, was er ist, besäße er nicht auch die Hybris, seine Gottheit durch Magie zwingend zu beschwören. Das gemeinsame Mahl mit der Gottheit war ihm folglich nicht genug, die Gottheit sollte sich in ihm auch hypostasieren. So wie er sich einst seinen Gegner samt dessen Vorzüge einverleibte, mußte auch das Höchste in ihm leibhaftig werden. Und so suchte er nach Aspekten in Tier und Pflanzen, in denen die Gottheit wirkte, um sie mit dem Opfermahl mit sich zu vereinen. Mit dem Verzehr des heiligen Tieres, des heiligen Trankes oder der heiligen Droge vergegenwärtigte sich auch die Gottheit im Menschen. Gleichermaßen beobachtete er die Opferung. Kündeten die Zeichen, daß die Gottheit das Opfer annahm, so war auch das Opfergut heilig, und die Gottheit zehrte in ihm.

Am mittlerweile zivilisatorisch nivellierten Totemglauben der primitiven Stammeskulturen, einem solch frühen, auf uns gekommenen Kult, vermochten wir noch ursprüngliche magische Grundbezüge des Opferglaubens abzulesen. Nach Ansicht der einem Totem verpflichteten Stämme lebte der Geist des Ahnen im Totemtier, das über den Stamm wachte. Der Stamm und das Totem bildeten eine Einheit, das heißt das Totem war nicht im einzelnen Tier oder Menschen anwesend, sondern in allen Mitgliedern des Stammes und in allen Tieren der Totem-Spezies. Alle diesem Totem Angehörende galten daher als Tabu, sie durften nicht getötet, aber auch nicht geehelicht werden. Das Totemtier selbst galt als heiliges Tier. Es durfte gleichfalls nicht getötet werden, ausgenommen zu wenigen hohen religiösen Anlässen, wo es teilweise auch als heilige, gotterfüllte Speise genossen wurde. Die sich hierdurch kurzfristig inkarnierende Gottheit offenbarte sich darauf in und durch die Beteiligten im Ausdruck höchster Verzückung. Für den Augenblick wurden sie zur Gottheit selbst, sie nahmen ihre Übernatur konkret wahr; und was zuvor Glaube war, wandelte sich zur Gewißheit.

Solcherart magische Gottesmahlzeiten finden wir wiederum in allen Kulturen und zu allen Zeiten. Betrachten wir nur das Sakrament des Abendmahles mit den Augen eines Außenstehenden, sind die anthropophagen Bezüge ebenso unverkennbar wie bei der bereits erwähnten Sebastianswallfahrt. Dieserart zutage tretende Atavismen werden insbesondere in mythisch abergläubischen Zusammenhängen deutlich, etwa bei den zahlreichen überlieferten Blutwundern oder im mittelalterlichen Vorwurf des Hostienfrevels gegenüber den Juden. Über den Umweg des Durchstechens der Hostie, so der Volksglaube, wollten die Juden am Leib Jesu Rache nehmen und den Heiland peinigen. Welch unvorstellbar magische Macht sich der Mensch durch das göttliche Mahl zu erhoffen wagte, bekundet uns ein 4000 Jahre alter Hymnus – bekannt auch als Kannibalenhymnus – aus der Pyramide des Pharaos Unas bei Sakkara, dem letzten Herrscher der sechsten Dynastie (ca. 2400 v.Chr.), der den Einzug des Königs ins Reich der Götter beschreibt:

»Seine Diener haben die Götter mit der Wurfleine gefangen, haben sie gut befunden und herbeigeschleppt, haben sie gebunden, ihnen die Kehle durchgeschnitten und ihre Eingeweide herausgenommen, haben sie zerteilt und in heißen Kesseln gekocht. Und der König verzehrt ihre Kraft und ißt ihre Seelen. Die großen Götter bilden sein Frühstück, die mittleren bilden sein Mittagessen, die kleinen bilden sein Abendessen … Der König verzehrt alles, was ihm in den Weg kommt. Gierig verschlingt er alles, und seine Zauberkraft wird größer als alle Zauberkraft. Er wird ein Erbe der Macht, größer als alle Erben, er wird der Herr des Himmels; er aß alle Kronen und alle Armbänder, er aß die Weisheit jedes Gottes.« (Deschner, 124)

Im Angesicht der Gottheit zeigt der Zauber zwei Gesichter

Der Mensch, wohl wissend, daß er die Götter nicht selbst kreierte, sah sich ihnen dennoch ebenbürtig, war es schließlich er allein, der die Götter erkannte, die sich von sich aus nicht zu erkennen gaben. Durch seine Erkenntnis aber wähnte er sich den Göttern gleich, wußte er doch um sie, so wie er um sich selbst wußte. Nur er konnte mit den Göttern ins Gespräch treten, und nur ihm allein galt ihr Anruf. Und nur aus dieser tiefen Kernüberzeugung heraus ist zu verstehen, warum die Bibel zu berichten weiß:

> Gott sprach: Machen wir den Menschen in unserem Bild nach unserem Gleichnis! ... Gott schuf den Menschen in seinem Bilde, im Bilde Gottes schuf er ihn, männlich und weiblich schuf er sie. Gott segnete sie, Gott sprach zu ihnen: Fruchtet und mehret euch und füllet die Erde und bemächtigt euch ihrer! ... (1. Mos. 1, 26 – 28, verdeutscht Buber/Rosenzweig)

Solchermaßen aus seiner Erkenntnisfähigkeit abgeleitete Gottesebenbildlichkeit trug dem Menschen zugleich die Macht zu, die Gottheit zu rufen und sie, wenn schon nicht zu unterwerfen, so doch zu einem Pakt mit sich zu zwingen. Der Weg hierzu aber führte, wie wir noch sehen werden, ausschließlich über die Magie. Wobei dieser Weg trotz aller Vermessenheit nie als ein verwerflicher verstanden wurde, war es doch der von der Gottheit selbst angelegte Pfad, durch Gotteserkenntnis seiner Gottesebenbildlichkeit gerecht zu werden.

Waren Magie und magisches Weltverständnis bereits für sich ein kulturbildender Faktor, so intensivierte sich dieser Impuls durch die allmählich reifenden religiösen Vorstellungen. Der Zaubermächtige wurde zum Schamanen, zum Medizinmann und schließlich zum Priester und somit zum Mittler zwischen der Gottheit und den Stammesangehörigen. Die Gesetze der Magie, der Tabus, des Manas, der Totems und der Götter stifteten ein System von Regeln, denen das Leben in der Gemeinschaft unterworfen wurde und die dem einzelnen zugleich zur Identifikation mit ihr verhalfen. Praktisch das gesamte Leben von der Geburt bis zum Tod wurde durch magische Vorschriften, die zugleich religiöse Gebote waren, geregelt. Sei es die soziale Stellung in der Gemeinschaft, die Frage nach Gut und Böse, nach

Krieg und Frieden, die Maßregelung bei Übertretungen, das Verhältnis von jung zu alt, das sich geziemende Sexualverhalten, die Farbe und Form der Kleidung, die Wahl der Speisen, der Gebrauch der Werkzeuge, die Entscheidung über Aussaat und Ernte, der Zeitpunkt der Jagd, die Auswahl der Güter für Tausch und Handel, die Ausübung eines Berufes, – jeder Bereich des Lebens war einem magisch-religiösem Kodex unterworfen. Nichts geschah um seiner selbst willen, jedes Tun und jedes Empfinden wurde stets und immer in magischer Weise begründet und reflektiert. Das Wort und die Sicht der Magier und Priester waren Gesetz, dem sich die Kulturen zu jeder Zeit bis zum heutigen Tag unterwarfen und immer noch unterwerfen. Dementsprechend wurde ihr Denken und Wirken zur treibenden, lenkenden, aber auch blockierenden Kraft für jegliche kulturelle Leistung.

Fügten sich die aufkommenden religiösen Sichtweisen noch in die hergebrachten magischen Vorstellungen, wurden sie allmählich zum eigentlichen Motor einer sich differenzierenden und fortentwickelnden Magie. Althergebrachte magische Denkweisen, Sitten und Gebräuche gerieten so in Gegensatz zur kulturellen Entwicklung und damit auch ins gesellschaftliche Abseits. Einst kulturprägende magische Elemente wandelten sich in der Folge zu gegenkulturellen Hemmnissen. Die Antwort der sich etablierenden Religion war abzusehen. Was sich der neuen Sicht nicht anzupassen verstand, wurde als Aberglaube verworfen. Wer aber am Aberglauben festhielt, stellte sich gegen die nunmehr gottgewollte Ordnung und mußte je nach Zeit und Umständen um sein Leben fürchten. Doch auch die Götter und ihre Religion waren den Veränderungen der Zeiten unterworfen. Was einst noch anerkannter Kult war, wurde durch Eroberung und Missionierung aus der himmlischen Sphäre verbannt und das Pantheon geschliffen. Und

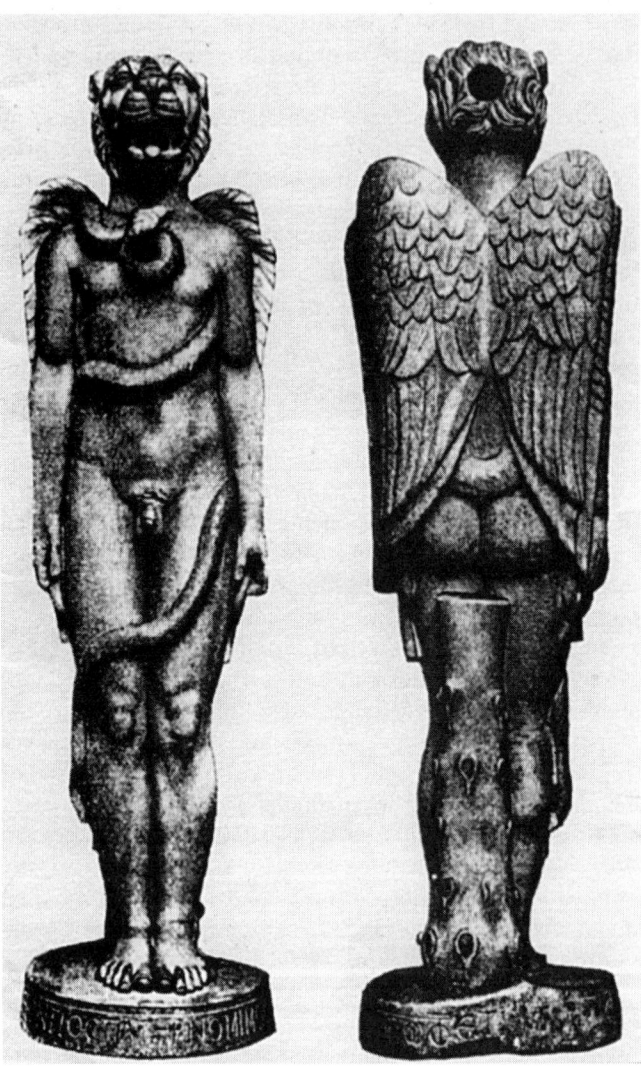

88

was zuvor noch anerkannter Kult war, wurde quasi über Nacht zum Aberglauben. Mit dieserart Veränderungen wandelte sich über die Jahrtausende hinweg auch die Auffassung von der Magie. Die Institution des Magiers und Priesters in einem wurde aufgegeben. Rechter Götterglaube und damit einhergehende magische Kulthandlung und Beschwörung wurden nun als Religion verstanden, die vom Priester gepflegt wurde. Sein Tun war jetzt Gottesdienst. Magie aber übte gemäß dieses Verständnisses aus, wer den alten Lehren nachhing und ihre geächteten Rituale pflegte.

Daß die Ächtung der aus dem Kult ausgesonderten Magie jedoch nur selten wirksam war, sondern sich zunehmend zu mehr oder minder sektiererhaften Sub-Religionen wandelte, hat verschiedene Ursachen. So gibt der Mensch eine einmal gewonnene Glaubensüberzeugung nicht so ohne weiteres preis. Denken wir nur an das Christentum, in dessen Schatten nach 2000 Jahren, heute noch selbst von gläubigen Christen heidnische Riten gepflegt werden. Zum anderen wirkt jede Subkultur auf entsprechend anfällige Gemüter äußerst attraktiv und bietet, anders als ein konventionelles Bezugssystem, eher die Chance sozialer Anerkennung. Letztlich aber ist die Beschäftigung mit der verworfenen Magie auch ein starker affektbeladener Tabubruch. Die Normverletzung ist mit einer geradezu kindlichen Lustangst verwoben. Das an sich Bedrohliche rückt zugunsten eines libidinösen Sinnenrausches in den Hintergrund. – Eine Beobachtung übrigens, die mir von zahl-

Dieser löwenköpfige Kronos aus Cumont wurde im Mithraskult zur Vortäuschung eines Feuerzaubers benützt. Der Brand wurde vom Priester heimlich über die präparierte Höhlung des Hinterkopfes gelenkt. Ähnlich manipulierte Statuen fanden insbesondere in der Mantik als orakelnde Götzen häufige Verwendung. Derartige Täuschungen wurden jedoch nicht als Gaukelei, sondern als bildhafter Ausdruck des eigentlichen magischen Prozesses aufgefaßt.

reichen Lesern meiner Werke bestätigt wurde. – Aus der Geschichte kennen wir dieserart motivierte Magie zum Beispiel von den Mysterienkulten der Artemis, des Dionysos oder des Mithras her. Heute können wir ähnliches in der sadomasochistischen Szene und den diversen Satanskulten finden.

Mit der Verbannung unerwünschter magischer Gebräuche etablierte sich auch eine gemeine Magie, die vom einfachen Volk ausgeübt wurde. Waren schon die alten Bräuche verboten, wandelte man findig die erlaubten Rituale in seinem Sinne ab. Über diesen Mißbrauch ihrer magischen Riten klagten bereits die Priester des alten Ägypten. Und der sumerische Stadtfürst von Lagasch, Gudea (um 2070 v.Chr.), sah sich einst genötigt, alle windigen Zauberer, die sich mit dem Volksaberglauben die Taschen füllten, aus der Stadt zu jagen.

Dieserart beklagter Glaube zwang die Priesterschaft stets zwischen reiner Lehre und dem Verlangen der Volksseele zu lavieren. So steht auch der Ritus der Kirche in einem zwiespältigen Verhältnis zum Volksaberglauben. Einerseits kommt sie ihm entgegen, etwa mit der Weihe der Kreide am Vorabend zu Epiphanias am 6. Januar, mit der die Gläubigen das apotropäische Siegel »C+M+B«, die sogenannte Cabame, an den Sturz ihrer Haustüre zeichnen. Andererseits warnt sie ihre Priester vor dem abergläubisch magischen Mißbrauch solcher Sakramentalien, insbesondere von Gegenständen wie Osterbrot, Kräutersträußen, Wein, Taufkerzen und anderem mehr, die zur Weihe in die Kirche mitgetragen und mit Fürbitten besprochen werden. Diese Gegenstände spielen in der Tat in der Volksmagie eine zentrale Rolle und werden hierin vielfach in einem ganz anderen Sinn aufgefaßt, als dies von der Kirche vorgedacht ist. So sieht, um beim gegebenen Beispiel zu bleiben, der Volksglaube in der Cabame auch ausschließlich die Namen der

heiligen Drei Könige, der drei Chaldäer, und nicht das
»Christus Mansionem Benedicat«, nach dem Christus dieses Haus schützen soll. Und auch die geweihte Kreide wird
übers Jahr verwahrt, ist sie doch in den Augen der Gläubigen noch für so manchen Zauber gut.

Magie im Wandel der Zeit

Sie war gewarnt gewesen, doch sie mißachtete die Zeichen. Seit langer Zeit schon beschäftigte sie sich mit Magie. Eigentlich seit jenem Augenblick als sie den kleinen Liebeszauber, der ihr empfohlen wurde, angewandt hatte. Zwar glaubte sie nicht an solchen Zauber, doch da sie ihn unbedingt gewinnen wollte, ließ sie sich auf ihn ein. Eine rote Schnur, die sie sieben Tage lang bis zur Vollmondnacht an ihrem Körper trug, schlang sie siebenmal um den Stamm des Apfelbaumes und verknotete sie mit sieben Knoten. Dann nahm sie ein Stück von der Rinde und steckte es ihm zu. Der Zauber wirkte, er wandte sich ihr zu. Nur er war nicht so, wie sie ihn sich erträumte. Also ging sie in der gleichen Nacht noch zum Apfelbaum und löste die Schlingen. Er verschwand alsbald darauf aus ihrem Blickfeld. Seither sammelte sie Zauberbücher, magische Formeln und Zeichen und experimentierte mit ihnen. Sie gewann dadurch bezaubernde Eindrücke und erschloß sich Märchenwelten. Doch dann begannen sich die Zeichen zu verfinstern, und sie wußte, Schreckliches stand ihr bevor. Dennoch ließ sie von der Zauberei nicht ab. Es mußte einen Weg zu den lichten Momenten zurück geben. Und so suchte sie weiter, bis sie in einem Antiquariat auf jene Zauberfibel stieß. Sie war übersät mit Anmerkungen des ehemaligen Besitzers. Es war eine sehr, sehr alte Schrift. War dies der Schlüssel zu ihrem versiegenden Glück? Als sie den Laden verließ, hinkte eine Krähe vor ihr ein Stück des Weges. Von einem Hund gescheucht, erhob sie sich krächzend auf fransigen Schwingen. Daheim begann sie mit dem Zauber, der Anruf des roten Drachens sollte ihr Glück neu begründen. Der Zauber schien indes nicht sehr wirksam. Sie sah nur wenige Bilder und fröstelte leicht. Die folgende Nacht aber sollte

Die Transformation der Person hinter der Larve zur Wesenheit der vorgehaltenen Maske ist ein Fakt, dem wir nicht nur im magischen Ritual, sondern auch im Spiel, beim therapeutischen Prozeß und im Alltag begegnen.

sie nicht überleben. Der rote Drache zeigte sich ihr in seiner ganzen schrecklichen Herrlichkeit. Und kaum daß sie mit einem gellenden Schrei aus dem Alp erwachte, verschlang er sie und erstickte ihre Stimme. Als sie in der Früh erwachte, war das Kissen dunkel von ihrem ausgefallenen Haar. Fortan war sie die Dienerin des Drachen, und sie empfand es als Glück, ihm dienen zu dürfen, auch wenn sie sich zugleich tief in ihrem Herzen eine andere Ahnung von Glück bewahrte.

Wer heilt, hat recht, und was wirkt, ist wirklich

Wie konnte und kann es geschehen, daß trotz Ächtung durch die Religionen und trotz Aufklärung und modernem rationalem Weltbild, nach dem nichts gilt, was sich nicht wissenschaftlich beweisen läßt, Magie samt der damit verbundenen magischen Vorstellungen nach wie vor ein allgemeines, in den Volksseelen fest verankertes Phänomen ist? Jedenfalls läßt sich das Festhalten an magischen Gebräuchen in den etablierten Religionen, ebenso wie die jahrtausendealte Fortschreibung des Wissens einer als eigenständigen erachteten Magie, allein mit psychischer Affektion nicht erklären. Eine verständliche Antwort kann also nur im magischen Wirken selbst liegen. Zwar wurde seit je Magie als ein wirksames Instrument erachtet. Hätten sich aber andrerseits hierfür keine sicht- und spürbaren Belege gefunden, wäre sie wohl schon vor Urzeiten verworfen worden. Entgegen aller die Magie begleitenden Kritik, sie sei nur Lug und Trug, was sie freilich zu einem beachtlichen Teil tatsächlich war und ist, ist sie dennoch wirksam, und läßt sich in ihrer Wirksamkeit auch beobachten. Darüber hinaus gab es in der Gestalt der Iatromagie, der magischen Medizin, von jeher einen Zweig der Magie, dessen Wirksamkeit unübersehbar war und der der Magie insgesamt entsprechendes Ansehen und Glaubensgrund verschaffte; selbst wenn so manche unwirksame Therapie selten mit dem Versagen des Magiers, dafür um so häufiger mit dem Unwillen der Götter begründet wurde.

Gleichwohl sollte man den Vorwurf der Scharlatanerie an die Adresse der Magie nicht übersehen; wobei allerdings die simplen Gaukeleien der Taschenspieler, Beutelschneider und Hinterhofmagier hier nicht zum Gegenstand der Betrachtung werden sollen. Trotzdem, solange es magisches Handeln gibt, wird auch getrickst, wobei dies ebenso ganz im Sinne der Magie geschehen kann. Betrachten wir etwa, um ein archaisches Vorbild zu wählen, die verschiedenen Initiationsrituale der Stammeskulturen, bei denen den jugendlichen Adepten tödliche Angst und Schrecken bereitet wird, wodurch sie einer tiefgreifenden Erregung ausgesetzt werden, die streckenweise einem Nahtod-Erlebnis gleichkommt. Diese furchtauslösenden, überwältigenden Prüfungen sind allemal von den Eingeweihten inszeniert; von außen betrachtet sind sie nicht mehr als ein böses Spektakel. Für die Beteiligten aber bedeuten sie weit mehr. Der eingeweihte Erwachsene, der in die Maske des Dämonen schlüpft, weiß durchaus, daß er sich verkleidet. In der Maske aber wandelt er sich. Er schlüpft in die Rolle des Dämons, und der Dämon schlüpft in ihn. Wobei er in kritischen Momenten, in denen das Leben des Adepten durch die Gewalt der Inszenierung auf dem Spiel steht, genau um das Spiel weiß und rechtzeitig einzugreifen versteht. Für den Adepten, der die Äußerlichkeit der Aufführung sehr wohl erfaßt – schließlich weiß er, was Masken und Verkleidungen sind – sind nicht die Darsteller das Erschreckende, sondern vornehmlich die durch die Darsteller anwesenden Dämonen. Daß er zudem das Spektakel in seiner Gänze nicht durchschaut, mag ihn nur noch zusätzlich schrecken. Am Ende einer solchen Initiation, nachdem er durch ein dramatisches psychisches Erlebnis eine innere Wandlung durchlebte, wird der Adept in aller Regel auch in die Mechanismen der Inszenierung eingeweiht. Der Trug wird ihm offenbart. Doch diese Einweihung hebt das ihm widerfahrene magische Geschehen nicht auf. Er lacht nicht über seinen »grundlosen« Schrecken, so wie wir beispielshalber nach einem Horrorfilm über unsere Furchtsamkeit lächeln können. Die Darlegung der Mechanismen bleibt eine Äußerlichkeit, die nicht als Trug, sondern als Mittel empfunden wird, durch das der magische Prozeß überhaupt in Gang gesetzt werden konnte. Insofern wird der Adept zum Ende seiner Initiation, nachdem er zuvor das Wesen der Magie verstehen lernen durfte, in die Handhabung der Magie eingeweiht. Er lernt die Zauberei, und wird erst hierdurch zum vollständig Eingeweihten.

Magie ist und bleibt unfaßbar, solange wir sie auf ihren materiellen Charakter hin untersuchen. Sie funktioniert eben nicht nach dem gewohnten Schema unseres modernen Naturverständnisses: wenn a, dann b. Und so bleibt sie eine Kraft zwischen Himmel und Erden, die wir mit unserer Schulweisheit nicht erfassen können. Obgleich unsere Schulweisheit ausreichend ist, verschiedene wirksame Phänomene der Magie so verläßlich auszudeuten, daß wir sie ihrerseits wiederum sachverständig rationalistisch zu instrumentalisieren verstehen. Denken wir nur an die beiden häufigsten Schlagworte in diesem Zusammenhang, nämlich »Placebo-Effekt« und »Sich-selbst-erfüllende-Prophezeiung«. Beiden Faktoren begegnen wir alltäglich in den Medien, in den Ritualen der Verführung und der Macht, die ihrerseits in sich wieder durch und durch magische Elemente sind.

Will man die Wirksamkeit der Magie beleuchten, sollte man sich auch nicht von den Berichten ohnehin Magiegläubiger leiten lassen. Schließlich versetzt bekanntlich Glauben nicht nur Berge, sondern schafft sich auch die Geister, den Gläubigen zu heilen und zu quälen. Wesentlich informativer sind die Berichte jener, die die Existenz jeglicher okkulter Phänomene verneinen. So wurde einst in Brasilien das Wirken eines Magiers für das Fernsehen dokumentiert, der es im wahrsten Sinn des Wortes verstand, seine Opfer über große Entfernungen hinweg in grausamer Weise zu piesacken. Wobei die dargestellten Fälle nicht für die Kamera inszeniert wurden, sondern lange vor den Dreharbeiten geschehen waren. Das Vorgehen des Magiers bestand darin, in einem Ritual Nadeln in die Arme und Beine von Puppen zu stechen, die seine Opfer darstellten. Kurz darauf klagten die angeblich uninformierten Opfer über unerträgliche Beschwerden in den Extremitäten und suchten Ärzte auf. Diese staunten nicht schlecht, als sie den Patienten mehrere lange Nadeln aus Armen und Beinen herausoperieren mußten. – Soweit die Fernsehdokumentation, die natürlich die Kritiker solchen Hokuspokus nicht ruhen ließ. Sie interviewten nach der Sendung die vom Magier Gequälten und deckten auf, daß diesen entgegen der Berichterstattung zum einen eine Botschaft vom erfolgten Zauber übermittelt worden war und daß sie sich zum anderen die Beeinträchtigungen selbst zugefügt hatten. Damit war der Schwindel aufgedeckt und die Welt scheinbar wieder in Ordnung. Allerdings vergaßen die Kritiker, auch die Frage zu untersuchen, warum die Gequälten nur um eines erfolgten Zaubers willen dazu übergingen, sich selbst mit Nadeln zu piesacken und somit dem Tun des Magiers Wirkung einzuräumen. Wären sie dieser Frage nachgegangen, hätten sie sich womöglich mit jenem Phänomen wirksamer Magie konfrontiert gesehen, das sich einer sachlichen Deutung entzieht. Und so haben wir auch hier, wie im Beispiel zuvor, nur ein durchsichtiges Instrumentarium, das das eigentliche Geschehen jedoch nicht erhellt.

Will man das wirksame Moment der Magie verstehen, sollte man sich ausschließlich auf seine Feinsinnigkeit oder, besser gesagt, seine Übersinnlichkeit verlassen, durch die sich einem jener vielbesagte Raum erschließt, den wir mit unserem Verstand nicht mehr ermessen können. Allerdings beruht das hierdurch erworbene Verständnis auf einer Widerfahrung, die sich einem ihr gegenüber Verschlossenen nicht vermitteln läßt. Möglichkeiten, sich diesen Raum zugänglich zu machen, werden uns im folgenden noch verschiedentlich beschäftigen und im praxisbezogenen zweiten Teil des Buches durch angemessene Übungen ergänzt. Bei meiner umfassenden Beschäftigung, grundlegende Strukturen für Orakel zu entwickeln, durfte ich mich mit den Eigentümlichkeiten dieser transzendenten Dimension vertraut machen. Ist doch die Findung eines Orakels ein erhellendes Hineingreifen und Hineinblicken in diese magische Sphäre, auf daß einem zufällt, was einem zufallen soll. Und je deutlicher die Strukturen dieses Raumes gesehen werden, um so eindeutiger klingt das Orakel und um so unvermittelter wirkt die magische Handlung. Dementsprechend bemerkte ich in meinem Buch »Orakelspiele«:

»Der Vorstellung eines mantischen Raumes liegt eine transzendierende Sicht zugrunde, in der sich das Empfinden von Zeitlosigkeit einstellt. Es ist ein scheinbar statischer Zustand, der andererseits auch von einer gewaltigen Dynamik durchdrungen ist... Vergangenheit, Gegenwart und Zukunft sind in einer solch geistigen Verfassung, die ich als Raum bezeichne..., als wirkende Einheit überschaubar... Die sphärischen Instrumente, mit denen der mantische Raum durchmessen werden kann, sind prinzipiell geistiger Natur. Ihr Gehalt und ihr Charakter lassen sich indessen entweder nur wortreich umschreiben, oder in bildhafter Weise durch überdauernde Übereinkunft in Symbolen konzentrieren.« (Mala 9)

Zu guter Letzt sollte auch nicht übersehen werden, daß viele magische Mittel und Techniken von sich aus, ob man

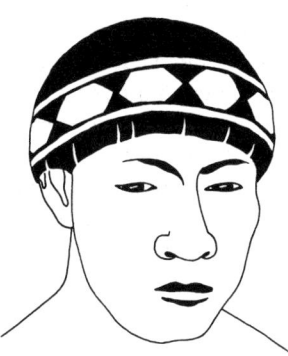

*Zeremonielle Haarbemalung eines Xinguanos mit einem Schlangen-
muster. Durch die Bemalung wirkt das Haar wie eine Haube, die erwünschte magische Schutzwirkung ist hierdurch unverkennbar. Wegen der ihnen zugesprochenen artspezifischen Zaubermacht werden
überwiegend Tiersymbole für die Körperbemalung gewählt.*

daran glaubt oder nicht, wirksame Instrumente für nicht
alltägliche psychische Eindrücke sind. Kinder gehen damit
selbstverständlicher um als Erwachsene, indem sie sich beispielshalber wie Derwische bis zum Schwindel drehen. Wir
haben uns statt dessen angewöhnt ähnliche Techniken in einem magischen Rahmen zu zelebrieren und meinen dann
fälschlicherweise, daß die gewählte Technik bereits ein magisches Wirken wäre; denken wir nur an das vorbereitende
Hyperventilieren vor einer Rebirthing-Sitzung; an das
Murmeln von Mantras; das Sich-Einlassen auf den Klang
sakraler Toninstrumente; die Stille während einer Meditation; das Fixieren von Bildern zur visuellen Stimulation; die
sensuelle Ergriffenheit durch kontrollierte Berührungen;
die Selbstfindung durch choreographierte Bewegungen; die
herbeigeführte Ekstase durch Rhythmus und monotonen
Tanz; und nicht zuletzt an den Gebrauch von Drogen, die
mal Genußmittel, mal Rauschdroge und mal magisches

Pharmazeutikum sein können. All diese Praktiken und Mittel beeinflussen in natürlicher und erklärbarer Weise fern von jeder Magie unsere Sinne. Freilich können sie auch zu einem magischen Instrumentarium werden, sobald sie in einem entsprechenden Kontext zelebriert, unsere Seele über den mechanisch »bezaubernden« Effekt hinaus dazu anregen, sich zu lösen und Anderwelten zu erschließen.

Seht, wie die alten Höhlenbilder des Tags in den Seelen walten

Selbstverständlich waren sich die frühen Magier der Wirksamkeit ihres Tuns bewußt, womöglich waren sie sich bereits auch über die psychischen Mechanismen im klaren, die hierbei aufnehmend und unterstützend wirken. Auf jeden Fall muß ihnen der transzendente Raum, der als kommunizierendes Feld ihren magischen Impulsen Richtung und Widerhall bot, eine natürliche Gegebenheit gewesen sein. Anders läßt es sich kaum erklären, warum sich die Zauberpraxis seit ihren auf uns gekommenen Anfängen so wenig veränderte – sind doch ein Großteil der Mittel, Regeln und Fertigkeiten der Alten heute von nicht minderer Wirkmächtigkeit, als sie es ehedem waren.

Dank des derzeit noch gegebenen globalen »Gefälles«, besser gesagt: des Nebeneinanders menschlicher Entwicklungsformen, können wir direkt auf jene Wurzeln der Magie zurückzublicken, die aus Zeiten stammen, als diese noch nicht von religiösen Vorstellungen dominiert wurde. Freilich sind es nur noch wenige Stämme, wie etwa die Xinguanos, ein Indianervolk am oberen Rio Xingú in Zentralbrasilien, die bis vor kurzem von unserer Zivilisation und ihrem nivellierenden Einfluß weitgehend unberührt lebten.

Die Xinguanos haben eine Mana-Vorstellung, und sie wählen ihre Medizinmänner, die auch Frauen sein können,

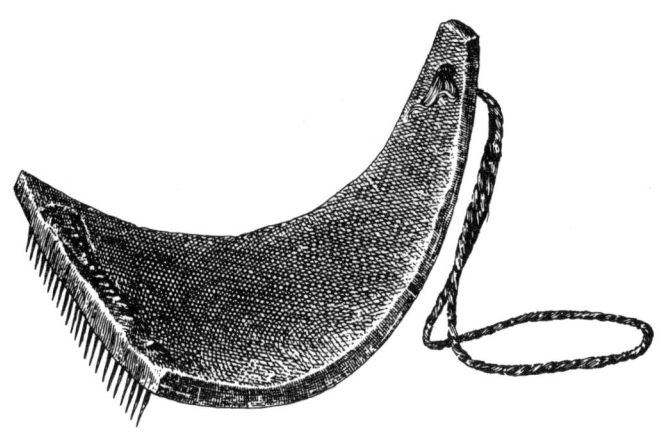

Ritueller Wundkrater. Neben der magisch abwehrenden Bedeutung gilt das Ritzen der Haut insbesondere bei den männlichen Xianguanos auch als ein universelles Heil- und Kräftigungsmittel. Die wunde Haut wird abschließend mit ätzendem Pflanzensaft oder Asche vor Infektionen geschützt.

nach der Stärke ihres Manas aus, wobei in einem Dorf durchaus mehrere Medizinmänner nebeneinander wirken können. Der Medizinmann ist zugleich Magier, wobei es seine vornehmliche Aufgabe ist, Krankheiten zu kurieren. Krankheiten sind für die Xinguanos ein schlechter Ausfluß von Mamaé. Diese so bezeichneten Schutzgeister dürfen als Zwitterwesen zwischen von Mana Besetztem und Totems verstanden werden. Die Mamaé können von positiver wie negativer, aber auch von zwiespältiger Natur sein. Dem Medizinmann stehen für sein Wirken eigene Mamaés zur Seite, mit deren Hilfe er die wilden krankheitsauslösenden Mamaé zähmt. Neben den Medizinmännern gibt es mit den Moháng-yat noch weitere Heilkundige, die aber nicht in die Dorfgemeinschaft eingebunden sind. Die Moháng-yat wissen um die Heilquellen und Heilkräuter des Waldes.

Allerdings sind sie von einer bösen Natur beseelt und imstande, Menschen zu Tode zu zaubern. In dieser seltsamen Arbeitsteilung mag man bereits einen Aspekt der späteren Trennung in Religion und Magie sowie zwischen Priester und Magier erkennen. Die Xinguanos verstehen sich als mehrfach beseelte Wesen. Während des Schlafs verlassen ihre Seelen den Körper. In dieser Phase der Entkörperung kann ihnen durch böse Geister die Rückkehr verwehrt werden. Dann ist es die Aufgabe des Medizinmannes, die Seelen wieder zurückzuholen. Vermag er dies nicht, ist die Person am Sterben. In einem letzten Versuch bemühen sich alsdann die Initiierten mit ihren heiligen Flöten, die Seelen wieder in den Körper zu locken. Gelingt dies nicht, wird der Tote in der Mitte des Dorfes begraben. Durch die Bestattung auf dem Dorfplatz soll verhindert werden, daß seine entkörperte personale Seele umgeht. Gleichzeitig reißen sich seine Anverwandten die Haut auf, damit sich die Seele des Toten in ihnen nicht halten kann. Eine weitere Aufgabe der Medizinmänner besteht darin, die Feste des Stammes und den Austausch mit den anderen Dörfern zu organisieren. Die weiteren magischen Vorschriften wie der Ablauf der Initiation, die Absonderungen bei Geburt, Krankheit und Tod, die Weihe der Waffen und Werkzeuge, das Tragen der Schambekleidung und Einhalten der Hygienevorschriften, die Bemalung des Körpers, die Herstellung von Totemhölzern für das jährliche Totenfest und dergleichen mehr werden, wie die sonstigen Regeln des Alltags auch, von der gesamten Gemeinschaft beziehungsweise von den Männern und Frauen überwacht. Alles in allem besitzt der Medizinmann in der Gemeinschaft der Xinguanos zwar einen exponierten Rang, dennoch ist ein großer Teil magischen Wirkens noch Gemeingut. Auch hierin mag man Ansätze zur späteren Trennung in Religion, Volksglauben und Aberglauben erkennen.

Lenken wir den Blick von dieser uns gegenwärtig noch erhaltenen »Vergangenheitsschau« auf unseren Kulturkreis, werden wir bei der Rückschau grundsätzlich mit einer bereits hochentwickelten Magie konfrontiert, die die beschriebenen Anfänge längst hinter sich gelassen hatte. Das Wissen um unsere Magie gründet im wesentlichen auf den schriftlichen Hinterlassenschaften der Priester vergangener Zeiten. Nur in geringem Umfang können wir uns auch auf die Hinterlassenschaften schriftloser Kulturen stützen, wobei die Deutung dieser Funde durch unser Vorwissen und unsere aus eigenem magischen Verständnis abgeleiteten Annahmen überzeichnet wird. Unsere ursprünglichen Kenntnisse der Magie verdanken wir folglich den Keilschriften der Sumerer und den Hieroglyphen der Ägypter. Wobei das Beeindruckende daran ist, daß sich deren Inhalte uns erst durch die 1822 gelungene Entzifferung Champollions nach rund 1700 Jahren der Unkenntnis wieder erschlossen hatten. Gleichwohl geriet das ursprüngliche Wissen trotz dieser unvorstellbar langen Zeitspanne, in der uns die Originale ein Buch mit sieben Siegeln waren, kaum in Vergessenheit. Vielmehr durften wir rückwirkend vergleichend feststellen, daß die auf uns gekommene Magie ihr babylonisches Erbe bewahrte.

Wollten wir noch weiter zurück auf die Anfänge der Magie blicken, müßten wir unseren Blick auf die Wiege unserer Kultur, ins Industal, richten, wo 6000 Jahre vor unserer Zeitrechnung im heutigen Pakistan die ersten Städte entstanden. Jedenfalls ist mit ziemlicher Sicherheit anzunehmen, daß von diesen hochentwickelten und extrem arbeitsteiligen jungsteinzeitlichen Zentren die Impulse für den Aufstieg der Kulturen Vorder- und Mittelasiens ausgingen. Einen weiteren Beitrag lieferten die nomadisierenden anfänglich aus Zentralasien eingewanderten Eroberer der sich entwickelnden Stadtreiche, indem sie zur Belebung und Verbreitung dieser Kulturen beitrugen. Einer dieser nomadisierenden Stämme dürften die Sumerer gewesen sein, die wahrscheinlich um 3500 v. Chr., aus Innerasien kommend, das alte Mesopotamien eroberten und dort die Fundamente für die späteren babylonischen Reiche begründeten. Ein gutes Jahrtausend später setzte nach und nach deren Ablösung und Unterwerfung durch einwandernde Semiten ein.

Auf die Sumerer sind wesentliche Elemente unserer magischen Ansichten zurückzuführen, da ihre Kultur von den Semiten weitgehend respektiert und zu einem beachtlichen Teil übernommen wurde. Die späteren semitischen Priester, die Chaldäer, verfeinerten und vertieften die auf sie gekommene Magie. Sie galten zu ihrer Zeit als mächtige Zauberer und hervorragende Mantiker. Ihr Ruf war so hervorragend wie gefürchtet, daß als zaubermächtig erachtete Magier bis ins Mittelalter hinein auch als Chaldäer bezeichnet wurden. Die Semiten erbten von den Sumerern ein sehr buntes mit Aberhunderten von Göttern bevölkertes Pantheon, das sie allerdings fleißig entrümpelten und auf eine überschaubare Götterwelt reduzierten. Etliche der alten Götter verschwanden jedoch nicht einfach, sondern wandelten sich zu Dämonen, die, da nunmehr ohne verehrenden Gottesdienst heimatlos geworden, die sie vernachlässigenden Menschen zu quälen begannen. Andererseits wurden oft dieselben Dämonen wiederum dafür für gut genug gehalten, dem Eingeweihten als Mittler zwischen sich und den etablierten Göttern hilfreich beiseite zu stehen. Eine Auffassung, die fortan aus der Magie nicht mehr wegzudenken ist. Denken wir beispielsweise nur an die positive Bedeutung der Heiligen in der katholischen Kirche, die freilich im Volksglauben streckenweise auch durchaus dämonische Züge annahmen. Zur Illustration sei nur das »fromme Sprüchlein« an den heiligen Florian, den Schutzheiligen wider alle Brandgefahr, erwähnt: »Heiliger Sankt Florian, verschon mein Haus, zünd andere an.« Im Volksglauben lag es also durchaus in der Macht des Heiligen, eine einem zugedachte Feuersbrunst woanders hinzutragen, wodurch er im Grunde Pyromane und Brandschützer in einem war; eine Zwiespältigkeit, die vielen Dämonen zugesprochen wurde. (Wobei grundsätzlich angemerkt werden muß, daß Dämonen erst allmählich mit dem Mittelalter als ausschließlich malevolente Wesen aufgefaßt wurden, zuvor hatten sie durchaus auch benevolente Seiten, beziehungsweise wurden teilweise auch als durch und durch gut angesehen.) In diesem Sinne finden wir auch Berichte darüber, wie angerufene Heilige sich wegen der Verweigerung versprochener Voten oder der Mißachtung ihrer Kraft am Gläubigen durch Strafmirakel rächten. So konnte etwa der Bauer, der den heiligen Donatus wider den Blitzschlag anrief, von eben dessen Blitz heimgesucht werden, falls er die zugesicherte Stiftung unterließ.

Da sich die Sumerer im wesentlichen als Diener ihrer Gottheiten verstanden, für deren alltägliche Bedürfnisse sie in Form von Opfern und Reinhaltung ihrer Wohnstätten, sprich Tempel und Hausaltäre zu sorgen hatten, empfanden sie sich auch in starkem Maße deren Willkür ausgesetzt. Bei all den ihnen von den Gottheiten auferlegten Verpflichtungen bedurfte es nur wenig, um eine Unterlassung zu begehen. Ob und wann sie dafür von ihrer Gottheit zur Rechenschaft gezogen werden konnten, stand andererseits buchstäblich in den Sternen. Und so entwickelten sie ein engmaschiges System der Zukunftschau, zu dem sie den Lauf der Gestirne, die sie für Gottheiten hielten, zu Rate zogen, um die göttlichen Absichten im voraus rechtzeitig zu erkennen. Besondere Aufmerksamkeit widmeten sie dabei den Konstellationen von Sonne und Mond, anhand derer die Priester das Staatsorakel und somit die Handlungsvorgaben für den Fürsten erstellten. Auch in den Zahlen erkannten sie magische Aspekte; unheimlich war ihnen etwa die »böse Sieben«, in der verschiedene Aspekte der Gottheiten zusammenwirkten und die von den sieben Wandelsternen abgeleitet worden sein dürfte. Zwar stand der bösen Sieben auch eine gute entgegen, doch wurde deren Mächtigkeit offensichtlich geringer geachtet. Weit ausgebildet war bei den Sumerern auch die Innereienschau, bei der aus der Beschaffenheit der Leber der Opfertiere auf das Schicksal der Gemeinschaft geschlossen wurde. Darüber hinaus wurden auch die Erscheinungen des täglichen Lebens, sei es der Vogelflug, der Rauch des Herdfeuers oder Wurf der Knochen mantisch ausgedeutet.

Die Anfänge der damaligen Sternenschau sind zugleich die Anfänge unserer heutigen Astrologie, die derzeit unbestreitbar eine der gefestigtsten magischen Disziplinen verkörpert. Die Zahlenmagie wucherte aus zur alles erfassenden Numerologie. Sie fand ihre Steigerung bei den Pythagoräern, die die Ansicht vertraten, daß durch die Zahlen das Wesen der Dinge beeinflußt werden könne, da die Zahlen in ihrer ideellen Klarheit Mittler zwischen Himmel und Erde seien. Als ihr abschließender Höhepunkt wird allgemein die Entstehung der Kabbala Ende des 12. Jahrhunderts angesehen. Heute wird die Zahlenmagie nur mehr in aufgesplitterter und vereinfachter Form fortgeführt, etwa in der neu ausgestalteten psychologischen Typenlehre des Enneagramms, bei dem die Menschen nach numerologischen Aspekten in neun Wesensgruppen eingeteilt werden. In der Furcht der Italiener vor der bösen Sieben und der unsrigen vor der unheilvollen Dreizehn leben die einmal gesetzten Befangenheiten fort. Die Innereienschau wandelte sich ihrerseits über die Jahrtausende hinweg zur Bilderschau und mündete schließlich im heute gängigen Kartenlegen. Auch die Zaubersprüche dieser vergangenen

Zeiten sind uns nicht fremd geworden, seien es die lyrisch ausgeformten Beschwörungsformeln, deren Mächtigkeit auch uns noch zu bannen vermag, oder das verschlüsselte Gebrabbel eines rhythmisierten »Hokuspokus«, das uns, wie nachstehender Zauberspruch bezeugt, heute ebenso leicht wie damals ins Ohr und über die Zunge geht:

Ki
rischti, libiki,
rischti la libiki
la libi
pisch,
pischti scha anzischti
scha anzisch
schu anzisch
anzisch.
(Aram, 129)

Etwa zeitgleich mit dem Reich der Sumerer wurden die Grundfeste für das ägyptische Reich gelegt, wobei die Ägypter starke Impulse von den Sumerern erhielten. Die strikt auf ein Jenseits ausgerichtete religiöse Auffassung der Ägypter brachte es mit sich, daß sie ihren Alltag als eine beständige Vorbereitung auf das Leben nach dem Tode verstanden. Durch Gebete, Reinigungs- und Speisevorschriften sowie kultische Handlungen bemühten sie sich, sich des Wohlwollens der Götter zu versichern, auf daß sie ungefährdet ins Jenseits gelangen konnten. Diese Riten waren durch und durch von magisch beschwörender Natur und wurden großteils in theatralisch szenischer Weise von den Priestern aufgeführt. So wurde etwa jeden Morgen die Wiedergeburt des Gottes Re und jeden Abend sein Umstieg in die Nachtbarke, die ihn durch das Totenreich führte, zeremoniell nachgespielt. Eine Unterlassung dieses Rituals hätte bewirken können, daß der Sonnengott den Morgen nicht mehr erreicht. Und so wie man magische Zwiesprache mit den Göttern hielt, so wurde auch der Alltag durch Magie ummantelt, auf daß einem nichts Niederträchtiges den göttlichen Aspekt, der einem innewohnt und der allein das Fortleben garantierte, zu verderben vermochte. Magie und Zauberei begleiteten einen solchermaßen von früh bis spät. Der Ver- und Gebrauch von Amuletten und Talismanen muß, allein an der auf uns gekommenen Zahl gemessen, immens gewesen sein. Es gab magische Formeln für so gut wie jede Tätigkeit, und auch so gut wie jede soziale Aktivität – seien es Handel, Liebe, Einladungen, Reise oder Spiel – wurde um ihres Gelingens willen magisch unterfüttert.

Als magisches Handeln wurde auch die medizinische Kunst in ihrer Ausformung zur Iatromagie verstanden, die bei den Ägyptern einen beachtlichen Stand erreichte. Insbesondere taten sie sich in der Herstellung von Medizinen hervor, weshalb auch die Wurzeln der späteren Alchemie im magischen Anrühren von Salben, Pasten, Pillen und Säften, wie es die Ägypter betrieben, hier zu suchen sind. Manche Etymologen führen deshalb auch die Bezeichnung Alchemie auf das damalige Wort für Ägypten »al khem« zurück, das im arabischen al-kimiyya fortlebt. Wobei »khem« für das schwarze Land steht, das der Nil nach den alljährlichen Fluten aufschwemmte. Da al-khem zu seiner Zeit ein Synonym für Magie war, wurde die Magie auch als schwarze Kunst, die Kunst der Ägypter, angesehen. Wie tief der Zauberglaube das Leben der damaligen Zeit beherrschte, können wir im zweiten Buch Moses nachlesen, in dem beschrieben ist, wie Moses und Aaron die ägyptischen Zauberer herausfordern und schließlich mit den mit magischer Macht herbeibeschworenen sieben Plagen den Auszug der Israeliten erzwingen. Bei einem ersten Aufeinandertreffen verwandelten dazu die beiden Protagonisten ihre

Zauberstäbe in Schlangen, ein Trick, den die ägyptischen Zauberer gleichermaßen beherrschten und den man in Indien mancherorts auch heute noch bewundern kann, wo Fakire den die Schlange lähmenden Griff beherrschen.

Bemerkenswert bei der Betrachtung magischen Tuns im alten Ägypten ist das auffällige Auseinanderklaffen zwischen professioneller Magie der Priester und dem dilettantischen Laienzauber der Gemeinen. Zu dieser Spaltung mag zum einen die Tatsache beigetragen haben, daß die magischen Dienstleistungen, welche für die jenseitsgerichtete Reinhaltung der Seele unerläßlich waren, von den Priestern nur gegen harte Münze gewährt wurden. Der einfache Bürger des Nilstaates konnte sich daher aus dem gesamten rituellen Katalog nur wenige seine Seele befreiende Zauberhandlungen leisten. Die übrigen magischen Hilfeleistungen beschaffte er sich dafür bei Gassenmagiern. Dabei kam die Einrichtung der »Stundenpriesterschaft« diesem Gewerbe entgegen. Sie hatte zum Anlaß, daß jede Stunde des Tages unter der Herrschaft eines anderen Gottes stand. Folglich mußte, um das Schicksal bei Laune zu halten, der Gottheit zu der von ihr beherrschten Stunde gehuldigt werden. Hierbei durften Laien als sogenannte Stundenpriester den Priestern ministrieren. Durch diese »Laienpriesterschaft« vom Abglanz der Götter beschienen, vermochte man seinen Lebensunterhalt mit Gassenmagie hübsch aufzubessern. Die Verurteilung solchen Zaubers durch die Priesterschaft als mindere Magie lag auf der Hand. Hier stoßen wir in den Schriften auch zum ersten Mal auf die erkennbare Unterscheidung von guter Magie, der Theurgie, welche den Göttern dient, und der schlechten Magie, die mangels Berufung nur Dämonen erreicht und deshalb von den Göttern abgewiesen wird, weshalb mit ihr ausschließlich egoistische Zwecke befördert werden können. Sofern es diese Ausformung der Magie war, die als »al-kehm« über die Grenzen

Ägyptens hinaus bekannt wurde, besaß sie auch von ihrem abfälligen Ansatz her, ihrem Namen entsprechend, überwiegend schwarzmagische Elemente.

Ein weiterer Aspekt magischer Kunst, der bereits im Rom der Zeitenwende als schwarze Magie oder Goëtie verteufelt und mit dem Tode bedroht wurde, war die Nekromantie. Diese so bezeichnete Beschwörung der Toten war zwar auch im alten Ägypten verpönt, doch bei dem alles beherrschenden Totenkult zählten Abarten dieser magischen Kunst gleichfalls zum priesterlichen Handwerk, war doch ein Leichnam vom Tode bis zum feierlichen Mundöffnungsritual vor der Grabkammer 70 Tage in der Hand der Priester. Dabei wurden beständig Gebete und Schutzformeln gesprochen, um dem Toten den Übergang ins Totenreich zu erleichtern, und sobald die Seele durch das Mundöffnungsritual wieder eine gültige Heimstatt im Körper fand, galt der Mensch in den Augen der Gläubigen als wiederbeseelt. Dementsprechend sprach man mit den Toten, rief sie sich zu Rat und Hilfe, und falls sie dem nicht folgen wollten, verstand man es, sie zwingend zu beschwören. Hatten die Toten doch einen Blick von der Welt, der einem selbst noch versperrt blieb.

Eifrige Sammler finden die Schlüssel zum siebten Himmel

Wollte man auf alle Wurzeln und wechselseitigen Einflüsse der Frühzeit eingehen, die unser magisches Denken befruchteten, würde dies den Rahmen dieser Schrift bei weitem überschreiten; entspräche doch eine solche Absicht dem Versuch, eine vergleichende Religionsgeschichte der Frühzeit und Antike zu verfassen. Andererseits würden wir hier wie dort auf Ähnlichkeiten und Übereinstimmungen stoßen, die einen kulturellen Austausch der frühen Völker belegen, den wir uns in seiner damaligen weltumspannenden Dimension heute nur noch schwerlich vorzustellen vermögen. Demzufolge würden aber auch die beschriebenen Ausformungen der Magie stets um die grundsätzlich gleichen Prinzipien kreisen: Beschwörung der Götter; Anrufung von Hilfsgeistern und Dämonen, um die Götter zu beeinflussen; Beschwörung der Toten; Abwehr von Dämonen und Austreibung böser Geister aus Haus, Tier und Mensch, aber auch aus dem selben Verständnis heraus Schadenszauber für die Feinde; Zukunftschau unter Verwendung aller erdenklicher Mittel und Zeichen; Heilzauber, verbunden mit ersten Ansätzen medizinischer Kunst; Gebrauch von Amuletten, Talismanen, Fetischen, Götzenbildern und ein tiefer Bodensatz volkstümlichen Aberglaubens im Gegensatz zur liturgischen und kanonischen Magie des Priestertums, zwei Strömungen, die im Chor den Alltag beherrschen und durchdringen. Wie umfassend und jegliche Lebensäußerung beeinflussend die magischen Gebräuche gewesen sein mögen, kann uns ein vergleichender und zugleich erhellender Blick in unsere jüngste Vergangenheit aufzeigen: So umfaßt das in der ersten Hälfte des 20. Jahrhunderts zusammengetragene und keineswegs alle Bereiche der Magie abdeckende zehnbändige Handwörterbuch des deutschen Aberglaubens in seinem Registerband wenigstens 75 000 Stichwörter respektive Verweise, die allesamt einen magischen Aspekt beschreiben, der auch in einen Bezug zum Alltag der Menschen steht.

Begnügen wir uns also mit der bis hierhin geführten Betrachtung magischer Wurzeln und wenden uns nunmehr, um im Bilde zu bleiben, dem Stamm zu, der die Säfte aus unzähligen Wurzeln bündelte, um sie zum Licht und zur Blüte der Krone zu führen. Dennoch sei, um Mißverständnissen vorzubeugen, erwähnt, daß neben den skizzierten Einflüssen sumerisch-semitischer und ägyptischer Magie auch Zuströme der Inder, Perser, Hethiter, Kelten, Griechen, Römer, Slawen und Germanen sowie später vornehmlich der Araber und Juden und partiell der Kulturen des fernen Osten die Krone des magischen Baumes zum Wachsen und Blühen anregten, so daß sie schier ins Unüberschaubare wuchert. Und auch heute hält der Zufluß frischer Kräfte an; so erfährt die heimische Magie weiterhin kräftige Impulse aus allen Kulturen rund um die Welt.

Der Stamm, der unser magisches und, nebenbei bemerkt, auch unser »esoterisches« Verständnis heute noch trägt, ragt etwa zwei Jahrtausende zurück, mitten in die Zeitenwende. Es sind vornehmlich die neuplatonischen Zirkel im antiken Alexandria und Rom sowie die frühchristlichen gnostischen Gemeinden, die es, sich gegenseitig befruchtend und animierend, verstanden, das zersplitterte magische Wirken ihrer Zeit zusammenzuführen. Sie ummantelten das Zusammengetragene mit einer aufgefrischten Kosmologie, verliehen ihm neue, teils einsichtige, teils verworrene Prinzipien und stifteten damit eine Magie, die in Gestalt einer sub-religiösen Bewegung, als Okkultismus nur unzulänglich umschrieben, bis heute fortwährt.

Neuplatonisches und gnostisches Denken, das in etwa zeitgleich entstand, hat trotz vieler Gemeinsamkeiten verschiedene Ansätze. Diese lassen sich im Grundsatz darauf reduzieren, daß die Neuplatoniker ihre Weltbetrachtung als Philosophie verstanden und sich in Platons Akademien organisierten, die eine Art Mysterienschule repräsentierten; wohingegen sich die Gnostiker ihrem Selbstverständnis und Wirken gemäß als eine religiöse Bewegung respektive Kirche betrachteten. Auch wenn die Ansätze des Neuplatonismus etwa einhundert Jahre früher in die Mitte des letzten vorchristlichen Jahrhunderts datiert werden können und sich die Neuplatoniker als ein die klassische Philosophie und den Hellenismus bewahrender Widerpart zum aufkommenden Christentum verstanden, finden wir, wie sich zeigen wird, starke Parallelen neuplatonischer Kosmologie in der Gnosis wieder. Ausgehend von der Ideenlehre Platons (428–348 v.Chr.), nach der das wahre Wesen der Welt in Ideen angelegt ist, die zu erkennen der eigentliche dem Menschen aufgegebene Erkenntnisweg sei, versuchten die Neuplatoniker daraus eine Methode wahrer Gotteserkenntnis abzuleiten. Zu diesem Zweck nahmen sie auch Anleihen bei der Philosophie Aristoteles', der Stoiker sowie der Neupythagoräer. Wobei sich ihr Nachdenken zunehmend als Theosophie, das heißt Gottesweisheit, gerierte und deshalb die Beziehung vom Diesseits zum Jenseits in den Mittelpunkt ihrer Betrachtungen rückte. Entsprechend der platonischen Ideenlehre sahen sie die Wahrheit nicht in der Welt, so wie sie ist, sondern in den, die sichtbare Welt determinierenden Ideen. Diese Ideen sind als metaphysischer Ausfluß aus dem Höchsten zu verstehen; sie sind das geistige Bild – ursprünglich stand Idee im griechischen für Bild – beziehungsweise die ideelle und ideale Form, der alles Geschaffene entgegenstrebt. Folglich fungieren sie als Träger eines göttlichen Geistes, dessen Inhalt sie zugleich sind. Allerdings kann der wahre Gott nicht der Weltenschöpfer sein, da er als das absolute Ureine unteilbar ist und sich somit auch nicht zu Teilen seiner Schöpfung selbst gegenüber zu finden vermag. Er wurde vielmehr als der »unbewegte Beweger«, ein sich selbst denkendes und sich selbst genügsames zeitloses Sein, aufgefaßt, aus dem aufgrund seiner geistigen Regung, quasi als Echo des Gedachten, in dem sich der Geist selbst erkennt, die höchsten Ideen hervorgingen. Aus diesen höchsten Ideen formte sich der Demiurg, der Weltenschöpfer, der seinerseits die Welt als Idee und sich damit ein Abbild schuf. Diese Idee wiederum ist die geschaffene Welt in ihrer höchsten Vollendung, sie ist der göttliche Weltgeist, der Dank des Demiurgen sich selbst erschafft. Mit seiner Erschaffung entsteht die Weltseele als ein Aspekt des Geistes. In ihr setzt sich der Schöpfungsimpuls weiter fort, indem sie sich Verwandtes schafft beziehungsweise dieses aus ihr emaniert. So entstehen die Einzelseelen, die die Geschöpfe beseelen und somit zu dem werden, was sie beseelen. Allerdings vollzieht sich der Schritt bis hinab zur Einzelseele über viele Stufen, die allesamt wiederum als Ideen, welche ihrerseits als beseelte Geistwesen aufgefaßt werden können, den Schöpfungsimpuls forttragen und ihre Entsprechungen auf einer jeweils niederen Ebene kreieren. So emanierten nach der Vorstellung der Neuplatoniker aus der Weltenseele die Dämonen, denen die Erzengel und Engel, die Archonten und Heroen, die Gottheiten und etliche Grade mehr folgten. Mit jeder neuen Emanation verlor sich aber zugleich die Verbindung zum All-Einen, und die jeweils entstandene Idee entfremdete sich zunehmend von ihrem Ursprung. Der Trieb des Beseelten ist es daher, seiner angestammten Vollkommenheit wieder gerecht zu werden und sich dem Einen verschmelzend anzugleichen. Dorthin führt sie einzig der Weg der Erkenntnis, indem sich das Erkennende in dem ihm gleichartigen höheren Erkannten wiedererkennt. Durch solche Erkenntnis, die als eine ekstatische Schau begriffen wurde, verliert sich schließlich das Selbst im Einen. Aller Grund des Bösen ist jedoch die Materie, die in sich das Böse selbst ist, da sie dem Höchsten am entferntesten ist, nämlich dort, wo sich das Licht des Höchsten im Dunklen verliert. Solchermaßen jenseits der wahren Welt ist sie lediglich Füllendes zur Form einer letzten Idee und verfügt über keinerlei Qualität und Quantität. Da sie freilich dennoch ist, kann sie nur ein existenzloses Etwas sein, erkenntnislos und von keinerlei Geist berührt. Die Seele aber, die sich mit Materie verbindet, blickt nicht mehr nach oben zum Sein, sondern ins Dunkle auf die Materie zu ihrem

scheinbaren Werden. Hierdurch wird sie vom Bösen über-
deckt, von ihm erfüllt und verdorben.

Die Kosmogonie der Neuplatoniker bot von ihrem Auf-
bau her ein geradezu ideales Weltengebäude für magische
Vorstellungen und magisches Wirken. Hier die abgestuften
himmlischen Sphären, bevölkert mit guten Geistern, und
dort der erkennende Mensch, ans Elend der Materie gebunden, der seine Seele erlösen und zur hymnischen Verklärung führen möchte. War einem höhere Erkenntnis
aus welchem Grund auch immer versperrt oder war man
mit seinen Fortschritten auf diesem Weg unzufrieden, so
wandte man sich an das Heer der Geistwesen, auf daß sie
einen erleuchteten, sprich: eine Verbindung zwischen der
Seele und dem Geist herstellten. Schon Plutarch (46–120
n.Chr.), ein früher Vordenker der Neuplatoniker, entwarf
Himmelssphären, die von den Dämonen der Wandelsterne
regiert wurden und denen eine Heerschar von Engeln zur
Seite standen, um den Menschen das Wesen Gottes nahezu-
bringen, da es für den Menschen unmöglich war, mit dem
Höchsten und Unteilbaren in direkte Verbindung zu treten.
Opferdienst, Beschwörung, Weissagung und Orakellehre
waren daher selbstverständliche Instrumente, um den Willen der Gottheit zu erkennen. Gleichermaßen waren diese
magischen Handlungen auch passable Fertigkeiten, um sich
von den schlechten Einflüssen anderer Seelen abzugrenzen
und diese zu bannen.

Als wie mächtig dieserart Magie erachtet wurde, davon
berichtete Porphyrius (232–304 n.Chr.) als Biograph und
Schüler des Plotin. Plotin (203–270 n.Chr.), der überwiegend in Rom wirkte, galt zu seiner Zeit als der bedeut-
samste Mystiker und Philosoph. Neben seinem Lehrer
Ammonios von Sakkas ist er der eigentliche Begründer
des Neuplatonismus. Nach Porphyrius' Bericht soll Plotin
in einem Zauberwettstreit seinen Kontrahenten allein

durch die magische Reflexion von dessen Schlechtigkeit besiegt haben. Und in einem anderen Fall praktischer Magie habe sich die überirdische Natur von Plotins Seele offenbart. Ein ägyptischer Magier, der ihn in Rom aufsuchte, um seine theurgische Zauberkunst zu demonstrieren, beschwor Plotins Genius, sich zu zeigen. Als dieser sich offenbarte, erschrak er zutiefst, denn es zeigte sich kein Geist aus der Klasse der Dämonen, sondern ein Gott. Bei solch gelebter Verklärung muß es für Porphyrius auch kaum erstaunlich gewesen sein, daß, als Plotin starb, eine Schlange unter seinem Bett hervorschlüpfte und durch die Wand entschwand, war sie doch als Drachenwesen die sichtbare Hülle seiner Göttlichkeit. Und auch das Totenorakel bestätigte, daß Plotin in den Chor der seligen Götter zurückgekehrt sei. Angesichts dieser mehrmals bezeugten Göttlichkeit ist es auch verständlich, wenn Porphyrius gleichmütig versichert, daß Plotin zeit seines Lebens einen unüberwindlichen Ekel vor seiner eigenen Leiblichkeit gehegt habe; diesermaßen vorgetragene Leibfeindlichkeit erhält im übrigen bei den Gnostikern geradezu groteske Züge. Daß das System der Neuplatoniker keineswegs nur gelehrte Gottesschau war, sondern praktische Magie ebenso wie das Schreiben und Lesen zum Handwerk dieser Mystiker zählte, erfährt man auch von Plotin selbst:

»Da alles im Universum in einem natürlichen Zusammenhang steht, und das Ganze eine Mannigfaltigkeit von Kräften ist, welche einander auf mannigfaltige Weise anziehen und abstoßen und unvermittelst der Sympathie durch eine Kraft zu einem Leben vereinigt werden, so folgt daraus: daß es eine natürliche Magie, Theurgie und Mantik geben muß.« (Horst, 1.Bd.,84)

Nach Plotin erhielt die Kosmologie der Neuplatoniker beinahe »barocke« Züge, betrieb man doch mehr und mehr

116

eine Theosophie und magische Religiosität, die dem damaligen Wunderglauben und allgemeinem Verlangen nach einer Erlösungsreligion entgegenkam. Sah man doch in dem sich abzeichnenden Verfall des Römischen Reiches und der damit einhergehenden Verelendung breiter Massen allenthalben die Vorzeichen einer Endzeit. Dementsprechend vermehrten sich im neuplatonischen Pantheon die Geistwesen und mit ihnen die Himmelssphären in denen sie wirkten. Gleichzeitig rückte das Numinose noch über das All-Eine hinaus in noch höhere Monaden. Porphyrius etablierte neben den guten Geistwesen auch böse und wies den guten Geistern Wirkbereiche wie Wind, Regen, Fruchtbarkeit, Jahreszeiten, Medizin, Musik und vieles mehr zu, während die bösen Geister, die er als unvollkommene Dämonen ansah, für alles Üble auf der Welt verantwortlich waren. Diese bösen Geister waren zugleich Verführer, die sich bei Beschwörungen gerne in den Vordergrund drängten, um sich Opfer zu erschleichen und den Menschen von seiner Veredelung abzubringen. Und noch ein weiteres Element aus den Mythen nicht vergangener Zeiten wurde aufgefrischt, indem man die geschlechtliche Vereinigung mit einer Gottheit mittels Magie für möglich hielt. Plutarch spekuliert darüber bereits in seiner Biographie über König Numa Pompilius (715–672 v.Chr.), dem, nach dem sagenhaften Romulus, eigentlichen Begründer Roms. Dieserart Gedanken als auch die lebendigen orgiastischen Feiern der Mysterienkulte, in denen diese göttliche Vereinigung vollzogen wurde, wuchsen sich zu einem weiteren Ansporn zur Beschwörung der Geistwesen aus. Gleichzeitig aber brachten es die barocke Vielfalt der Geistwesen und die zunehmende Gewichtung der Magie mit sich, daß der Gaukelei Tür und Tor geöffnet wurden, und so sah sich Porphyrius genötigt zu rügen:

»Vielfältig wird die allzu gespannte Erwartung in der Theurgie von Betrug und Gaukelei hintergangen. Es läßt sich gar nicht erklären, wie die Götter und Dämonen sich von schwächeren Menschen sollten befehlen lassen, sobald es diesen gefällt, sie zu zitieren. Sie verlangen, daß, wer ihnen dienen wolle, der müsse gerecht sein. Sie selbst aber gäben sich zur Ausführung ungerechter Taten hin, sobald sie ihnen vom Theurgen befohlen würde!? – Das ist ein Widerspruch, der mich verwirrt.« (Horst, 1.Bd.,95)

Dunkel ist die Welt, durch die sie wandeln hin zum Licht

Daß die Neuplatoniker neben ihrer Nachdenklichkeit über das Jenseits auch zu kulturellen Mittlern der Magie bis in unsere Zeit hinein werden konnten, liegt wohl an der Art und Weise, wie ihre Gedanken in der christlichen Philosophie fortwirkten. Weit mächtiger aber ist das magische Erbe, das uns die Gnostiker hinterlassen konnten, wohl auch deshalb, weil sie mit zu den urchristlichen Gemeinden zu rechnen sind. Freilich darf man sich die Gnostiker nicht als eine geschlossene Gemeinde vorstellen. Vielmehr waren sie in zahlreiche Gruppen zersplittert, die zueinander oft ziemlich konträre Ansichten über Gott und die Welt hegten. Bis in die Mitte des zweiten Jahrhunderts wirkten sie gemeinsam mit den anderen christlichen Gemeinden. Danach kam es im Streit mit den um Marcion (85–160 n.Chr.) gescharten Gnostikern zum quasi ersten Schisma der Kirchengeschichte. Aufgrund dessen bezeichneten sich die einen Gemeinden als katholische, das heißt allgemeine Kirche, während die anderen als Markoniten noch bis ins vierte Jahrhundert hinein in Rom fortwirkten. Typisch für die Zeit des Urchristentums war der anhaltende Streit um die wahre Auslegung der Lehre Christi. Wobei jüdische, hellenistische und neuplatonische Auffassungen miteinander konkurrierten. In den verschiedenen Gemeinden wurden etliche Evangelien verfaßt, die als Katechesen gedacht waren, wobei die heute kanonisierten und die gnostischen Evangelien im Grunde zwei verschiedene Kirchen beschreiben.

Die gnostischen Evangelien sind sichtlich von der neuplatonischen Kosmologie inspiriert und fordern von ihrem Gottes- und Erlöserbild her eine geradezu notwendige Magie, damit der Mensch seine Seele zu befreien vermag. Der Abstand zum eigentlichen Höchsten bleibt ebenso wie bei den Neuplatonikern unüberbrückbar, dort göttliche Fülle, das Pleroma, und hienieden kalte Leere, das Kenoma. Und auch die Schöpfung wird als Ausfluß aus etlichen sich jeweils erhöhenden Monaden gedacht. Das Wesensmerkmal der Gnosis ist, daß die Welt mehr oder minder als eine Schöpfung des Bösen aufgefaßt wird und daß der Weg zur Erlösung des Menschen nur durch Gotteserkenntnis (Gnosis griech. = Erkenntnis) möglich ist: Nicht der Glaube zählt, sondern das Wissen um Gott durch Erkenntnis. Der neuplatonische Demiurg wird als der strafende und tyrannische Schöpfergott des Alten Testamentes angesehen, der eine unvollkommene Welt des materiell Bösen erstehen ließ. Mit Christus, der eine sich verkörpernde Emanation des Höchsten war, kommt das uranfängliche göttliche Licht zurück in die Welt, um das in ihr durch schöpferisches Mißgeschick verstreute uranfängliche Licht zu sammeln und zurückzuführen. Menschen, in deren Seele sich dieser ursprüngliche göttliche Funke erhalten konnte, können durch vorbildliches Leben und mit Hilfe von Mittlern sowie Magie – gemeint ist die Kunst, Mittler wie Engel in seinem Sinne zu beschwören – das Wesen der Schöpfung und somit die Göttlichkeit selbst erkennen. Sie werden zu Gnostikern, Wissende um die einzige Wirklichkeit, und sind hierdurch Erlöste. Ihr Wissen ist eine unanfechtbare und un-

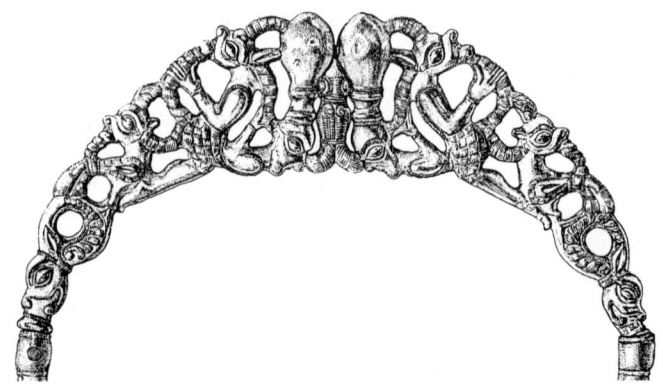

Wie aktuell die gnostischen Gedanken in ihrer Zeit waren, mag man an parallelen kulturellen Entwicklungen ablesen. Dieser keltische Halsring aus dem Schatzfund von Erstfeld (Kanton Uri) mag ein Beleg dafür sein. Um 300 v.Chr. entstanden, zeigt er in perfekter Symmetrie eine Genesis, die in einer Syzigie gipfelt. Vom klaren Grund her aufsteigend, wandert der Blick von der Pflanzenornamentik am Rand zu einem Drachen weiter zu einem vogelähnlichen Mischwesen, das von einem Menschenpaar beherrscht wird. Das Paar ist mit dem Gesäß verwachsen, der bartlose Frauenkopf blickt im Zentrum des Kolliers nach innen, der bärtige Männerkopf nach außen. Als Zeichen ihrer Ein-Wesenheit sind ihre Köpfe mit der perlenförmigen Austreibung verbunden. In der Mitte des Geschmeides, die sich gleichenden Hälften verbindend, schwebt ein Spiritus in Vogelgestalt.

bestreitbare Erkenntnis. Wobei der Hingabe zur Erlösung grundsätzlich ein Ruf vorausgeht; der göttliche Funke im Menschen wird durch Christus gerufen, sich mit ihm zu vereinigen. Jedoch nur Pneumatiker, die wahrhaft Beseelten, die sich nicht heillos mit der dinglichen Welt verstrickten, sind imstande, diesen Ruf zu vernehmen, denn nur in ihnen glimmt der göttliche Funke rein und unverfälscht. Ihnen folgen die Psychiker, Menschen, die zwar auch göttlich beseelt sind, deren Seele aber den Anruf nicht vernimmt, da sie bereits zu sehr verdunkelt ist. Ihre Seelen müssen sich erst durch mehrere Wiedergeburten klären, um Erlösung zu finden. Von diesen wiederum verschieden sind die Hyliker, im Grunde unbeseelte Menschen, die im Dinglichen verhaftet und ebenso nur stofflich (hyle griech. = Holz, Materie) sind. Für sie gibt es keine Erlösung, da in ihnen nichts zu Erlösendes waltet.

Um sich diese Aufteilung der Welt zu erklären und mit ihr auch das Böse in der Welt zu begründen, übten sich die gnostischen Gemeinden in vielfältigen Neudeutungen der Schöpfung, deren Verbreitung und Festigung großteils auch den Zweck ihrer Evangelien ausmachten und dementsprechend Raum einnahmen. Gemeinsam ist ihnen, daß die Schöpfung als ein Unglück aufgefaßt wurde, bei dem sich gegen des Höchsten Willen das Licht mit der Dunkelheit vermischte. Der eigentliche Schöpfungsimpuls entstand danach durch einen Angriff der Finsternis gegen das Licht. Hier kommt die Urmutter der Welt, der Äon Sophia, die Weisheit, ins Spiel. Sie ist ein Äon unter vielen, die Gnostiker zählen fünf bis 30 Äonen. Sie sind allesamt Syzigien, mann-weibliche Urgötter, die in sich das männliche und weibliche Prinzip vereinen, so sind sie Eins und Paar zugleich und imstande, aus sich heraus Welten zu schaffen. Sophia aber wollte in Erkenntnis des Höchsten sich ebenfalls ein Abbild schaffen, dem sich ihr männliches Sein jedoch versagte. Sie aber gab ihrem Verlangen dennoch nach, und so entstand aus ihr eine unvollkommene Welt mit einem unvollkommenen Gott, weil dieser Welt der zum Heil notwendige Widerpart fehlte. Und so fiel sie aus der Fülle, hierdurch aber wurde die Welt der Finsternis preisgegeben.

Die Rettung der Welt beziehungsweise die Rückführung des verlorenen Lichtes ist Christi Wirken. Er bringt der Welt, was sie von Anfang an entbehrte, die zu ihrer Vollendung notwendige andere Hälfte, das männliche Prinzip. Und hier beginnt die höchste gnostische Magie, die Magie des Mysteriums der chymnischen Hochzeit, die Vereinigung mit Christus im Brautgemach, die ebenfalls wesentlicher Gegenstand gnostischer Evangelien ist. Sie ist ihnen im Gegensatz zum Buch Moses (1. Mos. 6, 1-4) ein lauteres, den Menschen nicht verderbendes, sondern ihn erhöhendes Mysterium. In einem Text über die Auslegung der Psyche aus den Funden von Nag Hammadi lesen wir darüber:

»Sie (die Psyche) reinigte sich aber im Brautgemach. Sie bereitete es mit Wohlgeruch, saß da und wartete auf den wahren Bräutigam. Sie rennt jetzt nicht mehr auf den Markt, Umgang zu suchen mit jedem, der will. Sie wartet auf ihn, an welchem Tage er käme. Und dabei fürchtet sie ihn, denn sie kannte ihn ja nicht von Gestalt. Ihre Erinnerung an die Zeit, da sie aus dem Hause des Vaters fiel (Sturz der Sophie), ist erloschen.
Nach dem Willen des Vaters aber träumte sie von ihm wie Frauen, die Männer lieben.
Jetzt kommt der Bräutigam nach dem Willen des Vaters zu ihr herab in das fertige Gemach. Und er selbst schmückte das Hochzeitszimmer. Denn jene Hochzeit ist nicht so wie die fleischliche ...
Wirklich, von dieser Art ist jene Hochzeit nicht, sondern wenn sie die »Vereinigung« begehen, werden sie ein einziges Leben ...
Und sie erhielt vom Vater das göttliche Wesen, daß sie neu wurde und man sie wieder an den Ort nähme, an dem sie von Anfang an war (in die Fülle). Das ist die Auferstehung von den Toten. Das ist die Rettung aus der Gefangenschaft. Das ist der Hinaufstieg zum Himmel. Das ist der Weg zum Vater.« (Hörmann, 235)

Anzumerken ist, daß der Begriff »chymnische Hochzeit« erst durch die Alchemisten geprägt wurde, die darin gleich den Gnostikern die Vereinigung des Bipolaren zum Androgynen respektive Syzigienen verstanden.

Begingen manche Gemeinden diese chymnische Hochzeit in magisch-mystischen Ritualen, nahmen andere diese Vereinigung wiederum wortwörtlich. Da waren quasi rechter Hand die Ophiten, die Schlangenverehrer. Sie sahen in

Luzifer, der paradiesischen Schlange, den eigentlichen Heils-
bringer, da er allein in offener Auflehnung gegen den
Demiurgen dem Menschen die Erkenntnis ermöglichte, indem er ihm das Wissen um seine ureigentliche Lichtgestalt
offenbarte, welches ihm der Schöpfergott aus böser Absicht
vorenthielt. Ebenso witterten sie hinter dem biblischen Zeu-
gungsgebot eine Niederträchtigkeit des Demiurgen, den
Menschen kraft seiner Sinnlichkeit in der materiellen Finsternis festzuhalten. Folglich war für sie der Geschlechts-
verkehr etwas Verderbtes, vor allem der Verkehr mit Folgen. Ihr Wahlspruch, den sie als »Graffiti« auch für heutige
Augen noch erkennbar an Denkmälern hinterließen, lau-
tete: »Verleugne dich selbst und sei glücklich!«. Entsprechend zielte ihr Handeln ausschließlich auf das Jenseits und
die Errettung der eigenen Seele. Die aber wurde stets und
überall bedrängt vom Geist der Finsternis, in Dämonen-
und Menschengestalt. Also galt es, seine Seele durch Magie
zu schützen und deren Angreifer zu verdrängen und zu
vernichten. Wer in die Gemeinde aufgenommen werden
wollte, erfuhr diese Magie höllisch heiß am eigenen Leibe,
indem er durch eine reinigende Feuertaufe schreiten mußte.
Vor allem in der Todesstunde wurde der Zauber inten-
siviert, man traf sich in magischen Kreisen, dem sagenhaften Diagramm der Ophiten, um die Psyche des Sterbenden
hinüber zu geleiten, war sie doch jetzt im Übergang besonders gefährdet. Und selig war der Sterbende, der sagen
konnte:

»Ich habe mich eingesammelt überall, und ich habe dem Demiurgen kein Kind gezeugt, denn ich weiß, wer du bist. Ich aber bin
einer von oben.« (Tegtmeier, 61)

Zur linken Hand aber fanden sich die anderen, die die
chymnische Hochzeit wörtlich nahmen. Zwar verwarfen
auch sie das Fleischliche als teuflisch, doch zogen sie als

Konsequenz daraus, es dem Teufel zu vergelten. In einem Anti-Sakrament vermischten sie sich wahllos miteinander, sammelten die orgastischen Sekrete, um davon in einem diabolischen Abendmahl zu trinken. Und sie betrieben den rituellen Abort, um dem Demiurgen die sich im Fleisch verhaftenden Seelen zu entreißen. Als Spermagnostiker sind sie uns durch ihre abscheulichen Mysterienfeiern in schauriger Erinnerung. Durch die magische Umkehrung aller Werte wollten sie sich der Dunkelheit entreißen und dem Bösen das Böse vor die Füße kehren. Auch Kinderfraß wurde ihnen vorgeworfen. Ein Vorwurf, der übrigens auch den Ophiten galt, und den man – so wie es etliche von ihnen taten – in ihren und anderen Katechesen in Mißverständnis der Allegorie zwischen den Zeilen herauslesen mag; so zum Beispiel wenn es in der in Nag Hammadi gefundenen Naasenerpredigt heißt:

»Wer mich sucht, wird mich finden in siebenjährigen Kindern, denn in ihnen erscheine ich, im 14. Äon verborgen.« (Hörmann, 135)

Oder im valentinischen Philippos-Evangelium, Spruch 50 und 93:

Gott ist Menschenfresser. Man schlachtet ihm den Menschen. Bevor der Mensch geschlachtet wurde, schlachtete man Tiere. Denn keine Götter waren die, für die man schlachtete.
Diese Welt frißt Leichen. Denn alles, was man in ihr ißt, stirbt auch wieder. Die Wahrheit frißt Leben. Daher wird keiner von denen, die sich von der Wahrheit ernähren, sterben ...« (Hörmann, 291, 300)

Die Orgien ihrer Mysterienfeiern wurden voll böser Lust praktiziert. Galt es doch, das Fleisch und die Sinnlichkeit als faßbaren Ausdruck der Finsternis zu verderben. Sie, die nur die Psyche, den göttlichen Funken, gelten ließen, waren von einer manischen Leibfeindlichkeit besessen. Im gnosti-

Abraxas werden üblicherweise als Gemmen in Steine geschnitten. Sie zeigen Mischwesen, die grundsätzlich Drachen- beziehungsweise Schlangenelemente in sich bergen, häufig vermengt mit Menschen-, Vögel- oder Löwenmotiven. Der über einem Abraxas Meditierende soll angeblich in den 365. Himmel, die höchste Sphäre, blicken können.

schen Evangelium nach Thomas heißt es dementsprechend in den Sprüchen 87 und 112 aus Jesu Mund:

»Es sprach Jesus so: Elend ist der Leib, der an einem Leibe hängt, und elend ist die Seele, die an diesen beiden hängt.
Es sprach Jesus so: Wehe dem Fleisch, das an der Seele hängt! Wehe der Seele, die am Fleische hängt!« (Hörmann, 328, 331)

Gewissensbisse konnten sie indes nicht quälen. War man doch als Wissender jenseits von Gut und Böse, hatte man doch den diabolischen Plan des alten Gottes durchschaut und empfand man doch seine Gebote als Schranken, die er errichtet hatte, um den Menschen vom eigentlichen Heil fernzuhalten. »Verleugne dich selbst, und sei glücklich«, wer nach dieser Maxime lebte, dem war vieles möglich und nur wenig versagt. Magie war Theurgie, und in ihrem verkehrten Sinne war es weiße Magie: das Mittel zum Heil. Und so suchten sie auch nach dem Vorbild der Neuplatoniker und anderer antiker Zauberzirkel nach Entsprechungen in der Natur, in ihren Träumen und ihren Symbolen. Denn auch sie legten allem Geformten eine ideale Form zu Grunde, und einige dieser Formen und Bilder galten ihnen ihrerseits wiederum als Entsprechungen, als Emanation der Engel und Lichtwesen, die ihre Seele zur göttlichen Fülle zu führen wußten. Die Ophiten etwa glaubten ein solch magisches Kraftzeichen im schlangenumwundenen Ei oder dem Schlangenkreuz gefunden zu haben. Die Basiliden entwickelten mit dem Abraxas ein magisches Zeichen, das das Böse bannen sollte und wegen seiner ihm nachgerühmten Wirksamkeit bis heute noch als Amulett Verwendung findet.

Ermunterung zu dieserart magischen Spurensuche, fand man seinerseits wiederum in den eigenen Lehrbriefen und Evangelien. So meint etwa der gnostische Evangelist Philippos:

»Die Wahrheit kam nicht nackt in die Welt. Sie kam in Bildern und Abbildern. Man wird sie auf keine andere Weise erfassen. Es gibt eine Wiedergeburt und Bild-Wiedergeburt. Und es gehört sich wirklich, daß einer durch das Abbild wiedergeboren wird. Was ist die Auferstehung und das Abbild? Man muß durch das Abbild auferstehen! ...« (Spruch 67. Hörmann, 295)

Gnostische Gemeinden konnten sich neben der katholischen Kirche noch über das Ende der weströmischen Kaiserzeit hinaus behaupten. Ihren Höhepunkt und ihre größte Ausbreitung fanden sie jedoch im Manichäismus, jener von dem Perser Mani (216–277 n.Chr.) gestifteten Religion. Unter seinem Namen scharten sich Anhänger und gründeten Gemeinden rund ums Mittelmeer, in den arabischen Ländern und bis weit nach Zentralasien und China hinein. Mit der im 4. Jahrhundert in den römischen Reichen beginnenden Verfolgung der Manichäer begann der noch weitere tausend Jahre während Niedergang dieser gnostischen Religion. In den Bogumilen des Balkans und den Katharern und Albigensern Südfrankreichs und Oberitaliens lebten die gnostisch-manichäischen Glaubensinhalte in den beiden ersten Jahrhunderten des zweiten Jahrtausends noch einmal auf. Sie wurden jedoch von der Kirche heftigst bekämpft und ihre blutige Verfolgung zum Auslöser der Inquisition, die bis ins 18. Jahrhundert hinein Hexen und Zauberer verfolgen, foltern und verbrennen ließ; woran sich die späteren Protestanten in ihren Sprengeln mit besonderer Beflissenheit gleichfalls beteiligten. Auffällig an dieser Raserei ist, daß ein Großteil der in den Prozessen und im berühmt-berüchtigten Hexenhammer gemachten Vorwürfe der Hexerei und der diabolischen Vereinigung im Grunde wörtlich genommene Bilder waren, die ihrerseits von den Gnostikern gepredigt und geglaubt wurden; auch waren etliche der Hexerei Angeklagte Mitglieder häretischer Zirkel, die gnostisches Gedankengut pflegten, da sich gnostische Gemeinden trotz wütender Verfolgung im Untergrund noch bis ins 14. Jahrhundert hinein halten konnten.

Und dennoch, an der gnostischen Magie war in der Tat nichts Weißes, auch wenn sie die Wissenden in tiefem Glauben und in bestem Wissen und Gewissen praktizierten. Es war höchste Verblendung, nur zu verstehen, wenn man ahnt, wie sich die Menschen zu jener Zeit am Weltenende wähnten, nur dann vermag man ihre Weltentsagung und ihre Begierde, die Götter zu beschwören, zu verstehen. Sahen sie sich doch auf einer sinkenden Arche. Mithin drängte es sie, bevor die dunklen Wasser sie umschlössen, ihre Seele noch rasch dem Höchsten zuzuführen. Doch selbst dieser letzte Eifer war ihnen noch Magie, wußten sie doch zugleich, sobald der Letzte der ihren das Licht erreichen würde, würde die Welt verbrennen und in völliger Finsternis versinken. Es war eine egomanische, verneinende, lebensfeindliche und elitäre Magie, die sie betrieben, und so blieb sie in ihrem Kern, trotz bester Absicht, eine verschattete, wenn nicht gar eine schwarze Magie. Als scheinbar Wissende vermochten sie sich zwar das Böse zu erklären, erkannt hatten sie es indes ersichtlich ebensowenig wie das Gute.

Heureka, die Suche geht weiter

Freilich wäre der Mensch nicht Mensch, würde er nicht weiter die Götter versuchen und darum buhlen, den Platz zur ihrer Rechten einzunehmen. Und so sind die Gedanken der Neuplatoniker und Gnostiker trotz verfemendem Feuer und Schwert nicht mehr aus der Welt zu denken. Bei den Alchemisten der Renaissance, den forschenden und wissenschaftlichen Magiern, lebt die Magie wieder auf. Angeregt durch die magischen Künste der Araber blickt man zurück auf seine eigene Geschichte und findet bei den Neu-platonikern einen unverfänglichen, von der Kirche geduldeten Grund, auch wenn man fleißig bei den Gnostikern Anleihen nimmt. Die Lehre von den Sympathien, den Wahlverwandschaften, Entsprechungen und Ähnlichkeiten hat es ihnen angetan. »Wie oben, so unten. – Wie innen, so außen«, so lautet ihre Metapher. Folglich genügt ihnen ein Labor, eine Hexenküche, um dem Urgrund und somit dem Gottesverständnis näherzukommen. Die auseinanderge-flossenen Prinzipien, das Männliche und das Weibliche wollen sie wieder vereinen. Also machen sie sich auf die Suche nach dem Stein der Weisen, jener seltsamen geheim-nisvollen Substanz, durch die sich Blei in Gold verwandeln soll. Wer diese Kunst beherrschte, wäre dem Herrgott in der Tat ein Stück näher gerückt. Die Ergebnisse hingegen waren eher profan, dieweil nicht minder bedeutsam, wurde doch auf diese Weise unter anderem die Mischung für das Schießpulver und das Porzellan gefunden. Auch der Iatro-magie, der magischen Heilkunde, wandten sie sich zu, forschten nach dem Elixier, der lebensspendenden Grund-substanz. Hier suchten sie in Pflanzen und Steinen nach Ausformungen höherer Art. Das Gleiche im Gleichen und das Ähnliche im Höheren oder Niederen waren die magi-schen Verbindungen, denen sie nachspürten. Die alten Göt-ter der Planeten wählten sie sich nun als Erzengel zur Seite, beschwerten und durchdrangen diese doch nach Sicht der Alchemisten mit ihrer Kraft Metalle, Kräuter, Räucher-werk, Gebet und Zauberwort. Und wo es der Engel zu wenig gab, wuchs ihnen die Schar fix zur Legion. Der Magus, und als solcher verstand sich der Alchemist, trat dann in den Zauberkreis und wußte stets, den rechten Geist zu rufen, der ihm die Mischung band und sein Streben mit Erkenntnis stillte. Auch einen Homunculus zu formen, ein Menschlein im Labor zu schöpfen, stand ihnen nach dem

Sinn; wozu sie emsig Rezepturen schrieben und verschworen miteinander tauschten.

Doch trennten sich bald ihre Wege, die einen begannen, Licht in ihre Labors zu lassen und wandelten sich zu Wissenschaftlern, die den urmenschlichen Anspruch, das Wesen der Natur zu ergründen nicht mehr magischer Deutung überließen, sondern der Empirie als Quell der Erkenntnis mehr vertrauten. Die anderen aber ließen nicht ab, weiter nach seelischem Heil und transzendenter Gewißheit zu suchen. Sie fanden sich in geheimen Bünden und obskuren Zirkeln wieder, die von Mal zu Mal auch lautstark von sich reden machten. Seien es die Rosenkreuzer, Freimaurer, Illuminaten, Theosophen oder Anthroposophen; die Mesmerianer, Spiritisten, Okkultisten oder Esoteriker – sie alle fanden sich zusammen, um in ihrem Sinne und der neuen Zeit gemäß fortzuschreiben, was die alten Magier und Kosmographen der Zeitenwende formulierten.

Indes scheinen sich heute in manchem ihre Wege, die einst auseinanderliefen, wieder zu finden. Rufen doch mit einem Male die versprengten Magier eben jene Wissenschaften zu Zeugen, die sie für eine lange Weile als materialistische und rationalistische Einbahnstraßen verteufelt hatten. Diese Wiederverbrüderung versteht, wer ahnt, wie weit über die Grenze unserer Vorstellung hinaus wir uns mittlerweile die Welt erklären können. Und so denken heute angesehene Physiker über eine Metaphysik ihrer Physik nach und versuchen, hierdurch dem Schöpfer endlich auf die Schliche zu kommen. So wie einst der gelehrte Mystiker Ramon Llull (1236–1316) in den mallorquinischen Bergen eine algebraische »Maschine« erfand, mit deren Hilfe er den Zweiflern und Kritikern wahre Gottesliebe und Rechtschaffenheit vermitteln und zugleich Gott und die Welt erklären konnte, ebenso glauben sich etliche moderne Wissenschaftler, insbesondere jene, die sich im

Umfeld von New Age bewegen, der letzten Erkenntnis nahe, jenem Omega-Punkt des Teilhard de Chardin, an dem wir endlich mit der Wahrheit eins werden sollen. Meinte doch Marie-Joseph Pierre Teilhard de Chardin (1881–1955), Wissenschaftler und Jesuit, in wahrhaft gnostischer Manier:

»Nehmen wir an, daß von diesem universellen Zentrum, von diesem Punkt Omega, dauernd Strahlen ausgehen, die bisher nur von denen wahrgenommen wurden, die wir die mystischen Menschen nennen. Stellen wir uns nun vor: Da die mystische Empfänglichkeit oder Durchlässigkeit der menschlichen Schicht mit der Planetisation [der zunehmenden weltweiten Vernetzung menschlichen Denkens und Tuns, H.H.] zunimmt, werde die Wahrnehmung des Punktes Omega allgemein … Wird es also nicht denkbar, daß die Menschheit am Zielpunkt ihrer Zusammenziehung und Totalisation in sich selbst einen kritischen Punkt der Reifung erreicht, an deren Ende sie, während sie die Erde und die Sterne langsam zu der verblassenden Masse der ursprünglichen Energie zurückkehren läßt, sich psychisch von dem Planeten löst, um sich mit dem Punkt Omega, der einzigen irreversiblen Essenz der Dinge, zu verbinden.« (Hemminger, 121)

Doch auch wenn sich Wissenschaftler der magischen Gemeinsamkeiten erinnern und magisches Denken in ihnen wieder aufscheint und zum Antrieb ihres Erkenntnisstrebens wird, werden sie, selbst wenn sie gnostisches Denken rezipieren, noch lange nicht zu Magiern. Ihr Forschen bleibt, trotz gelegentlichem Hokuspokus, wissenschaftlich rational; Magie aber bleibt, wohl wegen ihrer Anbindung an die Wirklichkeit, die Rationalität der Irrationalität. Also sitzt der Magus gleich der Hexe auf dem Zaun und plaudert unbefangen darüber, was in seinem Rücken und vor seinen Augen wandelt, und dabei dreht es sich mal in die eine und mal in die andere Richtung.

Weiße Magie, eine eigenständige Kraft

Als sie den Bahnhof verließ und in die Stadt ging, beschlich sie die seltsame Anwandlung, schon einmal hiergewesen zu sein. Im Grunde ihres Herzens fürchtete sie solche Ahnungen, doch diesmal erheiterte sie sie. Wußte sie doch, als sie zum Kirchturm hochblickte und dabei in die Sonne sah, daß dies weniger eine Wiedersicht als vielmehr die Aussicht auf ein gutes Ende war. Diesmal würde sie die Gelegenheit nutzen, das Versäumte und seit undenklicher Zeit auf sie Harrende zu vollenden. Doch mit dem Verblassen des Anflugs verlor sich auch ihre Zuversicht, und sie verstand nicht mehr, was ihr einen Augenblick zuvor noch so sicher war. Die heitere Entzückung fiel von ihr ab, sie stand allein in der fremden Stadt, in der sie nie zuvor gewesen war. Und sie sah mit einem Male klar, würde sie unverrichteter Dinge abfahren, würde das Außergewöhnliche nicht geschehen. Dann aber würde ihr Lebensrad zurückschwingen, und sie müßte erneut Schwung holen, um diese bleierne Verlangsamung zu überwinden. Für diesen erneuten Anlauf aber würde ihr Leben nicht mehr reichen.

Also war sie entschlossen. Sie sagte alle ihre Termine ab, stellte ihr Gepäck im Hotel ein und strich ziellos durch die Altstadt. In ihrer Hand hielt sie vier gelbe Rosen, aus einer Laune heraus erworben. Vier, für das In-die-Welt-Treten, und Gelb, die Farbe der Mönche und Huren, für die Reife, die Zeit der Ernte. Zum wiederholten Male kam sie sich für einen Augenblick für ihr Tun albern vor, als sie die goldene Rose bemerkte, die als prächtiger Aushänger über der Gasse schwebte, »Gasthof zur Rose«. Sie blickte auf die Blüten in ihrer Hand, schüttelte verschmitzt den Kopf, und mietete sich ein. Im Zimmer stellte sie die Rosen in eine Vase und richtete sie nach den Himmelsrichtungen aus.

Nun saß sie da und wartete. Der Tag verstrich. Die abendliche Sonne näherte sich bereits dem Horizont, als sie sich endlich erhob. Sie zog einen Kreis um die Rosen und murmelte dazu ihren Namen. Dann setzte sie sich davor auf den Boden und zog mit beiden Händen einen Kreis um sich. So verweilte sie bis zum Morgen. Als sie ihren Kreis verließ, blühte eine fünfte Rose, eine rote Rose, in der Vase, umkränzt von den vier gelben Rosen. Sie nahm sie ohne Erstaunen an sich, murmelte ihren Namen, verließ den Gasthof und ging zur Brücke. Die rote Morgensonne beglänzte ihr Gesicht, als sie die Rose ins Wasser fallen ließ.

Im Hotel angekommen, sah sie die deponierten Nachrichten durch. Ein ums andere Mal las sie drohendes Unverständnis über ihr Fernbleiben aus den Zeilen. Nur eine Botschaft fiel aus dem Rahmen, eine Telefonnummer mit der Bitte um Rückruf. Jählings erfaßte sie die gestrige Anwandlung wieder, und sie erkannte augenblicklich als urgründiges Versäumnis, seinerzeit die Stadt nicht verlassen zu haben. Eine viertel Stunde später rollte ein Zug mit ihr aus dem Bahnhof. Sein Ziel war nicht das ihre, doch es war ihr recht. Spürte sie doch zu genau, daß ihr Lebensrad wieder Schwung gewann. Sie blickte auf den Zettel in ihrer Hand, nahm ihr Funktelefon aus der Handtasche und wählte die Nummer. Das Freizeichen ertönte, und sie murmelte zum dritten Mal ihren Namen.

Wahlverwandschaften, der Schlüssel zum magischen Denken

Wer sich davor scheut, den Weg einer schwarzen Katze zu kreuzen, weiß, daß er abergläubisch handelt. Warum er aber so reagiert, wie ihn sein Aberglaube nötigt, darüber dürfte er sich kaum Gedanken gemacht haben. Jedenfalls sind sich die wenigsten, die einem Geflecht abergläubischer Regeln in ihrem Alltag folgen, bewußt, daß sie sich von uralten magischen Ansichten leiten lassen. So beruht die Vorstellung, mit einer schwarzen Katze gehe auch das Unglück einher, auf dem Prinzip der Wahlverwandschaften und des Analogiezaubers. Hiernach geht der Magus davon aus, daß Ähnliches auch Ähnliches beziehungsweise Gleiches auch Gleiches bewirkt. Untermauert wird diese Ansicht durch das magische Gesetz: »Wie oben, so unten« oder »pars pro toto«, der Teil steht für das Ganze. Im Fall der Unheil kündenden schwarzen Katze bedeutet letzteres, daß sie zum einen ein Abbild eines größeren Unheils ist, und zum anderen dieses Unheil durch seine Entsprechung, die schwarze Katze, wirksam wird. Wer folglich den Weg einer schwarzen Katze kreuzt, streift das mit ihr einherziehende Unglück und trägt darauf ein Stück davon mit sich fort.

Der magischen Auffassung des »Wie oben, so unten« liegt eine nachvollziehbare Deutung der Natur zugrunde, die folgendes Bild anschaulich beschreibt: Gelänge es einem Spatzen, auf einen belebten Planeten in einer anderen Galaxie zu fliegen, könnten die Wesen dort an Hand des Spatzen unsere Erde und die Lebensbedingungen auf ihr ziemlich genau analysieren. Das magische Verständnis aber reicht über diese Tatsächlichkeit noch hinaus. Seinem Sinn gemäß trägt der Spatz als Teil unserer Lebenswelt nicht nur die Informationen über sie mit sich, vielmehr ist er gleichermaßen auch ein kausales Element derselben, das allein durch sein Dasein auf sie einwirkt. Dies bedeutet in der Verallgemeinerung, daß jede Bewegung, sei sie im Großen oder im Kleinen, auf das Gesamte einwirkt. Demnach geschieht nichts um seiner selbst willen, sondern alles geschieht grundsätzlich in einem universell wirkenden Zusammenhang. Zur Illustration dieses Zusammenhangs griffen die Stoiker der Zeitenwende zum Bild der Leier. Schlägt man nämlich eine

Saite der Leier an, so bringt diese durch ihre Schwingung auch die anderen Saiten zum Klingen. Also folgerten sie, wie es Cicero für uns festhielt, man müsse nur an einer Stelle einen Teil des Seienden in ein Pathos, das heißt in Ergriffenheit versetzen, so bewirke dies an einer anderen Stelle ein ebensolches künstliches Pathos.

Blicken wir, um uns diesen Gedanken weiter zu veranschaulichen, auf uns selbst, so können wir feststellen, daß wir keineswegs an der Grenze unserer Körperhaftigkeit enden. Mit Gedanken und Taten wirken wir ohnehin weit über uns hinaus, gleichzeitig sind wir aber auch in die Umwelt Eingebettete, wir leben in ihr und durch sie und stehen mit ihr in beständigem Austausch. Fahnden wir darauf weiter nach einer Begrenzung, dehnt sich unsere Eingebundenheit Schritt für Schritt weiter aus. In dieser Weise werden wir erkennen, daß selbst die Erde keinen Schlußpunkt setzt, ist sie doch gleichfalls in ein Größeres Eingebettete. Und so schiebt sich die Grenze schließlich bis zum Allumfassenden hinaus, und wir finden uns in einer Totalität wieder, die wir einerseits selbst, von der wir andererseits auch Teil sind.

Freilich wird diese Sicht von einer materiellen Bedingtheit getragen, die magisches Wirken in der angedeuteten behaupteten sympathetischen Weise nicht erklärt. Denn gerade ob einer solcherart bedachten, dafür weniger empfundenen Unbegrenztheit, sind wir in unserem erkennbaren Wirken deutlich begrenzt. Wollten wir beispielshalber jemanden abwehren, müßten wir uns in der dinglichen Welt mit ihm direkt auseinandersetzen. In magischer Weise aber genügte ein Abwehrzauber, um ihn uns vom Leibe zu halten, ohne daß wir unmittelbar auf ihn einwirkten. Hiernach besteht also offensichtlich eine Verbindung zu ihm, die ersichtlich nicht in der materiellen Welt liegt, auch wenn sie gleichfalls in ihr wirkt. Erklärend greift hier ein Spiritus mundi, wie ihn etwa die Alchemisten voraussetzten, oder die unserer Zeit gemäßere Theorie eines morphogenetischen Feldes. Womit wir im Grunde wieder bei den Gedanken der Neuplatoniker anlangen, wonach sich der ausfließende Geist des Höheren im Niederen ein Abbild schafft, um sich selbst zu erkennen, und gleichzeitig das Niedere in entelechischer Manier dem Höheren zustrebt, um sich in seiner Ebenbildlichkeit zu erhöhen.

Geht folglich ein Magus seiner Magie nach, arbeitet er grundsätzlich mit Bildern und Vorstellungen, die er den geistig waltenden Ideen andient oder dieselben anregt, ihrerseits eine dem Impuls entsprechende Reaktion andernorts auszulösen. Träger des gesetzten Impulses wäre nach seinem Verständnis ein dem entsprechender Ideenverbund respektive der alles geistige Wirken umfassende Spiritus mundi. Auf dieser als wirksam angenommenen Verbundenheit baut nun seinerseits das Prinzip der Wahlverwandtschaften auf. Danach sind die Dinge und Wesen nicht nur in vertikaler Linie mit dem Ganzen verbunden, sondern auch in horizontaler Weise miteinander. Hierbei fügt sich nach dem Grad der Sympathie das eine mit dem anderen, während es zugleich zum nächsten je nach dem Grad der Antipathie in Gegensatz gerät. Doch unabhängig, ob Entsprechungen oder Gegensätze vorherrschen, besteht so oder so notwendigerweise eine Beziehung. Diese Beziehungen zu erkennen und sich hierdurch in die Lage zu versetzen, die richtigen Impulse zu setzen, ist die eigentliche Aufgabe des Magus. Er ist quasi der Musikus, der es versteht, die Leier so zu schlagen, daß auch die gewollte Saite mitklingt. In diesem Sinne wählt er das Symbol oder bestimmt das Ritual, damit die anvisierte andere Seite, durch Attraktion oder Antipathie bewegt, die magische Absicht erkennt und ihr entspricht.

Die Folgerungen und möglichen Vorgehensweisen, die

sich aus dieser Sicht ergeben, sind schier unbegrenzt. Am Anfang magischen Handelns mag, wie wir aus der Menschheitsgeschichte ablesen können, der Mond das Zeichen gewesen sein, das die Phantasie der Zauberer beflügelte. Seine Kraft, mit der er die Wasser hebt und Ebbe und Flut bewirkt, war überdeutlich. Warf man folglich unabhängig von den Gezeiten dem zunehmenden Mond etwas zu, sollte es ebenso kräftig wachsen, wie es im abnehmenden Mond schwinden mußte, während die Kraft des Neumondes, zu dem die Flut am höchsten stand, den Zauber für jeden Neubeginn beförderte. In unserer Zeit werden diese Mondanalogien in großem Umfang wieder entdeckt und neu gedeutet, wobei die gefundenen Bilder vielfach voneinander abweichen, da die Maßstäbe der Interpretation vom Kulturkreis vorgegeben sind. In Indien etwa steht der Lauf des Mondes, der in einem Monat durch den Himmelskreis wandert und dabei die Ekliptik auf- und absteigend durchläuft, für die Kraft der Kundalini, der höchsten magischen Energie, die ein Mensch in sich zu erwecken vermag. Suchten doch die Weisen dort nach der Entsprechung, die diese Symbolik am Firmament verheißen mochte, statt im äußeren in sich selbst. Und so entdeckten sie in sich die weibliche Kraft des Mondes, wie sie sich, gleich seinem himmlischen Drachenlauf um die lichte Sonnenbahn, ihre Körperachse emporwand. Dabei stieg er vollmondig vom sonnenfernsten Punkt im Dunkel der Nacht empor, um sich schließlich im Neumond mit seinem männlichen Widerpart, der Sonne, unerkannt erleuchtend zu vermischen. Durch diese in sich nachvollzogene himmlische Verbindung traten sie in einer mystischen Schau aus der Polarität und wurden Eins mit dem All-Einen. Die weibliche Shakti am unteren Ende des Rumpfes erhob sich in der aufsteigenden Kundalini und vereinigte sich mit Shiva, dem männlichen Prinzip, zur Rückbindung ursprünglicher

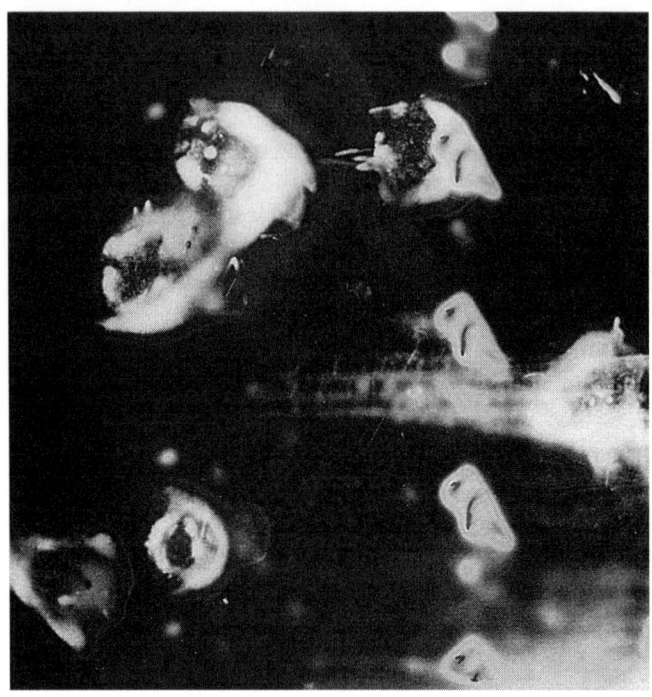

*Hochfrequenzfotos der linken Hand eines werdenden Vaters. Der See-
lenfinger des ungeborenen Kindes zeigt sich als sechster Finger in der
Nähe des kleinen Fingers (Bild unten links). Die Reihe Punkte in der
rechten Bildhälfte nahe der Daumen- und Zeigefingerkorona zeigt
einen Artefakt.*

Schöpferkraft. Diese beobachtete Wahlverwandschaft zwischen den beiden großen Himmelslichtern und dem ver-
einigten Shiva-Shakti-Aspekt, dem syzigieschen Ideal, im
Menschen ist wohl das schönste Beispiel für den tiefen Sinn,
der im Erkennen der wahren Hintergründe der Sympathien
liegt. Gleichzeitig deutet dieses spezielle Erkennen auf das

Wunder der Schöpfung, die uns die höchsten Ideen durch ihr Dasein in der Natur vor Augen führt. Es liegt an uns, unsere Sinne hierfür zu öffnen, wobei ein Weg dazu, gewiß der Pfad der weißen Magie ist.

Ein nicht minder anrührender Bericht über eine aufgedeckte Wahlverwandtschaft liegt uns mit dem Weihnachtsevangelium vor. Es waren die drei Weisen, was heißt die drei Magier, aus dem Morgenland, die die Konstellation der Sterne als Zeichen der Epiphanie deuteten. Und so wußten sie nicht nur um die Niederkunft der Gottheit unter den Menschen, sondern konnten auch den Ort der Gottesgeburt so weit bestimmen, daß sie sich aus dem fernen Babylon auf die Reise nach Judäa machten, um dem Christus zu huldigen.

Auch in unserer Zeit begegnen wir Zeichen, die mitnichten für sich allein stehen, sondern nur darauf zu warten zu scheinen, daß wir ihre Wahlverwandtschaft im Dinglichen wie im Metaphysischen aufdecken. So bieten uns verschiedene technische Möglichkeiten mittlerweile die Gelegenheit, Phänomene im Grenzbereich der Parapsychologie zu dokumentieren und hierdurch einen Zeichensatz ganz anderer Art zu gewinnen. Eine dieser Möglichkeiten besteht in der Hochfrequenz-Sofortbild-Fotografie, wie sie am Institut von H. C. Seidl in Unterschleißheim bei München entwickelt wurde. Bei diesem Aufnahmeverfahren, das ähnlich der Kirliangrafie die Fingerkorona ablichtet, können aufgrund von Artefakten mentale und okkulte Befindlichkeiten erhellt werden. Im Rahmen der am Institut durchgeführten Untersuchungen trat ein bis dahin unvorstellbares Phänomen zutage: An der Hand werdender Väter zeigte sich im Handchakra, das im Zentrum der Handfläche pulsiert, ein sechster Finger, der mit der Geburt des Kindes wieder verschwand. Dieser »Seelenfinger« des Kindes offenbart uns in seiner einfachsten sympathetischen Deutung, daß die Menschwerdung nicht nur ein biologischer, sondern auch ein metaphysischer Schöpfungsakt ist, in dem die Väter weit mehr involviert sind, als man bislang ahnen mochte. Zudem verweisen diese Bilder auf die Mitte unserer Handflächen als möglichen Zugang zu einem seelenbildenden Hort. Daß diese Lokalisierung als ahnendes Wissen uns seit Jahrtausenden geläufig ist, zeigen uns die Darstellungen der Wundmale in den Händen Christi, die ganz im Sinn der Symbolik, entgegen der vollzogenen Kreuzigung, statt unterhalb der Handgelenke in die Handflächen gesetzt werden. Die die Handmitten durchbohrenden Nägel sind solchermaßen auch die Seele treffende und lösende Einschläge.

Neben diesen ins Transzendente weisenden, sympathetischen Deutungen von Zeichen werden Wahlverwandtschaften in der Magie aber auch oft sehr geradlinig und freiherzig bestimmt. So wird etwa in der volkstümlichen Magie gerne auf die Attribute und Patronate der Heiligen zurückgegriffen, um hierdurch entsprechende Attraktionen zu stimulieren. Beruft man beispielsweise die heiligen Habakuk, Marius und Martha, deren Attribut die Schnecke ist, wird sich eine Angelegenheit verlangsamen, statt dessen wird sich ein Autofahrer eher eine Plakette des heiligen Christophorus, des Patrons der Reisenden, in seinem Wagen befestigen. Ähnlich durchsichtig ist die wahlverwandschaftliche Deutung aphrodisierender Medien, bei denen vorwiegend genitale Ähnlichkeiten als Hinweis auf eine wirksame Entsprechung erachtet werden. Gleichermaßen harmlos sind zum Teil auch die gewählten Sympathien in der Iatromagie. Da wird etwa neben der Wunde auch der Stein gesalbt, der die Wunde verursachte, auf daß die Heilung zügiger vonstatten geht. Oder es wird ein Stück feuchte Wiese ausgestochen, mit drei Tropfen Blut aus der Wunde beträufelt und unter Anrufung der Dreifaltigkeit wieder zurückgesetzt, in Erwartung dessen, daß sich die Wunde ebenso rasch wieder schließt. Gleichwohl sollten solchermaßen eingestanden simplen Analogien in ihrer magischen Wirkung nicht unterschätzt werden, denn durch das magische Wollen sollen Zusammenhänge in einer übergeordneten Sphäre konstruiert werden, die darauf der ihnen untergeordneten Ebene entsprechende bindende oder lösende Impulse vermitteln. Je kräftiger nämlich der Impetus des Magus ist, um so nebensächlicher wird die von ihm gewählte Entsprechung, dient sie ihm doch in erster Linie nur als vordergründiges Bild, um die dahinter waltende sphärische Wirklichkeit zu bewegen.

Etwas verwickelter und anspruchsvoller indes ebenso dem sympathetischen Denken verpflichtet, stellen sich die Sachverhalte in der Homöopathie dar, die, obwohl im Gewand einer medizinischen Wissenschaft vorgetragen, eine durch und durch magische Heilkunde ist. Jedenfalls zählen ihre beiden grundlegenden Prinzipien seit alters zum Selbstverständnis der Iatromagie. Da wäre zum einen das Simile-Prinzip, was bedeutet, Ähnliches möge durch Ähnliches geheilt werden, und in Gänze auf dem Prinzip der Wahlverwandtschaften aufbaut. Demnach zeigen pathologische Symptome, die ein Stoff bei einem Gesunden auszulösen vermag, dessen Mächtigkeit an, bei einem gleichgearteten Krankheitsbild die Selbstheilungskräfte des Kranken anzuregen. Auf der anderen Seite steht das Potenzierungsprinzip, womit die Verdünnungsschritte festgeschrieben sind. Da wird gemischt, gerieben, geschurrt, geschüttelt, auf daß sich die geistige Kraft mehr und mehr im Medium löst. Hierbei verliert sich die eingetragene Substanz bis zur vollständigen Unkenntlichkeit. Bei einer Mischung von D4 haben wir noch das vorstellbare Verhältnis von 1 Gran (0,06 g) : 1 Eimer Wasser. Während bei D12 bereits das unvorstellbare Verhältnis 1 Gran : Bodensee und bei D50 die geradezu phantastische Verbindung von 1 Gran: Masse des Weltalls gegeben ist. Gleichwohl werden gerade die hochgradigen Potenzen als besonders wirksam erachtet. Die Wirkung dieser sich ausschließlich dem wahlverwandtschaftlichen Prinzip Pars pro toto verschriebenen Methode wird damit erklärt, daß sich die eingetragene Substanz in energetischer Weise dem Gedächtnis der Trägersubstanz einschreiben soll. Von daher ist die Homöopathie pure Iatromagie, auch wenn sich die Mehrheit ihrer Vertreter gegen diese Klassifizierung ihrer Medizin verwahren würde. Jedenfalls ist sie in ihren Grundzügen nur zu verstehen, solange man sie aus dem Blickwinkel des Magus betrachtet.

Noch ein weiteres anmutendes Beispiel magischer Heilkunde, welche sich in letzter Zeit gar zu einer Art Volksmedizin auswuchs, haben wir in der Gestalt der Bach-Blütentherapie. Hier soll sich nach der Vorstellung ihres Begründers, Edward Bach, die Wirksubstanz ausgewählter Blüten durch Sonneneinstrahlung auf frisches Quellwasser übertragen. Feuer, Wasser, Luft und Erde, die klassischen Elemente, sublimieren sich in solch feinsinnig angelegter Dreiheit zu wirkendem Äther und weisen auf ein ideales Verständnis sympathetischer Magie. Und auch der Heilansatz dieser Therapie gemäß der formulierten Auffassung von Krankheit und seines seelenheilkundlichen Aspektes ist reinste Magie. Hiernach ist es der Geist, der sich im Körper sein Abbild schaffte, während die Psyche, zwischen beiden als läßlicher Mittler wirkend, zum Quell aufscheinender Konflikte wird. Wer in diesem Sinne die Psyche heilt, indem er dem Geist ätherische Impulse vermittelt, heilt letztlich auch den Körper.

Grundsätzlich bleibt jedoch festzuhalten, daß das Prinzip der Wahlverwandtschaften an sich noch keine weiße Magie begründet. Die Aufdeckung von Entsprechungen ist

142

vielmehr ein wertneutrales Schauen der Natur und ihrer Zeichen sowie ein tieferes Verständnis der Symbole, wozu im weiteren Rahmen auch Numerologie und Idiomagie zu zählen sind. Übrigens haben wir gerade in letzterem mit der von Émile Coué (1857–1926) gestifteten Methode der Autosuggestion eine ähnlich feinsinnige Anwendung sympathetischer Prinzipien, wie sie uns mit den Tinkturen des Dr. Bach vorliegt. Weithin bekannt ist Coués Kernsatz: »ça passe«, wörtlich: »Es geht vorbei.« Klang und Wort vermischen sich hierbei zu einem mantra-ähnlichen monotonen Gesäusel, das in die tiefsten Bewußtseinsschichten eindringt und hierdurch nicht nur den Geist, sondern auch dessen höhere Sphäre, das höhere Selbst, anregt. Somit erhält die sich anschließende verändernde Tat einen sie unterstützenden transzendenten Rahmen.

Welcherart jedoch die angewandte Magie sein wird, das heißt welche Konsequenzen wir aus der Erhellung von Wahlverwandtschaften ziehen, ist allein von unserer Intention abhängig. Suchen wir die malevolente Magie, werden wir uns im wesentlichen auf erkannte Antipathien stützen, während wir für eine benevolente Magie unser Augenmerk auf entschlüsselte Attraktionen richten werden. Freilich läßt sich dieser Ansatz nicht verallgemeinern, schließlich können sowohl gegensätzliche als auch gleichartige Impulse in der einen wie in der anderen Richtung heilsam oder zersetzend wirken. So mag etwa die Erweckung der Kundalini, die gemeinhin als weißmagische Kraft verstanden wird, durchaus zu schwarzmagischen Zwecken angestrebt werden und die Zauberkraft auch dahingehend potenzieren. Ebenso wie die spirituelle Kraft einer Totenmesse, die eigentlich zum Seelenheil eines Verstorbenen gelesen, im Mittelalter teilweise dazu mißbraucht wurde, um unliebsame Zeitgenossen tot zu beten, indem solche Messen von bestechlichen Priestern zu Lebzeiten der damit Bedachten gelesen wurden. Gleichwohl bleibt abschließend festzuhalten, daß der Schlüssel zu einem weißmagischen Verständnis allein in der tieferen Erkenntnis des Prinzips der Wahlverwandschaften liegt, wie dies Georg Konrad Horst in seiner »Zauberbibliothek« vor rund 200 Jahren formulierte:

»Wie sich in den Natursignaturen der Dinge einerseits deren Ideen spiegeln, so durchdringt andererseits das Gesetz der Wahlverwandtschaften und Sympathien das ganze Universum, vom starren Stein bis zum Sphärentanz. Der Mensch selbst, wie geistig, so körperlich, lebt und bewegt sich nur in dessen unermeßlicher Wunderwelt, fühlt sich davon ergriffen wie von geheimen Gewalten, in seinem Handeln nicht weniger als in seinem Leiden, im Genuß, in der Freude, in seinen Tränen, daß das andere ewig gleiche Gesetz der Freiheit ihm, wo nicht zum Rätsel, doch zur Aufgabe, zum Mysterium und Wunder werden könnte, wenn er, im Widerstreit zwischen zwei Welten schwebend, nicht Kräfte in sich fühlte, beide Welten friedlich miteinander zu vereinigen, dadurch, daß er in die Geheimnisse der Natur eindringt, um sie mit Willkür und Freiheit zu beherrschen. Darnach nun strebt ihrer Idee nach die gute Magie, und kein Streben kann zugleich menschlicher und erlaubter zugleich und edler sein, und keine Idee, keine Aufgabe einer Wissenschaft erhabener.« (Horst, 3.Bd.,38)

Weiße Magie, ein Versuch, Unfaßbares zu beschreiben

Was weiße Magie sei, darüber scheiden sich, wie einleitend bereits angedeutet, die Geister. Gingen wir von der Maxime aus, daß weiße Magie nur eine solche Magie sei, die niemandem schaden darf, erübrigte sie sich im Grunde auch und bliebe ein mystisch-theurgisches Element der Selbstverklärung. Denn für was soll eine weiße Magie tauglich sein, wenn sie nur seelisch verklärender Selbstzweck ist, dem Bösen aber keinen Einhalt gebietet? Gewiß hat die Auffassung, daß das Gute nicht dadurch in die Welt gelangt, indem man das Böse bekämpft, ihre Richtigkeit; andererseits wird sich das Böse nicht allein dadurch von seinem Wirken abhalten lassen, weil neben ihm ein Gutes existiert. Einem solch puristischem Verständnis gemäß wäre nämlich auch der im kirchlichen Auftrag handelnde Exorzist, als Beeinträchtigender gegenüber seinem Klienten, kein lauterer Magus. Daß diese Ansicht auch ihren Grund findet, mag man etwa aus den Leiden der Anneliese Michel herausdeuten:

»Anneliese identifizierte sich zugleich mit Christus und Lucifer, dem geliebten und dem verworfenen Sohn, dem Erwählten und Verfluchten. Sie erlebt die einsamen Stunden Jesu am Ölberg und den Höllensturz des gefallenen Engels, ist die verlorene Tochter und die erwählte Magd des Herrn. Wie Christi Tod am Kreuz werde auch ihr Leiden zur Vergebung der Sünden beitragen, teilt ihr der Heiland persönlich mit (24. Oktober 1975): ‚Du wirst viel leiden und sühnen, schon jetzt. Deine Leiden, Deine Traurigkeit und Trostlosigkeit dienen mir dazu, andere Seelen zu retten.'« (Wolff, 235)

Jede Austreibung hätte hiernach ein sich vorbereitendes Heil verunmöglicht, zumal der Heiland der jungen Frau vier Tage zuvor versicherte: »Du wirst eine große Heilige werden.« Der erfolgreiche Exorzist wäre demnach zum Saboteur des göttlichen Willens geworden, hätte ihn das Geschick nicht in tragischer Weise scheitern lassen und somit zum unfreiwilligen Gehilfen einer Vorsehung gemacht. Wer dennoch auch unter diesem Gesichtspunkt ausschließlich eine schadensfreie Magie als weiße Magie gelten lassen will, belegt im Grunde nur, daß er sich den Zugang zum magischen Denken längst rational verbaut hat.

Die jedes Eingreifen in ein virulentes Geschehen verdammende fatalistische Einstellung hat durchaus Geschichte und so manchen mit Erfolg praktizierenden Heilkundigen des Mittelalters den Vorwurf der Hexerei eingehandelt, war doch die Medizin in den Augen vieler eine magische Heilkunst und wurde deshalb als Iatromagie eingestuft. Seltsamerweise betrachten viele, die nur eine absolut schadensfreie Magie als weiße Magie anerkennen, gerade die Iatromagie als die eigentliche weiße Zauberei. Dabei ist die medizinische Magie keineswegs so weiß, wie sie sich als heilende Magie darstellt. Müßte man doch, um sie einordnen zu können, sowohl Absicht und Bezugsrahmen des Magus einer Bewertung unterziehen als auch die Instrumente seiner magischen Handlung danach einschätzen. Deshalb soll die Iatromagie bei unserer Annäherung an eine mögliche weiße Magie der weiteren Betrachtung vorangestellt werden.

Legt man sein Augenmerk auf den medizinischen Magus, eine Profession, der sich auch in unserer Zeit Unzählige verschrieben haben, denken wir nur an die Gilde der Handaufleger, Geistheiler und esoterischen Therapeuten, so ist vorderhand sein therapeutischer Anspruch zu überprüfen. Schließlich verfügen wir mit der modernen Medizin erstmals seit Menschengedenken über eine effektive Heilkunde, die allgemeine Wohlfahrt und beträchtliche Lebenserwartung ermöglicht. Meint dagegen ein magischer Heiler, diese Medizin ersetzen zu können, oder betrachtet er sie als Hemmnis zu seinem Wirken, ist seine Magie unabhängig von seiner weiteren Intention malevolent, stört sie doch das Vertrauen seines Klienten in die anerkannte Heilkunde und setzt hierdurch einen negativen Impuls. Iatromagisches Handeln kann und darf heute niemals eine angesagte medizinische Behandlung ersetzen, allerdings vermag es eine Therapie durchaus verstärkend zu begleiten. Warum sich allerdings heutzutage so viele dazu gedrängt fühlen, ihre iatromagischen Künste anzubieten, mag man sich nur mit einem verbreiteten Atavismus erklären, bei dem das bib-

146

lische Bild des Heiligen als Heilender als uneingestandener Beweggrund wirkt. Wer heilt, hat aus diesem Blickwinkel nicht nur recht, sondern demonstriert auch seine spirituelle Größe. Freilich ist eine aus solchem Antrieb praktizierte Magie, da vornehmlich von Selbstsucht getragen, gleichfalls malevolent. Daran ändert sich auch nichts, wenn man sich gemäß der Aufforderung im Neuen Testament im Kreis der Apostel wähnt, die den dahingehenden Missionsauftrag vom verklärten Christus erhielten:

»Und er rief seine zwölf Jünger zu sich und gab ihnen Macht über die unsauberen Geister, daß sie die austrieben und heilten allerlei Seuche und allerlei Krankheit.
Machet die Kranken gesund, reinigt die Aussätzigen, weckt die Toten auf, treibt die Teufel aus. Umsonst habt ihr's empfangen, umsonst gebt es auch.« (Matth. 10,1 und 8)

Wobei dieser Aufruf von den Gläubigen eben aus den erwähnten selbstsüchtigen Gründen der Selbsterhöhung durch alle Zeiten hinweg gründlich mißverstanden wurde. So war etwa das heilende Handauflegen unter den Urchristen eine verbreitete und beklagte Unsitte, vor der kein Kranker mehr sicher war, und ebenso ist es heutzutage nach wie vor unter christlichen Sektierern unabdingbar, in dieser Weise ihr Charisma zu bezeugen. Wobei damals wie heute bei ausbleibender Heilwirkung im Auge der Gemeinde weniger der Heiler als der Kranke als suspekt erscheint. Weshalb auch Paracelsus freimütig feststellen konnte:

»Durch Gebet, Imagination und Glaube können wir dann Magier oder Wundertäter werden, wie die Propheten und Apostel, ja der Herr selbst.« (Horst, 3.Bd.28)

Ein weiterer Aspekt, unter dem man die Qualität iatromagischen Handelns beurteilen kann, liegt in der Betrachtung des Bezugsrahmens und der magischen Instrumente des Magiers. Hiermit sind vor allem die Wahl der sympathetischen Mittel, der Gebrauch von Symbolen und der Ideengehalt der magischen Floskeln als Instrumentarium sowie die hintergründige Kosmologie als magisches Wirkungsfeld gemeint. Greift hier der Magus auf Medien und Hierarchien zurück, durch die Mittlerwesen angesprochen beziehungsweise angerufen werden können, öffnet er seine Magie in bedenklicher Weise unkontrollierten Kräften. Unabhängig davon, wie er die sphärischen Wesen auffaßt, sei es als Dämonen, Fürsten oder Engel, setzt er sich in seinem magischen Wirken zurück und unterstellt sich einer Instanz. Solcherart Instanzen aber sind gemäß der auf uns gekommenen magischen Tradition überwiegend Kräfte und Kreationen gnostischer und somit malevolenter Natur. Es gibt – außer dem Wahn nach unbedingter magischer Wirkmächtigkeit – keinen einzigen Grund, auf Geistwesen zurückzugreifen, die niederen Sphären und diffusen Instanzen zuzurechnen sind. Warum sonst, außer aus hybrider Verblendung, soll man ein Pantheon mit 72 oder 365 oder noch mehr Engeln bewahren und dabei wesenhafte Konzentrationen nähren, die jahrtausendwährende Anrufung kreierte und die sich als eindeutig zwiespältige, korrumpierbare Temperamente darstellen. Solcherart magischer Austausch bewirkt lediglich, daß lemuren- und chimärenhafte Kräfte um ihrer Wesenhaftigkeit willen von der Seelenkraft der in den Zauber Involvierten zehren; was letztlich einem Handel mit der eigenen Seele gleichkommt. Wer auf seine eigene Kraft nicht vertrauen mag oder die reinen Wahlverwandtschaften nicht zu deuten versteht, für den bietet unsere abendländische Kultur mit der dreifaltigen Gottheit einen klaren Bezugsrahmen. Sie ist eine ausnahmslos lautere Kraft. Wer darüber hinaus meint, seinem Anliegen noch eine besondere magisch wirksame Beschwerung verleihen zu müssen, dem stehen als integre Mittler die vier Erzengel, als da sind Michael, Gabriel, Raphael und Uriel, und, sofern er dem Katholizismus verbunden ist, ein Heer von Heiligen zur Seite, die allesamt der Macht des All-Einen verpflichtet sind.

Dieserlei skizzierte Problematik bei der Auswahl des magischen Instrumentariums und des mit ihm korrespondierenden Bezugsrahmens beschränkt sich im übrigen nicht nur auf den heilkundlichen Magus, sondern ist auf jede magische Aktivität übertragbar. Eine lautere Magie bedarf folglich einer lauteren Rückbindung, ganz im umfassenden Sinne des Wortes »re-ligio«. Besteht diese das magische Handeln sublimierende Verknüpfung nicht, bleibt die Magie, auch wenn sie in scheinbar bester Absicht durchgeführt wird, eine verworfene, wie nachstehende Feststellung zum Verhältnis von Religion und Magie aufzeigt:

»Während die Religion sich im allgemeinen um einen moralethischen Wertekanon bemüht und den Menschen zu einem sündenfreien Leben anhalten will, kennt die Zauberei dergleichen ursprünglich nicht. Gut und Böse sind ihr ebenso gleichgültig wie das Leben nach dem Tode, letztlich geht es dem Magier und der Hexe nur um Macht und Einfluß über das Leben im Hier und Jetzt. Wenn der Zauberer sich für die Transzendenz interessiert, dann nur, um sich der Hilfe jenseitiger Mächte bei der Durchsetzung seiner irdischen Interessen zu vergewissern oder sie auszuschalten, wo sie hinderlich werden könnten.« (Tegtmeier, 51)

Doch eine weiße Magie läßt sich allein aus der Verknüpfung religiöser Glaubenskraft und eines kanonischen Bezugsrahmens nicht begründen. Ein solchermaßen durchaus ehrlich verquicktes magisches Tun kennen wir zum Beispiel mit der Volksmagie, wo im Namen der Dreifaltigkeit und aller Heiligen zum Guten hin gezaubert wird. Dennoch ist in dieser Magie nur wenig Weißes zu erkennen, vielmehr steht sie weitgehendst unter dem zitierten Vorbehalt. Gleiches gilt mehr oder minder für jedes magisches Handeln überhaupt, solange es sich im Bipolaren, der Spanne zwischen Gut und Böse, bewegt. Eine solche Magie vermag bestenfalls benevolent, zum Guten hinwirkend, sein; ein weiße Magie ist sie deswegen noch lange nicht. Denn eine Magie, die sich nur dadurch, daß sie im Gegensatz zu einer als schwarz definierten Magie steht, als eine weiße versteht, vermag diesen selbstgestellten Anspruch aus der Natur der Sache heraus niemals zu erfüllen. Sie bleibt ein Pol in einem Kraftfeld, in dem Gutes und Böses sich zwar an den Enden zueinander unterscheidbar abgegrenzt gegenüberstehen, sich jedoch im Zwischenraum einander nähern und miteinander vermischen. In dieser in sich übergehenden Gegensätzlichkeit stiftet das eine zwingend die Qualität des anderen, was heißt, die Idee des einen wird zur Form des anderen und umgekehrt.

Lautere weiße Magie aber geht über diesen Rahmen hinaus, sie ist nicht nur das Umfassende, in dem sich die beiden Pole wechselseitig aufheben, sondern sie ist der Raum, in dem das Bipolare nur ein aufscheinender abgekapselter Aspekt bleibt. Es ist ein spiritueller Raum, der vereint und in sich ohne Gegensatz wirkt, er ist allein durch sich gut. Dieses ist ein Gutsein, das das Benevolente im Bipolaren übertrifft, ohne daß es zu ihm in einen Gegensatz gerät, es ist von gänzlich anderer weil eingeborener Güte; schließlich bleibt das Benevolente als moralisch-ethischer Bezug ein bedingender Widerpart zum Malevolenten, der somit in sich da auch aus dem Malevolenten heraus determiniert nicht lauter sein kann. Solcherart vermag weiße Magie niemals in einen Gegensatz zum Bösen zu geraten. Gleichwohl weiß sie um das Böse und kann seine Macht wirksam unter ihre Kontrolle bringen. Doch auch hierbei wird sie ihm nicht zum Gegensatz, vielmehr offenbart sie sich als eine im Guten drängende und somit verdrängende Macht, die das Böse auslöscht, indem sie es in seiner Bewegung hemmt und in der Kapsel der Gegensätzlichkeiten verschließt. Hier bleibt es Schein. Und wenn uns Menschen sein Scheinen erschreckt, so nur deswegen, weil wir noch nicht über den begrenzenden Rahmen der Gegenpoligkeit hinaus in den allumfassenden Raum getreten sind. Solange aber bleibt das In-sich-Gute für uns nur eine Ahnung des Guten, zu dem sich das Böse als wissendes Unvermögen zum Heilsein gesellt. Erst wenn wir es verstehen, unsere Seele zu einen, das heißt, die uns eingefleischte Widersprüchlichkeit zu überwinden, indem wir in uns nicht dazu drängen, die Bipolarität durch einseitige Gewichtung zu behaupten, sondern Licht und Schatten in uns als Abglanz einer größeren Wirklichkeit erkennen, dann finden wir jene ungezwungene, heitere und leichte Harmonie, durch die wir die Abkapselung aufbrechen und uns in dem eben zuvor noch transzendenten Raum lösen. Bis dahin aber bleibt das Böse ein zu überwindender Abgrund im Menschen, und im besagten Sinne folglich auch so lange ein unüberwindlicher und den Menschen konditionierender Konflikt, wie ihn Peuckert einleitend in »Geheimkulte« skizzierte:

»Sie (die Welt) ist voller Abenteuer und Dunkelheiten. Nur liegen diese Abenteuer und Dunkelheiten woanders, als sie der Zehnpfennig-Detektivroman erwarten macht. Die menschliche Seele ist abgründiger und dunkler als alle Verbrecherkeller; die Abenteuer, welche aus ihr aufsteigen, sind vielfarbiger und reicher selbst als die der Poe'schen Rue Morgue. Das Erregendste an ihnen aber ist, daß sie bei uns anfangen, daß im Grunde alle Dunkelheit schon in uns liegt und aus uns ausbricht. Das Böse und die Dunkelheit ist irgendwie in uns allen. Und das den Menschen erst zum Menschen Machende ist, daß dieses Böse und Dunkle nicht Herr über ihn werden kann.« (Peuckert, 17)

Weiße Magie in der hier dargestellten Weise ist hingegen ein Weg, durch den das Böse nicht beherrscht, sondern überwunden wird, indem der Mensch, wie bereits bemerkt, aus der in sich gekapselten Gegensätzlichkeit und somit aus seiner Widersprüchlichkeit heraustritt. Insofern ist sie ein eigenständiger Weg, der nur bei oberflächlicher Betrachtung in manchen Äußerlichkeiten den Gebräuchen üblicher Magie gleicht. Mit seinem Eintreten in den umfassenden transzendenten Raum wächst dem Magus eine Kraft zu, die er als eine beseelenden Strom ursprünglicher Lebensenergie wahrnimmt. Er gelangt in die Kraft, und die Kraft gelangt in ihn. Weißmagisches Wirken wird somit zu einem inneren Wirken des Magiers. Gleichzeitig ist es kein persönliches, angeeignetes, sondern ein ihm zufließendes, allumfassendes Wirken. So weiß der Magier einmal um seine Widersprüchlichkeit und einmal um seine Einheit, und so erkennt er, daß er einmal in seiner Psyche und mit ihr in der Welt des Scheins und einmal in einer geistigen Dimension, einer Welt ineinander verwobener Wirklichkeit, gründet. Das Dunkle wie das Schatten werfende Licht sind ihm ein Gespinst, das er beiseite zu wischen versteht, um die wahre Ursächlichkeit zu schauen und aus ihr heraus unmittelbar zu handeln.

Vom weißen Magus und der Liebe zur Paradoxie

Mit Hilfe einer solchermaßen verstandenen weißen Magie formt sich auch eine geistige Wehrhaftigkeit, durch die der Magus für die Anfechtungen der Gegensätzlichkeiten unerreichbar wird. Für seine Magie muß er keine höhere Macht anrufen und sich mit Dämonen und Mittlern verbinden, er steht in der Kraft; hat er sich doch selbst bis in seine abgründigsten Tiefen hineingeschaut, und mit dieser Schau hat er auch den Menschen und den ihm gemeinsamen Geist durchschaut. Er ist ein Mystiker geworden. Als solcher aber weiß er auch um die Irrungen und Trugbilder, den hehren Wahn der Selbsterhöhung und die süße Geißel der Selbsterniedrigung. Also bewahrt er sich seinen Verstand und mit ihm seine Zweifel, denn er weiß ebenso, daß alles, was ihm zur Gewißheit wird, aus der Ursächlichkeit heraustritt und hierdurch einen Schatten wirft. Schließlich bleibt er Mensch unter Menschen und damit auch den Lockungen des Bösen ausgesetzt. Und vieles, was uns durch Magie widerfährt, ist Gaukelei, mal harmlose, aber dennoch bindende Selbsttäuschung, mal böse Nachstellung, mit der uns das Abgründige in seinen Bann zu ziehen droht. So erscheint etwa dem Gläubigen der Teufel gelegentlich auch im Gewand der Gottesmutter, und schon Paulus wußte nach Korinth zu berichten:

»Denn solche falsche Apostel und trügliche Arbeiter verstellen sich zu Christi Aposteln.
Und das ist auch kein Wunder; denn er selbst, der Satan, verstellt sich zum Engel des Lichtes.« (2. Kor.11, 13-14)

Unter diesem Gesichtspunkt wird weiße Magie zu einer lebendigen Lehre vom Leben, es ist ein beständiges Schauen, Erkennen und Verwerfen, durch das der Magus einerseits erstaunliche Fertigkeiten und Einsichten gewinnt, andererseits aber niemals zum wirklich Wissenden wird, denn die Kraft, in der er wirkt, läßt sich niemals als ein Wissen aneignen. Und somit wird der Weg der weißen Magie auch zu einem Weg beständiger Prüfungen, die der Magus sich gewissermaßen selbst auferlegt, um sich zur Wandlung zu zwingen und, sich beständig wandelnd, voranzuschreiten. Parallel dazu ist es der Weg selbst, der sich wandelt und ihn in vielen Windungen von einem Ausblick zum nächsten führt. Sich in dieser Weise als stets Unfertiger und beständig Lernender zu verstehen fordert ihm Demut vor der Größe ab, der er sich anvertraut und in die er sich begeben hat. Weißmagische Mächtigkeit erfährt er hierdurch als einen vorübergehenden Seinszustand intuitiver Begnadung, um den er stets erneut durch seine Hingabe wirbt.

Doch was mag es sein, um das der Magus so bescheiden wie feinsinnig buhlt? Strebt er danach, dem Herrgott ins Antlitz zu schauen? Oder eifert er darum zu schweben, wie dies dem Neuplatoniker Jamblich nachgesagt wurde? Oder dürstet es ihn, seinen Feind in eine Salzsäule zu verwandeln? Nein, nach nichts von alledem trachtet es den wahren Magus, und dennoch will er solche Mächtigkeit erringen. Freilich wird ihm der Blick auf das Höchste so lange versperrt bleiben, solange es ihn danach verlangt; ebenso wie alle anderen magischen Sensationen und Talente ihm versagt bleiben werden, über den engen Kreis handwerklicher Magie, den gemeinen Zauber mit Entsprechungen hinaus zu wirken. Wahre Demut nämlich kennt keinen Durst. Hat er dies erkannt, öffnet sich für ihn der Himmel, und er sieht, ohne zu sehen; und er schwebt, ohne zu schweben; und seine Feinde erstarren, ohne zu erstarren. Ist er in diesem Zustand, vermag er gar die Sonne für diesen und jenen zu verdunkeln, während sie den anderen fortscheint.

Freilich, sowenig wie er nach dieser Gnade greifen kann, so wenig gibt es einen Weg dorthin, der sich praktizieren läßt. Der Magus macht sich statt dessen auf den Weg, auch wenn er nicht weiß, wohin er ihn führt. Solange er auf ihm wandelt, weiß er um seine Richtigkeit, ebenso wie er weiß, wann er vom Pfad abweicht. Er ist ein Geführter ohne Führer. Weiße Magie kennt insofern keine Methode und keine Regeln, die sich erlernen lassen, der Magus muß sie sich vielmehr »einleben«. Nur durch die Magie selbst kann er letztlich in sie eingeweiht werden, erlangt er eine magisches Bewußtheit für die Kraft, den Raum und die Gültigkeit, in der er steht, und nur durch sie erfährt er Regeln, die über die üblichen Fertigkeiten hinausgehen; es ist ein magisches Sich-hineinleiten-Lassen, dem er sich hingibt. Ist er aber erst solchermaßen von der Magie ergriffen und aus dem gekapselten Kreis gerissen, in dem er bislang weilte, wird

Magie an sich für ihn unbedeutend. Dafür ist er nun ein Befreiter, ein Begnadeter, ein Entgrenzter, dem quasi als Morgengabe magische Mächtigkeit zuteil geworden ist. Sie erscheint ihm in der Sphäre, in der er von nun an wandelt, als etwas ihm selbstverständlich Zugewachsenes. Er ist ein wahrer Magier. Solange ihm jedoch Magie als ein Mittel zum Zweck oder als der Zweck seiner Befreiung und Weiterung selbst erscheint, wird er sich in ihr verstricken und verfangen. Die Magie an sich wird für ihn bedeutender sein als seine Entgrenzung, er wird ein Getriebener bleiben, und seine Magie wird über eine Theurgie nicht hinauswachsen und somit in der bipolaren Ausweglosigkeit verharren.

Hat der Magus die Wandlung zum wahren Magier durchlebt, ist er mit dem mystischen Raum, in dem keine Gegensätze wirken, vertraut; dieser Raum wird ihm zu seiner wahren Heimat, hier sieht er die der Welt übergeordnete Wirklichkeit, sie ist ihm ein Strömen ohne Anfang und ohne Ende. Es ist ein zeitloses Strömen, in ihm ist alle Zeit geborgen. Gestern, heute und morgen werden ihm hierdurch unmittelbar gegenwärtig, und er weiß um die Ursache jeder Bewegung, um ihre Wirkung und um ihren Fortgang. Gleichzeitig ist er auch Wandelnder in dieser unserer Welt, der Welt der Gegensätzlichkeiten, in ihr gründet er mit seiner Person und seiner Leiblichkeit. Und somit bleibt er ein ins Leben Gebundener, ohne jegliche Attitüde. Er muß nicht vorgeben, auf Wolken zu wandeln, wo sein Geist den Himmel durchmißt. Er muß die vertraute Transzendenz nicht in Worte kleiden und auf dem Markt verkünden, weiß er doch, daß alle Worte nur aus dieser Welt sind und der beredten Stille seiner Wirklichkeit nicht genügen. Er muß sich seiner magischen Mächtigkeit nicht brüsten, da niemand sie versteht, es sei denn, er wäre selbst in jener Weite; ein solcher aber wird ihn erkennen und mit ihm mehr schweigend als beredend darüber kommunizieren.

Als wahrer Magier wirkt er als ein Mensch unter vielen in gewöhnlicher Alltäglichkeit. Doch ist er kein an diese Welt Gebundener. Er ist ihr nicht verhaftet und kann von den Fügungen des Geschicks nicht mehr überrascht werden. Er ist ein Freier, der die Früchte der Schöpfung zu deren alleiniger Freude ehrt und genießt. Und die Freude der Schöpfung ist zumal die seine, ist er doch durch sie wie auch in ihr. Er ist die pure Lebensfreude. Und er ist ein Rebell, hat er doch ein Maß gefunden, das ihm einzig gültig ist. Deswegen wird er freilich das Maß der anderen nicht brechen, doch läßt er sich von ihnen auch nicht die Elle anlegen. Gleichwohl weiß er, daß das von ihm gefundene Maß ein Maß der Wandlung ist, das sich beständig ändert. Es liegt an ihm, dieser Wandlung zu folgen oder mit sich zufrieden zu werden und zuzusehen, wie mit der erlahmenden Bewegung das einst geschmeidige Maß erstarrt und sich der Raum verengt. Solange er aber im Fluß bleibt, in den er eintauchte, wird er ein Gezeichneter sein. Es ist ein geistiges Mal, das er mit sich trägt, und er wird an ihm erkannt werden – ist er doch ein Überragender. In dieser Weise wirkt er anziehend wie ein Magnet, dem die Kompaßnadeln zufliehen. Er ist der Pol und das Leuchtfeuer. Und jene, die die Kraft suchen, werden auf ihn Kurs halten, während die anderen ihn meiden. So fließt durch den lauteren Magier eine Kraft in die Welt, die nicht zu korrumpieren ist. Allein durch sein Hiersein verändert sich die Welt zu einem Guten hin, das vom Bösen unbeeindruckt bleibt. Und er weiß, weil die Welt eins ist, ist in jedem Teil die Einheit, pars pro toto, so wie er es in den Wahlverwandtschaften erkannte. Und so weiß er auch: Heile ich das eine, heile ich das Ganze; also steht er auch in seinem magischen Wirken stets und überall in einer die Gesamtheit betreffenden Verantwortung. Heil werden bedeutet für ihn deshalb nicht nur zu harmonisieren, sondern auch zu lösen und das Unitäre im einzelnen so zu weiten, daß es die einengende Kapsel der Bipolarität sprengt und mit höheren Sphären pulsiert.

Von der Möglichkeit unmöglicher Einweihung

Der Weg zu dieser Lebenswirklichkeit ist, wie bereits festgestellt, ein pfadloser Wandel. Ein Voranschreiten bei dem die Magie selbst zum Führer wird, der den Initianden initiiert. Da freilich der Magus von seiner Magie nicht unterschieden ist, wird er sich selbst zum Meister und Adepten, der sich durch sein Tun selbst unterrichtet und einweiht. Eine Initiationsweise, die auf den ersten Blick merkwürdig erscheint, sind wir es doch gewöhnt, uns speziell zur geistigen Reife anleiten zu lassen. Weiße Magie aber als lebendige Lehre vom Leben ist in ihrem Grund nicht vermittelbar, entweder ist man in ihm, oder man ist nicht in ihm. Es gibt keinen allmählichen Übergang hin zu ihm. Also muß die Magie von dem, der sich in sie einführen lassen will, »eingelebt« werden. Er mag vielleicht durch diese und jene Praktik und Einweihung in die Nähe des Tores gelangen, hinter dem der Raum liegt, den er zu betreten hat, doch durch das Tor selbst muß er alleine schreiten. Dazu muß er das Tor selbst aufstoßen. Hierbei mag er überwältigt werden, stürzen oder aber, versammelt bleibend, in das geheimnisvolle Unbekannte hinübertreten, um es schließlich, sich in ihm lösend, zu erfahren. An diesem Tor aber steht in flammenden Lettern: »Zurück kommt ein Anderer!«, und dieses Menetekel ist ernst zu nehmen. Denn dieses Tor zu durchschreiten bedeutet zu sterben. Der Magus, der den Übergang gewagt hat und das Geheimnis geschaut hat, wird nicht mehr derselbe sein. Mit seinem Eintreten in die andere Sphäre verliert er sich, um sich in ihr als ein Anderer neu zu finden. Keines seiner Rezepte, die er auf dem Weg dorthin gesammelt hat, besitzt alsdann noch

Gültigkeit. Alle Zeit der Vorbereitung und der Suche nach dem Durchbruch ist augenblicklich verwischt. Tritt er sodann als ein Gewandelter durch das Tor zurück in die Welt, hat er dem Tod, seinem eigenen Tod nicht nur ins Gesicht geblickt, sondern ist ihn auch gestorben. Und er kommt zurück mit leeren Händen, denn die Magie, die von nun an durch ihn wirkt, ist nicht seine Magie, die gelernte und angeeignete. Mag sie auch künftig in ihrem Instrumentarium jenen Praktiken gleichen, die er zuvor betrieben hatte, so ist das Wirken jetzt doch ein anderes. Er hat die magische Mächtigkeit erfahren. Hinter dem Tor, hinter dem er sich verlor, konnte er sie schmecken, ist in sie eingetaucht und wurde von ihr wie vom Blitz getroffen und durchschlagen. Sich als Gewandelter wiederfindend, hat er sie erlernt, ohne nach ihr zu greifen und ohne sich an sie zu binden. Und seit er sich im Alltag wiederfand, nimmt er Anleihen bei ihr, läßt sie durch sich wirken und wandelt sich mit ihr fort. Denn der durch die Initiation angestoßene Prozeß währt weiter in ihm ohne Ende. Nunmehr aber bleibt er auch ganz auf sich geworfen, als ein Gelöster und somit auch Befreiter. Und somit wurde er sich mehr noch als auf dem Weg dorthin zur wahren Autorität. Er ist der Meister, der sich selbst ein Meister bleibt.

Das Diffuse und Abstruse entkernt sich erst im Zauber

Die Frage, welche Art von Magie als weiße Magie zulässig ist, stellt sich für den initiierten wahren Magier nicht mehr. Für ihn ist jeder Zauber möglich, soweit ihm die Unterstützung des sich ihm erschlossenen Raumes sicher ist. Das bedeutet für ihn, die Magie, die er betreibt, fließt unitär durch ihn, er ist ihr Mittler, und solange dies so ist, ist es für ihn gut. Sobald er aber spürt, daß er sich dem Abgekapselten nähert, wird er sich der Magie versagen, denn er wird nicht mehr dorthin zurückkehren, von wo aus er sich einst auf den Weg der Wandlung begab. Er allein ist aber auch die einzige Autorität, die ihn vor einem möglichen Absturz in die Enge bipolarer Wirklichkeit zu bewahren vermag. Also wird er vor jedem Zauber in sein Innerstes lauschen, um die Weite zu vernehmen, in der er ruht. Hier findet er Gewißheit für sein Tun.

Nachstehende Begriffe beschreiben Felder, in denen weiße Magie zum Einsatz kommen kann. In der Mehrheit möglicher Fälle wirkt der Weißmagier hierbei als Ratgeber, der einer betroffenen Person ein Apotropäum empfiehlt. Nur in seltenen Fällen dürfte die Angelegenheit so brisant sein, daß der Magier selbst eingreifen muß und stellvertretend für eine andere Person eine magische Handlung ausführt. In jedem Fall aber gilt für ihn grundsätzlich, daß er nicht ohne Aufforderung tätig wird.

Abwehrzauber: Der apotropäische Zauber richtet sich nicht wie der Widerzauber gegen eine bereits erfolgte Zauberhandlung, sondern soll grundsätzlich böse Kräfte, die auf eine Person oder Sache gerichtet werden, abwehren. Häufig wird er zum Schutz des Eigentums, des Viehs und der Kinder ausgeführt. Zum anderen sind es zu erwartende menschliche Bosheiten, gegen die Amulette, Talismane oder Fetische ausgewählt oder Zaubersprüche gefunden werden, durch die eine Schlechtigkeit abgewiesen und zurückgeworfen wird. Ein Abwehrzauber kann sich aber auch gegen dämonische Kräfte, Geister oder tote Seelen richten, die sich einem anhaften oder eine Seele bedrängen. Solche Fälle bedürfen gelegentlich statt üblicher Schutzformeln eines abgestimmten Zaubers.

Analogiezauber: Bei diesem Zauber soll Gleiches Gleiches bewirken. Die Handlung, die der Magier in seinem Kreis ausführt, soll andernorts Wirklichkeit werden; was er in seinem Kreise hegt, soll demnach in der Ferne gedeihen, und was er beschneidet, soll gleicherweise an seinem Ort verkümmern. Es ist häufig ein Wunschzauber, etwa ein Liebeszauber, durch den eine Gegebenheit so beeinflußt werden soll, daß sie sich der Forderung anpaßt. Die Zauberhandlung kann per Zauberspruch, durch Bilder, an Gegenständen, beispielsweise Puppen, ausgeführt oder in mimischer Weise vorgetragen werden. Auch für iatromagische Zielsetzungen, etwa energetische Kräftigungen, bietet sich der Analogiezauber an.

Atmosphärischer Zauber: Durch diesen Zauber sollen Stimmungsbilder beziehungsweise Umweltfaktoren beeinflußt werden. Meist ist dieser Zauber an Örtlichkeiten gebunden, etwa bei einer Hausentstörung durch einen Radiästhesisten oder der Einbringung eines Segens. Ebenso können Vorhaben durch einen begleitenden Zauber begünstigt werden. Auch die Installierung von Bannkreisen zählt hierzu. Für gewöhnlich ist es aber die Aufgabe des Magiers, die Atmosphäre, das heißt die wahrgenommene Stimmung, die von Beteiligten eines Vorhabens oder Besuchern einer Örtlichkeit empfunden wird, durch ein Ritual oder eine Installation aufzuhellen. Er beseelt gewissermaßen eine Sache, indem er einen guten Geist hinträgt. Häufig geschieht ein solcher Zauber im Vorfeld eines Ereignisses.

Exorzismus: Dämonische Bedrängungen, Umsessenheiten und Besessenheiten zu kurieren ist eine sehr heikle Aufgabe, die einige Erfahrung und magische Gewandtheit erfordert. Selbst wenn es nach kirchlicher Ansicht auch Laien gegeben sein soll, durch die erforderlichen Gebete auf diesem Gebiet zu wirken, und in früheren Zeiten gar dementsprechende Lizenzen verpachtet wurden, sollte man sich auf eine Austreibung schon allein aus Selbstschutz nur

160

bei ausgebildeter Glaubensgewißheit einlassen. Die größte Schwierigkeit beim Exorzismus ist im übrigen nicht die Austreibung selbst, sondern die sachgerechte Feststellung einer bestehenden dämonischen Umklammerung der Seele. Hier sind besondere Sorgfalt, Kenntnis und Verantwortung gefordert, da ein auf einer Fehldiagnose basierender Exorzismus eine bestehende psychische Auffälligkeit dramatisch zu verschlimmern vermag.

Heilzauber: Das Für und Wider der Iatromagie wurde bereits eingangs dieses Kapitels erörtert. Über die eigentlich der Heilkunde zuzurechnende Kräuterkunde und verschiedene homöopathische Ansätze hinaus rückt der Heilzauber in die Nähe des atmosphärischen Zaubers, indem durch magische Mittel ein Feld geschaffen wird, durch das der Betroffene seine psychischen und physischen Selbstheilungskräfte aktivieren kann. Das hierzu angewandte Instrumentarium ist meist dem Analogiezauber entlehnt, oder es wird eine direkte Einwirkung auf die Person gewählt, wie etwa energetisches Heilen durch Handauflegen, Gebete, Klärung der Aura oder ideomagische Kraftübertragung. Ein Magier, der sich auf dieses Gebiet begibt, sollte sich der besonderen Verantwortung, die er hierbei übernimmt, bewußt sein.

Mantik: Mit Mantik wird die Wahrsagekunst und Sehergabe bezeichnet, einst war dieser Begriff ein Synonym für die Magie an sich. Die Fähigkeit, über die Zeiten zu blicken, ist dem Magier eigen beziehungsweise wächst ihm mit fortschreitender Mächtigkeit zu. Gleichwohl sollte eine Vorausschau nicht der Beliebigkeit anheimgestellt bleiben, vielmehr sollte die Notwendigkeit hierfür offenkundig sein. Zu leicht mischt sich in wahllose Wahrsagerei lemurenhafter Schalk, der zu einer Beeinträchtigung magischer Kraft führt. Auch die Wahl der Mittel sollte überlegt sein, indem sie einmal den eigenen Fähigkeiten angepaßt sind und zum anderen vor anderweitig magischer Beeinflussung abgeschirmt werden sollten. Zudem sollte sich der Magier bei der Weitergabe präkognitiver Erkenntnisse seiner Verantwortung bewußt sein, um sich selbst erfüllende Prophezeiungen zu vermeiden, steht doch jedem Geschick in der Vorausschau meist auch eine Alternative zur Seite.

Nekromantie: Die Kunst, Tote zu beschwören, ist dem weißen Magier zuwider. Weiß er doch, daß er von den unerlösten Seelen nichts Erhellendes zu erwarten hat. Seine Aufgabe sieht er eher darin, den Seelen Verstorbener den Übergang und die letztliche Lösung zu erleichtern. In dieser Weise ist er magischer Seelenbegleiter, was vorwiegend eine äußerst private Angelegenheit ist. Andererseits versteht er es auch, Tote und Wiedergänger zu bannen, beziehungsweise sich im Dinglichen verhaftende Seelenaspekte Verstorbener zu lösen. Diese magische Kunst, die auf Elemente des Abwehrzaubers als auch des Exorzismus zurückgreift, wird er in der Hauptsache für andere Personen ausführen.

Schadenszauber: Dieser Zauber wird gemeinhin als schwarze Magie verstanden. Für den weißen Magier ist der Schadenszauber grundsätzlich Tabu. Es gibt jedoch Spielarten des Schadenszaubers, bei denen nicht die Übertragung eines bedachten Schadens das Motiv des Magiers ist, sondern die Reflexion einer bösen Kraft auf sich selbst, auf daß sie sich durch ihre eigene Destruktivität einschränkt. Derart reflektorischer Zauber ist dem Abwehrzauber verwandt. Er kann aber auch als repressiver Ausgleich auf eine erfolgte Boshaftigkeit gewählt werden sowie im Vorfeld einer möglichen Attacke als Vermeidungszauber wirken. Solange ausschließlich die böse Kraft zurückgeworfen wird, ist dieser Zauber für den weißen Magier durchaus gangbar. Bedenklich wird sein Tun allerdings, sobald er darüber hinaus den Gegner, durch weitere Magie schädigend, einschränken möchte.

Schutzzauber: Der Schutzzauber ist eine mildere Form des Abwehrzaubers und steht dem atmosphärischen Zauber nahe. Statt einer geschehenen oder vermuteten Attacke werden mögliche zum Schaden gereichende Ereignisse im Vorfeld ihrer Entstehung gebannt. Hier ist es vor allem die Aufladung von Amuletten und Talismane neben der Kreation abwehrender Zeichen und Sprüche, die ein mögliches Unglück abhalten sollen. Die Bestimmung wirksamer Schutzzeichen ist, weil unübersehbar, vor allem eine Frage der Attraktion, Intuition und Schau bestehender Wahlverwandtschaften.

Sympathetischer Zauber: Diese Zauberabart ist dem Analogiezauber insoweit ähnlich, als in Zeichen, Gegenständen und natürlichen Erscheinungen eine geistige Verbindung und Entsprechung zur gewollten Wirkweise gesehen wird. Das vom Magier ausgewählte Medium soll durch Einbringung oder Besprechung den Anstoß zur erwünschten Wandlung übermitteln. Wobei für die Wirkung üblicherweise eine erkannte Affinität des Zieles zum ausgesuchten Medium Bedingung ist. Es werden also vornehmlich geistige oder materielle Gemeinsamkeiten zwischen magischem Instrument und Ziel in der Zauberhandlung verknüpft, beispielshalber die Lieblingsmelodie oder ein Haar des Kontrahenten ins Zentrum des Zaubers gerückt, um entweder Harmonie oder Liebreiz zu beschwören.

Unterlassungszauber: Hier ist es die Absicht des Magiers, ein vorgesehenes beziehungsweise vorhergesehenes Ereignis zu verhindern oder den Erfolg einer Maßnahme zu vereiteln. Der Unterlassungszauber kann in Form eines

Gegenzaubers oder in Gestalt eines Negativzaubers durchgeführt werden. Der negative Zauber ist der eigentliche Unterlassungszauber. Mit ihm werden zwar die an sich für das Gelingen hilfreichen magischen Instrumente genutzt, es wird ihnen jedoch ihre Wirksamkeit abgesprochen, so daß dem Ziel die stützende Kraft versagt bleibt; es wird magisch isoliert.

Widerzauber: Hiermit sind Zauberhandlungen gemeint, die sich gegen einen bereits erfolgten malevolenten Zauber richten, um diesen zurückzudrängen. Häufig entsteht solch malevolenter Zauber auf einer unbewußten Ebene, indem von einer Person Flüche ausgesprochen werden oder böse Gedanken auf eine andere Person gelenkt werden. Nicht selten geschieht es auch, daß durch die unwissentliche Handhabung oder Aneignung negativ behafteter Gegenstände sich ein solcher Zauber entfaltet. In der Praxis wird hierbei der Weißmagier den Angriff aufspüren und der betroffenen Person raten. Nur vereinzelt wird der Zauber so mächtig sein, daß der Weißmagier selbst sich zu einem Gegenzauber genötigt fühlt.

II. Die weisse Magie

Ich bin das Narzisslein des Scharon
die Lilie der Tiefebenen.
Wie eine Lilie unter den Dornen
so ist meine Freundin unter den Töchtern.
Wie ein Apfelbaum unter dem Waldgehölz,
so ist mein Minner unter den Söhnen.
Nach seinem Schatten begehre ich, sitze nieder,
und süß ist seine Frucht meinem Gaumen.

(Aus: Gesang der Gesänge,
verdeutscht von Martin Buber)

Magische Medien

Ohne Kreis lies mich nicht laut,
sonst bin ich dir gefährlich.
Der Geist dringt dir auf deine Haut,
so du nicht bist bewährlich;
und mußt ergeben dich,
wenn er dich bloß tut finden;
läßt nicht abweisen sich,
dich mit ihm zu verbinden.
Drum mach zuvor den Kreis,
den Charakter auch wohl merke,
stell alles an mit Fleiß,
bevor du gehst zum Werke.
Dann denk auf einen Geist,
hab acht auf dessen Zeichen;
woran dir liegt zumeist,
Effekt wirst du erreichen.
Wann du gebrauchst die Kraft,
wirst du die Geister zwingen,
gleich wie ich selbst gemacht.
Der Geist muß alles bringen.

(nach: Doctor Johannis Fausti sogenannter Manual-Höllen-
zwang, Wittenberg Anno 1524. Peuckert, »Pansophie« 161)

Blättert man in alten Zauberschriften, mag einem leicht
schwindelig werden bei all den merkwürdigen und oft nicht
zu durchschauenden Vorschriften, die für das Gelingen
einer magischen Handlung zwingend einzuhalten sind. Da
werden getrocknete Kröten und Katzenköpfe in Mörsern
zerstoßen; Zauberkreise gezogen, die mit einem latinisie-
renden Abrakadabra rückläufig beschriftet sein sollen; fein-

stes Linnen gefordert, das im Licht des Vollmondes von Jungfrauen aus frisch gesponnenem Faden gesäumt worden sein muß; da finden Symbole und Zahlen Verwendung, die beim besten Willen niemand zu deuten weiß, und es werden aberwitzige Sprüche aufgesagt, mit denen Engel und Geister beschworen werden, deren Namen man in keinem Lexikon verzeichnet findet. Zieht man ein Resümee aus einer solchen Lektion, wird man meist zu dem Ergebnis gelangen: Je schwächer und unwirksamer der Zauber, desto größer die Gaukelei und das Zinnober darum herum.

Gleichwohl kommt die Magie nur selten ohne Hilfsmittel aus. So wie der Mantiker nach der Glaskugel, den Karten oder dem Kaffeesatz greift, um seiner Sicht Inspiration und Linie zu vermitteln, oder wie der Handaufleger seinen Klienten zunächst mit dem Pendel diagnostiziert, um sich so seine Ahnung zu vergegenwärtigen, so greift auch der Magier ganz im Sinne der Wahlverwandtschaften zu Mitteln und Instrumenten, um seinem magischen Handeln Struktur und Richtung zu verleihen. Und selbst der sich ganz in seiner Weisheit verschließende Magus, der in Gedanken mit seiner entkörperten Seele durch die Welt streift und mal hier, mal dort in das Geschick begünstigend oder hindernd einzugreifen versteht, verfügt mit den geistigen Bildern und mystischen Visionen, die ihn lenken, über ein umfassendes, wenn auch nicht sichtbares Instrumentarium.

Neben solchen, die magische Handlung unmittelbar betreffenden, Medien gibt es noch eine wahrlich unüberblickbare Zahl an Hilfsmitteln, durch die dem Zauber Festigkeit verliehen werden soll oder die zum eigentlichen Träger und Auslöser des Zaubers erhoben werden können. Denken wir nur an die volkskundliche Kräuterkunde, bei der fast jedem Pflänzchen auch eine magische Wirkung zugeschrieben wird, oder an die schier unbegrenzten Möglichkeiten, auf Amulette und Symbole zurückzugreifen, sie zu variieren und neue zu schöpfen. Aus diesem Grund kann die nachstehende Aufreihung unterschiedlicher magischer Medien nur fragmentarisch sein. Sie wurde daher im wesentlichen nur in Hinblick auf die im nachfolgenden Kapitel beschriebenen Rituale der weißen Magie vorgenommen. Gemäß dieser Prämisse finden darüber hinaus lediglich solche Medien Erwähnung, die in überragender Manier weißmagische Kräfte befördern beziehungsweise als außerordentliche Apotropäa angesehen werden. Im übrigen wurde darauf geachtet, die vorgestellten Medien auf ihre praktische, das heißt ihre zauberwirksame Ausgestaltung hin zu reduzieren und unnötiges, überkommenes Beiwerk unerwähnt zu lassen. Insofern sind die beschriebenen Medien eher als Anregungen zu verstehen, sich ein persönliches, das eigene Bildverständnis aktivierendes Instrumentarium zu schaffen, was nicht zuletzt das magische Wollen befeuert und dem zu setzenden Impuls zusätzlichen Effekt verleiht. Schließlich ist es das vornehmliche Prinzip der weißen Magie, daß der Magus seine Kraft aus sich und dem sich erschlossenen sphärischen Raum heraus schöpft und nicht aus etwaigen sich zur Seite gerufenen Medien. Diese sind ihm vielmehr durch seine Kraft geladene Akkumulatoren und dienen dazu, seiner Magie Gestalt zu geben. Um zu zeigen, welche Gesichtspunkte assoziativ bei der Eigenkreation eines magischen Hilfsmittels in dessen Auswahl und Gestaltung einfließen können, soll der Anschaulichkeit halber vor Beginn der Auflistung eine wahlverwandtschaftliche Betrachtung angestellt werden.

Eine wahlverwandtschaftliche Betrachtung

1. Gerade in den übersehenen, der Alltäglichkeit preisgegebenen Dingen liegt oft ein unvergleichlicher Zauber, sobald wir sie in ihrer Eigenart bemerken und erkennen. Deshalb

sei für diese Betrachtung das Gänseblümchen erkoren, das wir in der Metapher häufig mit dem am Rande sitzenden Mauerblümchen verbinden. Ausdrücklich kehrt die Blume dieses Temperament mit »Maßliebchen«, ihrem anderen gebräuchlichen Namen, hervor. Und es ist eben die Metapher des Mauerblümchens, die zwar vordergründig das Unbeachtete meint, hintergründig aber zugleich auf dessen unentdeckten Liebreiz deutet. Andererseits fügt sich so manches Mauerblümchen gern in seine Nische, weiß es doch um seinen Reiz, will sich aber nicht pflücken lassen. Statt dessen sieht es lieber mit stillem Vergnügen zu, wie die prächtigeren Blüten gepflückt werden, um zu welken; hierbei läßt es sich durchaus auch von einer voyeuristischen Freude an der lauten Lust der anderen lenken.

2. Blicken wir auf ein Gänseblümchen in einer Wiese, fällt uns auf, wie es rosettenständig aus einem Zentrum heraus sprießt. Mit seinen spatelförmigen Blättern verschafft es sich den nötigen Lebensraum und erfreut uns als Dauerblüher von den ersten Frühlingsstrahlen an mit seinen weißen, rosa bespitzten Blütenblättern, die sein gelbes Körbchen sonnig umranden. Kinder winden sich aus ihm in Sommerlaune gerne Kränze und tanzen so, das Haar beblütet, elfengleich durch die Wiesen. Liebende zupfen orakelnd seine zarten Blütenblätter, um das Maß der Gegenliebe zu erkunden.

Seine Blüte währt, bis es sich schließlich unter den nebelgrauen Schwaden des Novembers und den Dezemberfrösten duckt. Doch noch unterm Schnee bewahrt sein Grün sommerliche Kraft. Unseren Ahnen war es deshalb willkommene Speise in karger Zeit. Und in der feinen Küche heutzutage weiß man, seine Blüte als Zier und Würze zu verwenden. Selbst als ihm Namen stiftender Gänsefraß ist es eine Götterspeise. Wandelte die Gans doch einst walkürenhaft zwischen den Welten, um die verstorbenen Seelen im November, sobald der Himmel die Erde berührt, den Göttern zuzutragen. So wird eine rösche Gans, einst Gänseblümchen weidend, als Opferspeise zur Freude und Stärkung derselben Göttlichkeit zu diesen Tagen gerne aufgetragen.

3. Als Heilkraut wurde das Gänseblümchen ebenfalls erkannt, soll doch seine Blüte Hautkrankheiten mildern, die Leber stärken und eine Gelbsucht lindern. Bauern wußten indes, mit seinen aufgelegten Blättern kleine Wunden rasch zu schließen. Dies war auch den antiken Ärzten wohlbekannt. Sie nannten es »Helenium«, weil, als Sprengsel jede Wiese schmückend, es aus Helenas Tränen entstanden sei. Heute wird es auch mancherorts »Marienblümchen« geheißen, da mittlerweile die Gottesmutter die Tränen der Helena weint.

So weit diese Betrachtung. Der Beschreibung folgend, können in der sympathetischen Übertragung daraus nachstehende abschnittweise skizzierte magische Momente beziehungsweise Entsprechungen herausgelesen werden, wobei es letztlich von der Intention des Magiers abhängt, welches Temperament in einem Analogiezauber angesprochen werden würde:

Erster Abschnitt: Das Verborgene ans Licht bringen und erhöhen. Schlafende Talente wecken. Unerkannt im Hintergrund bleiben. Sein Licht unter den Scheffel stellen. Andere für sich wirken lassen. Sich nicht vorzeitig verausgaben. Die Wahl behalten wollen. Der Wunsch, übersehen zu werden. Freude an der Freude finden.

Zweiter Abschnitt: Standfestigkeit und Beharrlichkeit entwickeln. Die Kraft der Sonne ansprechen. Sich ein sonniges Herz bewahren. Um die Liebe wissend sein. Orakelkraft in sich ansprechen. Kindheitsträume beleben und Unbeschwertheit vermitteln. Sich mit Bescheidenheit schmükken. Langlebigkeit fördernd. Den Widrigkeiten trotzen. Schlechte Zeiten wohlbehalten durchstehen. Den Alltag veredeln. Das Gewohnte aufbrechen und das Unerkannte heben. Welten verbindend. Seelenbegleiter und Seelentröster. Ewiges Leben. Die Lebenskräfte wecken.

Dritter Abschnitt: Zusammenfügend, Wunden schließend. Gram vertreibend. Das Schlechte austreibend, entgiftend. Aspekte der Magna Mater einbringen. Weibliche Aspekte fördernd und stärkend. Gut für den Liebeszauber.

Abwehrzeichen

Bei der Kreation von Abwehrzeichen sind der Phantasie des Magiers praktisch keine Grenzen gesetzt. Jedes graphische Kürzel, das von seiner Bildersprache oder seiner Symbolik her einen abweisendem Charakter erkennen läßt, kann er auf seine Magie übertragen. Dementsprechend ist die Zahl apotropäischer Zeichen schier unbegrenzt. Die Kürzel der Alchemisten, die heute nur noch selten Verwendung finden, sind ein beredtes Beispiel hierfür. Dennoch gibt es einen tradierten Grund-Zeichensatz, auf den bei der Gestaltung von Abwehrzeichen überwiegend zurückgegriffen wird.

Das ideale Abwehrzeichen überhaupt ist unserem Überkommen gemäß das Kreuz, und wem das einfache Kreuz noch nicht mächtig genug scheint, ergänzt es um zwei weitere Querbalken zum päpstlichen Kreuz oder zieht einen Kreis darum, um es hierdurch in die Kraft der Sonne, der alles Dunkel verdrängenden Christus gleichen Macht, zu setzen.

Daneben steht das Hexagramm, auch Siegel Salomons

genannt, als ein biblisches Schutz- und Abwehrzeichen. Seine beiden ineinander verschlungenen Dreiecke bezeugen eine Harmonie der männlichen und weiblichen Prinzipien, die sich wechselseitig neutralisieren und somit eine dritte, übergeordnete Dimension, die Sphäre der weißen Magie, entstehen lassen.

Dem Hexagramm steht das Pentagramm in nichts nach. Die Seiten seiner fünf Spitzen sind zu einem endlosen Knoten ohne Anfang und Ende verbunden. In seinem Innenfeld spiegelt sich seine Erscheinung kopfüber, und in dieser Weise setzt sich das Wechselspiel zwischen himmelwärts und erdwärts gerichteter Kommunikation in alle Ewigkeit fort. In dieser Aufeinanderbezogenheit verweist es ebenso auf seinen Gegensatz, wie es in seiner Singularität eine höhere Dimension bezeugt. Seit alters galt es als ein die Druden und die Nachtmahre einschließendes Symbol, deswegen auch die Bezeichnung Drudenfuß. Zudem hielt es als schmückender Stern Einzug in den Kirchen, stand es doch als Sinnbild der Ewigkeit stellvertretend für den Heiland. Das Pentagramm galt auch etlichen Gnostikern, so etwa den Bogumilen, wegen seiner auf die sublime Quintessenz verweisenden Fünfheit als höchstes Symbol, woher letztlich auch die Affinität der Magie ihm gegenüber herrühren dürfte.

Die nachstehend abgebildeten vier Abwehrzeichen sind vornehmlich konzipiert worden, negative Energien auf ihren Verursacher zurückzuwerfen beziehungsweise zu tilgen. Ihre Symbolik und magische Wirkweise läßt sich mittels folgender Entsprechungen deuten:

1. Die **Doppelaxt** ist ein altes Herrschaftssymbol und weist auf die außerordentliche Wehrhaftigkeit und Fähigkeit ihrer Träger hin, ihre Feinde nach allen Seiten zu besiegen. Als Werkzeug dient die Axt dem Schlagen der Bäume, womit sie als Fällende auch ein Zeichen läuternder Ge-

richtsbarkeit ist. Die Schneiden nach beiden Seiten gerichtet, zerschlägt die Doppelaxt offene und verdeckte Feindseligkeiten. Gleichzeitig fokussiert sie die an ihren Blättern abgleitende Kraft des Zertrennten in ihrem Zentrum und leitet sie über ihren Stiel nach unten in die Finsternis ab. Das Übel wird so auf sich selbst zurückgeworfen.

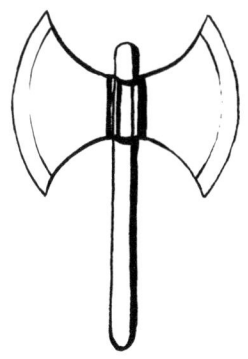

2. Dieses Zeichen stellt einen **Mondpfeil** dar. Der Mond reflektiert das Sonnenlicht und erhellt das Dunkel der Nacht. Der Neumond, als Zeichen gereinigter und erneuerter Mächtigkeit, wirkt hier als Spiegel, der die üblen Kräfte an den Adressanten zurücklenkt. Die abwehrende Wirkung wird durch das hoch aufgerichtete Dreieck, dem Symbol spirituellen Schutzes, unterstützt. Zugleich verdichtet sich durch die schlanke

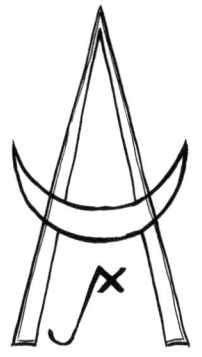

Gestalt des Dreiecks die abgewiesene Kraft und trifft hierdurch in das Herz des Gegners. Die nach unten strebenden Schenkel des Dreiecks umfassen das stenografische Kürzel für »zurück«. Die Botschaft des Zeichens erhält somit zusätzlichen Grund.

3. Das **flammende Kreuz** gilt als ein alles Dunkle verzehrendes magisches Zeichen. Das Kreuz als urmächtiges Schutzsymbol verbindet sich hier mit der reinigenden Kraft

des Feuers. Die drei aus dem Zentrum des Kreuzes herausschlagenden Flammen stehen für die beschworene Dreifaltigkeit und verweisen darauf, daß die Bedrängung der ausgleichenden Gerechtigkeit einer höheren Dimension anheimgestellt wird. Gleichzeitig soll durch die drei Flammen die heilsame Ordnung bewahrt beziehungsweise wiederhergestellt werden. Das Böse wird solchermaßen abgewiesen, vernichtet und der Widersacher der Hitze seiner verglühenden Boshaftigkeit ausgesetzt. Wer sich in schlechter Absicht diesem Zeichen nähert, wird sich somit selbst zum Feind.

4. Dieses Zeichen gleicht einem behüteten Kristall, der auf der Mondscheibe ruht. Er wirkt wie ein feinst ausbalancierter Gral und ist von daher von überaus harmonisierender Wirkung für den, der ihn zeichnet. Zugleich ist es mit seinen sechs in seinem Scheitelpunkt zusammenlaufenden Linien ein mächtiges Abwehrzeichen. Das umfassende aufrechte Dreieck, ein uraltes Feuersymbol, sammelt die ange-

sprochenen Kräfte, weist sie zurück und bietet seinerseits umfassenden Schutz. Der Bogen auf seinem Grund steht für die Lauterkeit der Morgenröte und verweist auf die aufscheinende Macht des Magiers. In diesen Bogen notiert der Magier seine Abwehrfloskel, im gegebenen Fall »Nimm, was du schickst!« Die bedrängenden Energien sollen folglich ihren Verursacher selbst zum Verhängnis werden. Der junge Mond nimmt diese Forderung auf und wirft das Übel zurück. Im darüber ruhenden Dreieck wird es verdichtet und durch das eingezeichnete Pentagramm der abwehrenden Forderung Nachdruck verliehen. Wem dieses Zeichen gilt, dem soll sein Angriff fünffach vergolten werden, seine Schlechtigkeit wird ihm somit selbst zum abgründigen Schrecken.

Baumkräfte

Medien wie Räucherwerk und Halbedelsteine sind heute in magischen Riten gang und gäbe. Dadurch aber werden sie streckenweise zu einem Gebrauchsgut degradiert, das sich nach Belieben konsumieren läßt; dementsprechend verliert sich häufig auch ihre magische Attraktion. Magische Medien sollten in erster Linie durch ihre erkannte Attraktion dem Magus zufallen, womit gemeint ist, der Magus spürt einem Medium nach, erkennt es, weiß so um seine Kraft und vermag sie folglich gezielt anzusprechen. Dementsprechend beispielgebend sind hier die Temperamente einiger Bäume skizziert; ist es doch allein schon ein Ritual, den entsprechenden Baum aufzusuchen, sich mit ihm zu besprechen, sein Blatt, seine Frucht oder seine Rinde zu sammeln, dazu noch den richtigen Zeitpunkt abzupassen, um die Kraft und die Gunst der Stunde mit einfließen zu lassen und alsdann das einem zugeflossene Medium für die Zauberhandlung zu präparieren. Wobei wir im Blatt eher lichte seelenerhellende Aspekte entdecken. Und während uns durch das Holz beziehungsweise über die Rinde anhaltende, bewahrende und zugleich erdende Impulse zufließen, stoßen wir mit der Frucht vornehmlich kräftigende und vorwärtstreibende Effekte an. Nachstehend angeführte

Bäume gelten in unseren Breiten als besonders zaubermächtig:

Daß man **Buchen** suchen soll, um vom Blitz verschont zu bleiben, ist eine Volksweisheit, an die sich freilich der Blitz nicht immer hält, auch wenn er fürwahr diesen Baum selten heimsucht. Mit der lichten Höhe ihrer Krone und dem unwirklichen Bleiglanz ihrer Rinde inspirierte die Buche die Baumeister der Gotik, die in ihren Kathedralen den Domen der Buchenwälder huldigten. Ihr schweres hartes Holz war begehrter Baustoff, und ihre Frucht nährte lange Zeit Mensch und Tier. So einerseits von den Göttern verschont, andererseits durch Wuchs und Kleid sie preisend, zudem durch ihre chthonische Schwere dem Sinnlichen verbunden, steht die Buche für das Konkrete irdischer Wirklichkeit. In der Magie wird sie daher als ein Medium angesehen, das Dingliche und Allzumenschliche anzusprechen wie auch den Zauber zu erden, auf daß seine Energien in faßbaren Sphären wirken.

Die **Eibe** als immergrüner Baum galt bereits den Kelten als ein Totenbaum, wohl auch wegen ihrer zwiespältigen Attribute, sind doch ihre tiefgrünen auf die Düsternis der Anderwelt verweisenden Nadeln giftig, während ihre kleinen roten Fruchtbeeren genießbare Süße schenken. So glimmen sie bildhaft aus dem verworfenen schattenhaften Grün als aufscheinende Hoffnung auf ein Fortleben des göttlichen Seelenfunkens, und so ist die Eibe ein die Seele in ihrer Verzweiflung erkennendes, klärendes und sie aus ihrer Betrübnis erhebendes Medium. Gleichzeitig gilt sie als ein Wiedergänger bannendes und Tote begleitendes Abwehrmittel, weshalb auch dämonische Kräfte vor ihr zurückscheuen. In den Zauberkreis genommen, ist sie auch Symbol für die Lauterkeit des weißen Magiers als Mittler zwischen zwei Welten.

Die **Eiche** ist für uns auch heute noch der Kultbaum schlechthin. Wurde etwa in südlichen Breiten dem Sieger der Lorbeerkranz gewunden, so bekränzen wir den Helden mit Eichenlaub. Und da der Blitz in sie scheinbar häufiger einschlägt als in andere Bäume, stand sie auch den Göttern, insbesondere dem mächtigen Gewittergott Donar oder Thor, näher als andere Gewächse. Daher wird die Eiche als ein besonders mächtiges Apotropäum erachtet, das nicht nur dunkle Schatten abwehrt, sondern auch bösen Zauber bricht. In der weißen Magie gilt sie deshalb als ein Medium für den Widerzauber. Zudem trägt sie als Baum des Donar Aspekte des Feuers in sich und wird demzufolge auch als reinigendes und durchsetzendes Zaubermittel verstanden.

Die **Hasel** ist zwar kein Baum, sondern ein Gehölz, sie soll aber ebenso wie der Wacholder wegen der ihr zugesprochenen außerordentlichen Zauberkraft an dieser Stelle mit vorgestellt werden. In vorchristlicher Zeit galt die Hasel als ein heiliger Strauch, war sie doch mit ihrer Blüte im Februar einer der ersten Frühlingskünder und bereicherte mit ihrer Frucht den winterlichen Speiseplan. Zudem verhalf sie den Menschen mit ihren biegsamen Zweigen zu manchem Hausgerät. Rutengänger schnitten sich gerne Astgabeln aus dem Haselstrauch, und ein Haselstock gilt gemeinhin heute noch als Zauberstab, mit dem sich selbst über die Ferne hin dem Feind ein schmerzhafter Streich verpassen läßt. Und auch für den Liebeszauber war die Hasel gut, hier war sie Bindemittel und Förderin der Sinnenlust. In der weißen Magie wird sie vor allem als Apotropäum und zur Festigung des Zaubers verwandt. Verleiht sie doch dem Willen des Magiers Richtung und Präzision; verschließt man beispielsweise in einer Haselnuß einen Zauberspruch, sollte er sein Ziel nicht verfehlen.

Auch die **Linde** ist ein uralter Kultbaum, wie dies landauf, landab die vielen Dorflinden heute noch bezeugen. Mit ihren heilenden Blüten und ihrem hellen Grün gilt sie als ein harmonisierender Baum, der das Gemüt erhellt und Eintracht vermittelt. Auch wenn das Lindenblatt dem in Drachenblut badenden Siegfried später zum Verhängnis werden sollte, ist diese Metapher bezeichnend für eine ihrer Eigenschaften, bewahrte sie ihn doch davor, gänzlich in seinen Panzer eingeschlossen zu werden und damit auch seine Empfindsamkeit zu verlieren. Ihre freundlichen und gemeinschaftstiftenden Eigenschaften werden auch in der Magie betont, zudem ist die Linde ein geeignetes Medium, um einen Zauber zu fokussieren. Ein Lindenblatt im Zauberkreis ist solchermaßen ein Konzentrationspunkt, auf den magische Energien zufliegen, gleichzeitig hält sie dämonische Kräfte davon ab, sich dem Kreis zu nähern.

Schon als Weihnachtsbaum ist die **Tanne** symbolträchtig genug, um entsprechende magische Wahlverwandtschaften in Hülle zu finden. Mit ihr erstrahlt uns heute zum Geburtstag des Heilands, was ihm einst der Legende nach zum Kreuz geworden war. Und so ist sie als das A und O am Lebensweg Jesu sowie als immergrünes Gewächs in unseren Breiten der Lebensbaum im eigentlichen Sinn. Wohl wegen ihrer an den Zweigen himmelwärts strebenden Zapfen scheint sie seit jeher auch für den Liebeszauber gut. Als Medium in der weißen Magie stellen Tannenduft und Tannenzweige läuternde Kräfte dar, die sowohl den Zauber als auch das Gemüt des Magiers von allen Schatten befreien. Tannensamen oder Tannenzapfen finden als Bindemittel sinnbildliche Verwendung, sie sind gewissermaßen das Pluszeichen, das zwei oder mehr Teile zu einer gültigen Summe unlösbar zusammenfügt. Im Umkehrsinn stiften sie, sobald sie im Ritual aus einer symbolischen Verbindung genommen werden, den magischen Impuls zur schonenden und wohlmeinenden Trennung.

Der **Wacholder** ist ein immergrünes Gehölz, das sich gelegentlich gleich einem Baum in den Himmel reckt. Seine Beeren sind seit alters Würzmittel und scheinen mit ihrer mehligen Zeichnung, die mal einem Kreuz, mal einem Hexagramm gleicht, dem Magier geradezu zur Hand gewachsen zu sein. Von solcher Art bergen sie in sich das Geheimnis magischer Macht und sind deshalb als stützendes Medium für alle Formen der Mantik fruchtbar. So befördern beispielshalber drei oder sieben Beeren die Sicht beim Kartenschlagen, und ein hellsichtiger Magus mag allein aus einem Wurf Wacholderbeeren Künftiges herauslesen. Als Würze ebenso wie als Räucherwerk wird dem Wacholder reinigende und Dämonen bannende Zauberkraft zugesprochen, weswegen in mit Wacholder geräucherten Räumen sich eine ungewöhnlich geklärte Atmosphäre entfaltet. Dies und seine durch das Immergrüne wirkende Lebenskraft machte ihn auch zum Totengehölz, jedenfalls war er in vorchristlicher Zeit notwendiges Beiwerk zum Scheiterhaufen. Sein Rauch sollte die verstorbene Seele lösen und in die Anderwelt hinüberwehen, und in diesem Sinne wird er auch heute noch als Apotropäum gewählt.

Bergkristall

Kristalle, Halbedelsteine und Edelsteine sind für uns bereits vom Auge her von zauberhafter Attraktion, ohne daß wir um die ihnen zugewiesene magische Bedeutung wissen. In jüngster Zeit wurde die Magie der Steine wieder entdeckt und damit einhergehend vielfältige neue Entsprechungen hinzugeschrieben. Dessenungeachtet bleibt der Bergkristall in der weißen Magie der Stein der Wahl, neben seiner erstaunlichen Transparenz mag dies auch aus der Tatsache herrühren, daß er seit Beginn unserer Menschwerdung in so gut wie jeder Kultur auch als Kultgegenstand Verwendung fand und somit stets auch in einer Rückbindung zum Göttlichen gesehen wurde. Insofern ist der Bergkristall nicht nur ein magisches, sondern auch ein religiöses Medium. In jedem Falle ist er ein Objekt mystischer Betrachtung, wie wir sie etwa in der Legende des Grals pflegen. Dieser Gral, der durch das Blut Jesu am Kreuz geheiligt wurde, wird als ein mystischer Kristallisationspunkt wahrer Begnadung und Erleuchtung gerühmt. Die Suche nach und die erlösende Begegnung mit ihm sind somit ein inneres Mysterium, auch wenn der Gral als vorgestellte wie auch als erlebte Vision alle Merkmale einer lichtdurchfluteten Schale aus reinstem Bergkristall zu besitzen scheint. Dieserart beschriebene Erleuchtungsmomente weisen in sich deutliche Parallelen zum Phänomen der Kundalini auf, dem sich physisch und psychisch manifestierenden erleuchtenden Blitz, und finden in dieser Verbindung wiederum profane Entsprechungen in der abergläubischen Vorstellung, daß der Kristall aus eingefangenen, sich im Dinglichen verlierenden Blitzen entstehen könne. Insofern ist der Bergkristall ein in der Erde verschlossenes Himmelslicht, das, einmal gefunden und aufgebrochen, dem Sehenden im Widerschein irdischen Lichtes von himmlischen Sphären kündet. Ähnlichen Vorstellungen begegnen wir auch in der buddhistischen Welt, in der der Bergkristall häufig mit dem Zauberjuwel Cintamani gleichgesetzt wird, der dem, der ihm angesichtig wird, zum einen höchste Weisheit und zum anderen die Erfüllung aller Wünsche verspricht.

In dieser Weise, höchste Klarheit symbolisierend, rückt der Bergkristall als alles erhellendes Medium in den magischen Kreis. Durch ihn klärt sich die Atmosphäre, werden bestehende Schatten aus dem Kreis geweht und eine Ver-

Eine vor dem Haupt der Buddhastatue im Taklakat-Kloster (West-Tibet) schwebende Kristallkugel soll die Gottheit vor dem bösen Blick bewahren.

bindung zum magischen Raum hergestellt; er ist gewissermaßen der Schlüssel zur Transzendenz weißer Magie. Seine durch und durch harmonisierende und erhebende Energie teilt sich uns mit, sobald wir seiner Kraft mit geöffneten Händen nachspüren, indem wir sie in passendem Abstand über den Kristall führen und die Handflächen auf ihn zu oder von ihm weg bewegen. Dank dieser einerseits klärenden und andererseits aufladenden Eigenschaft eignet sich ein Bergkristall ganz besonders als reinigendes Medium im Vorfeld der magischen Handlung, das dem Zauber Wahrhaftigkeit und Weihe verleiht.

Seine spezielle erhellende Eigenschaft zeigt sich in seiner Verwendung als Reflektionsobjekt innerer Sichten. Zu Kugeln geschliffen ist er ein begehrtes Instrument für jeden Wahrsager. Hierzu wird er auf ein schwarzes Tuch gelegt und fixiert, worauf sich dem Auge rasch eine pulsierende Sicht vermittelt, die alsbald in den Stein projizierten Visionen weicht. Hierdurch wird es dem Magus möglich, Hintergrund, Absicht und Ziel seiner magischen Handlung, dabei sich zugleich selbst prüfend, zu erkennen. Durch unterschiedlich unifarbene untergelegte Tücher kann zudem das Temperament der Sicht beeinflußt werden. So werden beispielsweise durch Rot eher emotionale Aspekte, durch Blau die geistigen Anteile und durch Grün die sachlichen Momente einer Sicht hervorgehoben. Gleichermaßen läßt sich eine mantische Schau durch die Beleuchtung des Kristalls lenken, der in seinen Kanten das Licht spektral aufzubrechen vermag und somit zusätzliche die Vision beeinflussende Fluoreszenz erhält. Wobei all dies nicht nur auf die visuelle Schau beschränkt bleibt, auch andere mantische Techniken, wie etwa automatisches Schreiben oder Befragungen mit einem Pendel, werden durch die mit diesem Stein bewirkte Stimmung begünstigt.

Neben seiner erhellenden und Visionen begünstigenden Eigenschaft vermag sich der Bergkristall in der Hand des Magiers auch seines sympathetischen Bandes zum Blitz erinnern. Mit der entsprechenden Intention geführt, wird er so zu einem flammenden Impuls, der belebt oder vernichtet, trennen oder verschmelzen läßt, je nachdem, wohin der Magus seine Kräfte schleudert.

Gleichwohl sollte man trotz der intensiven Anrührung

durch einen Bergkristall die Zaubermächtigkeit gewöhnlicher Steine nicht unterschätzen. Gerade Steine, die uns wegen ihrer ungewöhnlichen Form und Farbe ansprechen, verweisen allgemein auf eine ausschließlich für uns gültige Wahlverwandtschaft und sind aus diesem Grunde mächtige Medien, mit deren Hilfe wir unserer Magie wirksame Gestalt verleihen können. In diesem Zusammenhang sei auch auf die schwarzen Steine, die Gegenstücke zum Bergkristall, hingewiesen, wie wir sie etwa im schwarzen Onyx finden. Diese Steine stehen nur in konstruierten Verbindungen zur schwarzen Magie, dagegen werden sie seit alters als außergewöhnliche Absorbentia betrachtet, die üble Energien auf sich laden und neutralisieren. Regelmäßig gewässert, wird ihre magische Kraft ein ums andere Mal aufgefrischt. Wobei eine zyklische Ableitung und Neutralisation durch Wässerung im Grunde genommen für jedes magische Instrument gilt.

Farben

Farben wurden seit je Symbolgehalte zugewiesen, so ist etwa Rot sowohl die Farbe der Liebe als auch des Krieges, bringt doch das eine das Blut in Wallung und das andere Blut zum Fließen. Freilich ist die Symbolik, die einzelnen Farben unterlegt wird, auch dem Zeitgeist und kulturellem Einfluß unterworfen und vermag so ihren Charakter grundsätzlich zu verändern. So wurden noch bis ins 20. Jahrhundert hinein Knaben allgemein in Rosa, das kleine Rot, die Farbe des Mars, und Mädchen in Hellblau, das noch junge Blau der blau gewandeten Himmelsfürstin und Gottesmutter Maria, gekleidet. In der Magie spielt die Farbe vornehmlich als Attraktions- beziehungsweise als Divergenzmedium eine Rolle, was bedeutet, daß entweder über die Farbe erwünschte Eigenschaften dem Magus respektive dem magischen Objekt zufließen, oder mittels der gewählten Kolorierung unerwünschte Charaktere abgewiesen werden. Dabei können die Farben sowohl in körperlicher als auch in gedachter Form zugewiesen werden, so mag man Eisblau als aufgemalte apotropäische Verstärkung für seinen Schutzkreis wählen oder sich in eine eisblaue Kugel hinein imaginieren, um obskure Energien von sich fernzuhalten. Auch bei der Bewertung divinatorischer Sichten oder trancehafter Visionen ist die wahrgenommene Farbigkeit als bildhafte Aussage ein unverzichtbarer Indikator für die Qualität der Erscheinung. Nachstehend eine Übersicht der Temperamente der Grundfarben:

Blau ist eine weibliche Farbe, im Gegensatz zu Rot, das in der Symbolik den Mann vertritt. Obwohl Rot als die Farblichkeit überhaupt gilt, ist Blau jene Farbe, die die meisten Augen entzückt. Vielleicht liegt dies daran, daß es die Farbe des Himmels ist, der uns so grenzenlos tief anmutet und somit allzeit auch als Sinnbild für strahlendes Licht, himmlischen Geist und göttliche Verheißung aufgefaßt wurde. Es ist eine mystische Farbe. Deshalb erklärt sich uns wohl auch nicht die Herkunft ihres Namens, er bleibt im Dunklen, was auch seiner soweit bekannten ursprünglichen Wortbedeutung entspricht. Als wäre es in diesem Sinne, ist es auch die Farbe, die ihr Temperament am beeindruckendsten zu wandeln vermag, vom eisig frostigen Blau zum strahlenden lichten hin bis zum warmen, die Seele sättigenden Ton. Entsprechend weit erstreckt sich auch die Bandbreite ihres Symbolgehaltes: Gelten dem einen blaue Augen als Merkmale des bösen Blicks, den er seinerseits mit einem blauen Glasauge kontert, mag es dem anderen die Farbe der Himmelsgötter sein, ob der blauhäutige Krishna oder der über dem Azur thronende Jahwe oder die Jungfrau Maria im blauen Mantel.

Gleißend blau empfinden wir auch den Blitz, der als himmlisches Feuer herniederfährt. Ein mächtiges Licht, neben dem das bläulich flammende Seelenlicht verblaßt, das wir über frischen Gräbern zu sehen wähnen. In verwandtem Schein sehen wir auch die Toten wandeln und irrlichternde Kobolde und Klabautermänner. Hingegen locken uns die Quellgeister im reinen Blau frischen Wassers. Nymphenhafte Wäßrigkeit begegnet uns auch in der Blauen Blume der Romantiker, in der seinerzeit Sehnsucht, Lieblichkeit und Treue besungen wurden, während es zur gleichen Zeit die Könige beliebten, der Mode folgend, sich in teures Blau zu kleiden. So bleibt diese Farbe in der Magie neben ihrer Kraft, geistige Macht zu beschwören, auch eine diffuse Farbe des Übergangs, einmal den toten Seelen nahe und einmal als Ausdruck heftigen Sehnens nach zeitloser Harmonie. Gleichzeitig scheuen sie die bösen Geister, bietet sie ihnen doch ob ihrer himmlischen Tiefe zuwenig Halt, um sich bleibend in ihr zu verwirken.

Gelb scheint uns die Sonne, und so ist Gelb eine Lichtfarbe per se. Neben Rot ist es die Farbe, der wir am frühesten einen Namen gaben. Als das »Glänzende« im ockerfarbenen Lehm trugen sie unsere Ahnen in die heiligen Höhlen, um damit in den magischen Zeichnungen der Schamanen das himmlische Licht im Abbild zu verewigen. Dementsprechend verstehen wir Gelb neben Blau und Rot als eine Feuerfarbe, jedoch ist es der mildere Brand von Fackel und Kerze, der uns die Nacht erhellt und uns die Furcht vor dunklen Schrecken nimmt. Andererseits, und hier zeigt sich die Zwiespältigkeit dieser Signalfarbe, ist es auch der Ton der Ausgegrenzten, sei es das Gewand des Mönches, der sich aus freien Stücken von der Gesellschaft abkehrt, oder das warnende Tuch, das die Aussätzigen und Huren als

Ausgestoßene einst tragen mußten, oder aber das gelbe Kreuz, das dem verurteilten Ketzer als Verworfenem auf seinem Gang zur Hinrichtungsstätte um den Hals gehängt wurde.

Gelb glimmt auch das Gold, mit dem sich die Reichen schmücken, wodurch in ihm auch die Reizfarbe der Selbstsüchtigen und der Neider gesehen wird, deren beider Blick ans irdische Gut geheftet bleibt. Auch als ein Ton der Trennung gilt Gelb, weshalb manche zum Schutz gegen böse Anwandlungen ein gelbes Dreieck aus Seide bei sich tragen, das ihnen einerseits Distanz und andererseits Licht bescheren soll, worin wir wiederum eine Verbindung zur Förmlichkeit erkennen mögen, die heute im Schenken von gelben Rosen noch am sinnbildlichsten wirkt. In der Magie verbinden sich diese Aspekte soweit, daß Gelb als eine äußerst konsequente Farbe aufgefaßt wird, die einerseits Klarheit und Überblick befördert und somit als eine Farbe der Erkenntnis aufscheint, zum anderen aber mit Schärfe zu trennen weiß, wobei hierbei bekanntlich das eine auch im anderen ruht. Daß allerdings eine gesetzte Symbolik sich in sich rasch verkehrt, sobald ihr Gehalt durch Hinzunahme nur um weniges gewandelt wird, zeigt sich in der gelben Schleife hoffender Zusammenführung, durch die gerade eine befürchtete Trennung symbolisch überwunden werden soll: Das, was durch die Farbe angesprochen wird, soll eben durch die Bindekraft der Schleife verhindert werden.

Grün bedeutet seiner etymologischen Wurzel nach Wachsen und Wachstum, weshalb es auch ein Attribut für Jugend ist. Wahrscheinlich angesichts seiner übermächtigen Präsenz in der Natur empfinden wir es allgemein als eine unscheinbare Farbe, weshalb es wohl auch als liturgische Farbe von der katholischen Kirche dem alltäglichen Sonn-

186

tag zugewiesen wurde. Gleichwohl vermissen wir das Grün in karger Winterszeit und sehnen uns nach seiner sommerlichen Fülle. Also tragen wir grüne Zweige zu Weihnachten und Ostern ins Haus und verleihen hierdurch unserer grünenden Hoffnung Ausdruck. Und wenn die Brautleute sich mit grünen Zweigen schmücken und wir dem Toten gleichfalls einen grünen Zweig hinter das Ohr stecken, berufen wir uns dabei auf Lebenskraft und Fortwähren als sein weiteres elementares Temperament.

In den Mythen begegnet uns Grün als die Farbe der Wassergeister, der Drachen und Naturdämonen, und auch der Beelzebub taucht gelegentlich als grün geschuppte Chimäre auf. Aus diesem Grunde werden nach dem Leitsatz, das Gleiche mit dem Gleichen befehden, grüne Schilde dem Dämonischen entgegengehalten. Sind diese noch dazu aus lebendigem Grün, tritt zudem das lichte Leben der Dunkelheit entgegen. Dennoch steckt im Grün, dem Kleid der Erde, auch eine beharrender Aspekt, so daß es beim Bindezauber als abwehrender Wall und erdende Kraft, die das Übel in seine eigene Finsternis verdammt, zum Einsatz gelangt. Andererseits ist es als sprossende Kraft auch eine treibende Macht für jeden Neubeginn und so während Fährnissen der Wandlung ins Unbestimmte hinein ein treuer Begleiter als verheißungsvolles Symbol des Aufbruches.

Rot ist das Blut, die Liebe, der Zorn, die Leidenschaft. Rot ist die Emotion. Rot ist das Leben schlechthin. Es ist die Farbe, die vor allen anderen zu einem Namen kam, waren doch Blut und Rot einst ein Begriff für sich. Leben und Tod begegneten sich in ihm. Sobald sich die schmückende, atmende und vom Geist durchflutete Haut öffnete, flutete das Leben in quickem reinem Rot hervor, um alsbald im kruden Rotbraun schwarzrot zu verstocken. So überzeugend sinnlich die Heftigkeit des Lebens und gleichermaßen seine Flüchtigkeit symbolisierend, wurde Rot zum Sinnbild der Farben überhaupt.

In Rot ist die Schönheit gewandet, sie bezaubert uns mit roten Blüten und lockt uns mit roten Früchten und verspricht uns Frische und Lebenskraft. Und so ist Rot auch die Farbe der Götter und Fürsten, die sich gleichfalls mit Rot umhüllten, um neben den anderen Temperamenten Macht und Feurigkeit hervorzukehren. Auch das belebende, erwärmende, aber zugleich vernichtende Feuer glost uns rot im Auge, weshalb auch Krieg, Umsturz und Erneuerung im roten Tuch einherziehen. Die Augen der Dämonen gleißen rot, indes wirkt im Roten auch alle Zauberkraft, sie zu bannen. Deshalb wohl ist es die erste Farbe der Magie, vermag man doch mit ihr die Macht der Götter zu beschwören und das Glück herbeizuzwingen. Rot war bereits die Zauberfarbe unserer Ahnen, und so ward für sie der Farbname gleichermaßen zum Begriff für ihre Magie. Folglich wird heute noch die Zauberkraft mit Rot verstärkt, um die Dämonen zu schrecken, aber auch was belebt, gesunden und verbunden werden soll, wird rot gefärbt, ebenso wie das, was der Kraft des Feuers zur Reinigung und Läuterung anheimgegeben wird. In diesem Sinne wird Rot als die Farbe der Wandlung und nötigenfalls als der Ton gewaltsamer Trennung verstanden.

Schwarz ist dem ursprünglichen Wortsinn nach die Farbe des Schmutzes und der Dunkelheit. Sie symbolisiert die Finsternis und die Abwesenheit von Licht, sie ist die Farbe der Nacht und der Unterwelt. Gleichwohl sind im Schwarz alle Farben präsent, schluckt es doch alles Licht und somit alle Farbe. Hierdurch versinnbildlicht es zugleich das ihm zugewiesene Temperament als Teufelsfarbe, die Farbe des Luzifers, der in die Dunkelheit der Höllenschrunde gestürzten Lichtgestalt. Entsprechend sieht man mit dem Schwarzen Quälgeister, Kobolde und Trolle einherziehen. Und dort, wo sich der Zauber als schwarze Magie sinistre Kräfte bedient, stehen ihm schwarze Tiere in Gestalt des Höllenhundes, der schwarzen Katze als Hexenvieh oder des schwarzen Raben als zauberwissender Ratgeber zur Seite. Also weist der Ton in die Tiefe der Erde, in die Dunkelheit, in der man das Höllenreich wähnt, und somit auf die alten verfemten Götter, die Vegetationsdämonen vergangener Mutterreligionen, die dem Menschen wie einst Luzifer die Erkenntnis, aus der Finsternis geborenes Leben und Sinnlichkeit schenkten. Es ist dieselbe Unterwelt, die sie beherrschen, in die zunächst auch die toten Seelen einkehren, weswegen Schwarz auch die Farbe des Todes ist, in die sich der Trauernde gewandet, um sich dem Verstorbenen anzugleichen und dessen Neid nicht zu wecken. Da es also der ideale Ton ist, um sich zu verbergen und möglichen Anfeindungen der Dämonen zu entziehen, streichen sich auch allerlei Geheimbündler diese Farbe aufs Panier.

Als alles Dräuende und Vermunkelte anziehender Farbton wird Schwarz in der Magie zur Bindefarbe, die das Üble anzieht. Es flieht dem schwarzen Kreis zu und vermag ihn wie die Motte das Licht nicht zu überwinden. Insofern haben wir in ihm einen mächtigen Ton, wozu sich auch das Edle gerne mit ihm schmückt, zeugt er doch von jener Vornehmheit, die seine Träger vom Gemeinen abgrenzt. Solchermaßen wirkt es nicht nur isolierend als ein Medium, das dazu dient, Dinge der Vergessenheit anheimzugeben, sondern betont neben der Individualität auch die Selbstzufriedenheit.

Weiß als Gegenpol zum Schwarz ist ebenso wie diese eine Trauerfarbe, und nicht minder sind in ihm alle Farben des Lichtes, vereinen sich doch alle Töne des Spektrums zu reinem Weiß, was sich erkennbar auch in seinem Namen wiederfindet, der sich einst von hell und Licht ableitete. Es ist eine unbunte Nichtfarbe. In diesem Sinne wird sein Ton auch als Farbe des Todes und des Überganges verstanden. Gleichzeitig ist sie wegen ihres blassen Charakters auch eine Farbe der Auflösung, die ins Unfaßbare reicht und mithin auch Anfang und Verklärung versinnbildlicht. Weiß ist mithin die Farbe der Wandlung. Obwohl Farbe des Todes, ist sie so gesehen auch die Farbe des Fortwährens. Sie rückt, das Licht reflektierend, selbst dem Licht zur Seite und wird zu einem Attribut der allmächtigen Lichtgottheiten und ihrer Herolde. Das weiße Opfertier war ihnen vorbehalten, und so wie das weiße Lamm Symbol für den Heiland wurde, war einst der weiße Stier das wahre Opfer für Jupiter. Die Diener der Lichtgottheit auf Erden, die Priester und Magier, gewandeten sich in weiße Tücher, um sich zum einen die göttliche Macht zu eigen zu machen und die Dunkelheit zu bannen und zum anderen ihr Auserwähltsein zu demonstrieren. Der Magier trat im bodenlangen weißen Kleid und weiß behütet in seinen Zauberkreis, konnte er doch so die Dämonen ungefährdet beschwören und in stellvertretender Göttlichkeit bezwingen. Hier verbindet sich Weiß auch mit der Vorstellung von Reinheit. So wandelte etwa der Kandidat, der sich auf seine Initiation vorbereitete, als unbeschwertes Gotteskind in reinem Weiß. Das unschuldige Kind wird im überlangen, Dämonen abwehrenden, weißen Taufkleid in die Kirche getragen, und so gut wie jede Braut träumt den Traum von der weißen Hochzeit, auch wenn dies ein noch verhältnismäßig junger Brauch ist. Neben dieser solchermaßen ausgewiesenen Reinheit soll das weiße Kleid auch Rüstung sein, an der sich alles Üble bricht. Dementsprechend wird der weiße Zirkel in der Magie dem Bösen zur unüberwindbaren Barriere, und was weiß umhüllt oder weiß geschrieben wird, bleibt somit auch unwandelbar.

Geistreise

Mit Geistreisen, oder Idokation, werden Entkörperungen umschrieben, während denen sich der Magier mit seiner Bewußtheit an einen anderen Ort bewegt, um dort in okkulter Weise Einfluß zu nehmen oder eine magische Handlung zu beenden. In zahlreichen Mythen stoßen wir auf das Bild des Magiers, der es dank seiner Zauberkraft verstand, aus der Ferne zu heilen, zu töten oder seinen Klienten vernehmlich anzusprechen. Wiederum andere Legenden erzählen uns von Konferenzen der Magier an heiligen Orten, bei denen sich ausschließlich ihre Seelen miteinander berieten, und doch konnte später jeder Beteiligte unabhängig voneinander übereinstimmend berichten, was gesprochen wurde. Die Techniken der Entkörperung sind so verschieden wie die Magier selbst. Grundsätzlich läßt sich zwischen durch Drogen, durch Trance oder durch Meditation bewirkten Entkörperungen unterscheiden. Darüber hinaus kann der Seelenanteil, der sich in die Ferne bewegt, unterschiedlich mächtig sein. Mal bleibt der Körper wie tot zurück, da praktisch die ganze Seele des Magiers bis auf einen marginalen Rest in anderen Sphären weilt. Mal entkörpert sich nur seine Tagesbewußtheit, mal ist es nur sein magischer Wille, der aus dem Körper strebt. Speziell letzteres scheint möglich, ohne daß der Magier seine bewußte Präsenz hierfür einschränkt. So hatte ich beispielshalber einmal mit einem Fall von Umsessenheit zu tun, bei dem jemand über Wochen beständig von einem Magier bedrängt wurde, ohne daß der Magier selbst sich in seinem

Alltag begrenzen mußte, war es doch lediglich seine Intention, die er als magisch wirksame Bedrängung zu externalisieren vermochte.

Das Phänomen einer Geistreise wird je nach Temperament unterschiedlich geschildert. In einigen Schriften wird von einer »Silberschnur« erzählt, mit der Körper und Seele verbunden sind, und es wird dringlich gemahnt, diese Schnur nicht reißen zu lassen, da sich sonst die Seele nicht mehr inkorporieren könnte. Aus meiner Erfahrung heraus halte ich solcherlei Warnungen für wichtigtuerisches Trara, die in unverstandener Weise auf die Od-Experimente (Od = Lebensenergie, vergleichbar mit dem Begriff Aura) des Karl Freiherrn von Reichenbach (1788–1869) rekurrieren. Es gibt solche und solche Entkörperungen. Entsteht dabei eine Silberschnur, wird sie für gewöhnlich auch nicht reißen. Reißt sie dennoch, wobei diese Trennung überwiegend selbst gewollt ist, führt dies zu einer augenblicklichen Bewußtwerdung im Körper, wodurch der abgelöste Seelenaspekt wieder zurückgerufen beziehungsweise angebunden werden kann. Geistreisen, bei denen eine Silberschnur entsteht, sind zudem in der Regel Astralreisen; hierbei lösen sich Bewußtseinsaspekte aus der Aura des Menschen. Solcherart Entkörperungen sind in der Magie jedoch eher selten, weswegen sich bei den meisten magisch motivierten Geistreisen der Geist des Magus ohne astrale Körperanbindung frei bewegt. Als Medium, das dieserart Bewußtseinsreisen überhaupt erst ermöglicht, dient der transzendente Raum, den sich der Magus erschlossen hat, beziehungsweise das morphogenetische Feld, das er sich hierfür zunutze macht.

Eine andere Art der Entkörperung sind Schwebeträume, bei denen sich gleichfalls Bewußtseinsaspekte vom Körper entfernen. Wird man sich hierbei seines Traumes bewußt, kann man ihn willentlich lenken und zu einer magischen

Reise nutzen. Allerdings sollte man sich hier, wie überhaupt bei jeder Art von Geistreise, davor hüten, sich vor seiner Rückkunft zum Erwachen zu zwingen. Die sich hierbei einstellende Desorientierung und mögliche seelische Zerrissenheit könnte nämlich, sofern man es nicht versteht, sich wirksam zu sammeln, eine anhaltende Irritation und Desorientierung nach sich ziehen.

Konzentrationsgeste

Weißmagische Mächtigkeit ist vorrangig eine Bewußtseinskraft. Dennoch ist es für den Magus notwendig, sich auf seine Kraft zu besinnen und die magische Handlung konzentriert auszuführen. Durch seine Konzentration verdichtet er quasi seine magischen Energien zu einer wirksamen Substanz. Allerdings ist seine Konzentration weniger ein gedanklicher als ein spiritueller Prozeß. Durch die hier vorgestellte Mudra, eine magische Handhaltung, fokussiert er die sich erschlossenen transzendentalen Kräfte in meditativer Weise in sich und macht sie so seinem Zauber nutzbar. Diese Mudra wird Pentagramm-Mudra genannt, da in der Handhaltung Aspekte des Drudenfußes verborgen sind, wobei dieser mit seiner Basis nach unten und der Spitze nach oben ausgerichtet ist. In dieser Ausrichtung steht er für die demutsvolle Hinwendung an eine höhere Macht.

Um die Mudra zu formen, halten Sie die Rücken der beiden mittleren Fingerglieder der kleinen Finger aneinander. Hierauf kreuzen Sie die beiden gestreckten Ringfinger, der linke Finger ruht dabei vor dem rechten. Führen Sie die Fingerspitzen der gekreuzten Ringfinger zwischen Mittel- und Zeigefinger; richten Sie die Fingerspitzen dabei so aus, daß Sie die unteren Fingerknöchel von Mittel- und Zeigefinger berühren. Nun legen Sie die gestreckten Mittel- und Zeigefinger mit den Fingerkuppen dachförmig aneinander.

Die Pentagramm-Mudra, ein harmonisierendes Medium.

Sofern es die Geschmeidigkeit Ihrer Finger zuläßt, dürfen sich gleichzeitig die Spitzen von Mittel- und Zeigefinger berühren. Die Daumen halten Sie mit den Kuppen gegeneinander und richten sie zeltförmig nach außen. Halten Sie alsdann die so verschränkten Hände in Magenhöhe, die Daumenspitzen weisen auf ihren Körper, die anderen Finger nach vorne in den Raum. Spüren Sie nunmehr der in Ihr Sonnengeflecht einströmenden Kraft nach!

Mit der Pentagramm-Mudra vermitteln Sie einerseits ihrer Vernunft faßliche irrationale Impulse, Undenkbares wird so denkbar. Gleichzeitig stimulieren Sie Ihre Intuition, verschaffen sich·aber gleichwohl einen klaren Blick, um Schein, Magie und Wirklichkeit zu unterscheiden. Zudem bewirkt die Mudra eine Harmonisierung der Energien. Sie finden zu Ihrer Mitte. Weiter formen Sie sich mit der Mudra ein unwandelbares magisches Schild, hinter dem Sie gefaßt in sich ruhen. Durch diese ungewöhnlich sichere Gelassenheit wandeln Sie sich für Ihre Mitwelt in einen ruhenden Pol und kraftspendenden Quell.

Magische Kontrakte

Das Instrument des magischen Kontraktes begegnet uns vor allem in jenen Legenden, in denen ein Tropf um irdischer Fülle wegen seine Seele dem Teufel verschreibt; wobei gewiefte Magier den Teufel hier durch zweideutige Formulierungen zu überlisten suchten, galt doch der Beelzebub als ein Mann des Wortes, was heißt, es war ihm unmöglich, vom Buchstaben der Verträge abzuweichen. In der weißen Magie, wo generell auf die Beschwörung von Mittlerwesen angesichts ihres dubiosen Charakters verzichtet wird, hat ein Kontrakt zwar eine andere Bedeutung. Dennoch gründet auch seine Verwendung auf eben der Vorstellung, daß das notierte Wort unverrückbar ist. In diesem Sinne steht der magische Kontrakt in einem Kontext mit den magischen Anschauungen zum Zauberspruch, Zauberwort und zur Namensmagie. Grundsätzlich ist jedoch ein magischer Kontrakt in der weißen Magie als Fixierung der magischen Intention aufzufassen. Dies bedeutet in der Praxis, der Magier notiert Absicht, Ziel und Wirkung, um seinem Zauber Bestand zu verleihen. Dergestalt dient ein weißmagischer Kontrakt der Intensivierung der Zauberkraft des Magiers und bewirkt darüber hinaus einen in seine magische Sphäre hinein schöpfenden Impuls.

Der Anlaß für einen solchen Kontrakt kann aber auch sein, Grenzbereiche berühren zu wollen, die ins Dämonische hineinwirken, insbesondere im Abwehr- und Widerzauber, bei dem der Magus häufig mit in sich zentrierten Kräften konfrontiert wird. Der Kontrakt bietet ihm hier eine Möglichkeit, eine dämonische Kraft zu zwingen, sich entsprechend ihrer Natur buchstabengetreu zu verhalten und sich somit seinem Willen zu beugen. Diese Form des Kontraktes dürfte ihm jedoch überwiegend eine lästige aber notwendige Prozedur sein, um verdichtete dämonische Kräfte wirksam und endgültig zu bannen. Angenehmer wird es ihm indessen sein, den magischen Kontrakt als einen Spiegel seines magischen Wollens und der Kommunikation mit seiner magischen Sphäre zu nutzen. Gibt er sich doch mit der Notierung seiner Wünsche und Absichten auch ein Korrektiv an die Hand, um aufscheinende Dünkel bereits in ihren Ansätzen zu erkennen. Insofern ist die Formulierung eines Kontraktes auch von kontemplativer Magie und entspricht in dieser Manier einer erbaulichen Verpflichtung, die man mit sich selbst eingeht.

Einen magischen Kontrakt sollten Sie mit einem Holz- oder Eisengriffel auf weißem Papier verfassen. Es handelt sich also um eine nicht sichtbare Schriftform, mit der wir es hier zu tun haben. In ihr wirkt der Zauber des Augenblickes mit seiner ganzen ihm eigenen Zeitlosigkeit. Der Kontrakt, obzwar niedergeschrieben, ist pure Energie. Der Geist, der in ihm wirkt, wird wohl an das Papier gebunden, bleibt aber dennoch in Bewegung. Gleichzeitig sind die niedergeschriebenen Worte mehr noch als jede sichtbare Schrift unverrückbar, sie können weder gestrichen noch korrigiert werden. In dieser Weise verfaßt, gilt ein solcher Vertrag als von höchster magischer Verbindlichkeit. Die Anerkennung dieser Verbindlichkeit mag man noch unterstreichen, indem der Vertrag wiederum sichtbar mit Tinte unterzeichnet wird, womit auf das ewig Gültige des Kontraktes seinerseits erkennbar hingewiesen wird.

Magische Zeiten

Jedes Ding und jedes Wesen hat seine Zeit, in der es sich anderem gegenüber offen oder verschlossen gibt. Dies gilt auch für die magische Handlung. Zwar läßt sie sich einerseits zu jeder Zeit ausüben, andererseits wird man in der Praxis bemerken, daß zu dieser oder jener Stunde die geweckten Kräfte spürbar intensiver sind als zu anderen Augenblicken. Aus dieser Beobachtung heraus dürften sich vor gut 6000 Jahren auch die ersten Temperamente in der Astrologie entwickelt haben, hatten doch die alten Magier in den Wandelsternen einen himmlischen Chronometer, der ihnen zugleich das Wirken und den Willen der Götter offenbarte, wodurch sie imstande waren zu erkennen, welcher zeitliche Aspekt ihrer Magie förderlich beziehungsweise hinderlich werden könnte. Aus diesem Grunde wiesen sie allmählich auch den einzelnen Tagen ebenso wie den Stunden Planeten zu, die diese Zeiten dominieren sollten. In den Namen unserer Wochentage lebt diese Sicht fort, wobei die Gepflogenheit, auch die Stunden unter das Regiment der astralen Götter zu stellen, sich mittlerweile verloren und lediglich im Geburtshoroskop mit der Würdigung des Aszendenten sich eine verwandte Fortsetzung bewahrt hat. Indessen hat die Astrologie von heute die alten Götter längst vergessen und keinen Blick mehr für die tatsächlichen Bewegungen am Himmelszelt. Sie hat sich zu einem hermetischen mantischen System gewandelt, dessen zeitliche Bezüge nur noch in analoger Weise verstanden werden können. Insofern sind astrologisch ermittelte Zeitbezüge zu magischen Handlungen nur bedingt tauglich.

Den besten Zeitpunkt für seine Magie wird ein Magus ohnehin aus seiner Intuition heraus erkennen und in sinnlicher Weise bemerken, wann die magischen Kräfte nur flau vor sich hindümpeln und wann sie zu einem mächtigen Strom anschwellen. In diesem Sinne sollten Sie sich bei der Wahl der Stunde für ein magisches Ritual mehr von Ihrem positiven Gefühl leiten lassen als von schematischen Empfehlungen. Aus meiner Praxis und verschiedentlichen Bestätigungen weiß ich, daß die günstigste Stunde für einen weißmagischen Zauber in der Nacht zwischen zwei und drei Uhr liegt; es ist dies die Stunde, die nach der Geisterstunde und vor der Mönchsstunde des ersten Frühgebetes liegt. Merkwürdigerweise ist hierbei die Uhrzeit der eigentliche Impulsgeber und nicht die astronomische Zeit, was bedeutet, daß diese Stunde ihr Air unabhängig von den Veränderungen etwaiger Sommer- oder Winterzeiten entfaltet. Ursächlich hierfür mag also eine allgemeine, in den Tagesablauf gebettete übergreifende psychische Befindlichkeit sein, die durch den Tiefschlaf der meisten Mitmenschen zu dieser Stunde konditioniert wird. Von einer solcherart morphogenetischen Konditionierung der Zeit wird man auch übers Jahr berührt, kennen wir doch in der Volksmagie etliche Tage und Nächte, zu denen das Fenster für magisches Wirken etwas weiter offensteht als an anderen Tagen. In der Tat scheint ein Zauber zu diesen Zeiten mehr Kraft zu besitzen, auch sind die mystischen Eindrücke und Widerfahrungen zu solchen Tagen oft reicher als sonst. Von den annähernd 100 im Brauchtum als günstig erachteten Tagen seien nachstehend nur jene erwähnt, denen eine außergewöhnliche magische Dichte nachgesagt wird; da diese Tage auch heute noch weitgehend besondere Beachtung finden, ist ihre magische Präsenz ungebrochen. Neben diesen Tagen gelten allgemein auch noch die Tage um Voll- und Neumond als besonders zauberkräftig, während im zu- oder abnehmenden Mond gerne kräftigende beziehungsweise schwindende Zauberhandlungen vollzogen werden.

Januar:	1.: Neujahr, 6.: Heilige Drei Könige, 25.: St. Pauls Bekehrung.
Februar:	2.: Mariä Lichtmeß, 14.: Valentin, 24.: Matthias (Schalttag), außerdem Fastnacht und Aschermittwoch – wenn nicht im März.
März:	17.: Gertrud, Frühlingsanfang, als auch Palmsonntag, Karfreitag und Ostern – wenn nicht im April.
April:	25.: Markus, 30.: Walpurgisnacht.
Mai:	1.: Philippus und Jakobus, 12., 13. und 14.: die drei Eisheiligen, zudem Christi Himmelfahrt, Pfingsten – wenn nicht im Juni.
Juni:	Sommeranfang, 24.: Johannistag, 27.: Siebenschläfer.
Juli:	25.: Jakobus d. Ä.
August:	15.: Mariä Himmelfahrt, 24.: Bartholomäus.
September:	14.: Kreuzerhöhung, 21.: Matthäus, Herbstanfang.
Oktober:	31.: Halloween.
November:	1.: Allerheiligen, 2.: Allerseelen, 30.: Andreastag.
Dezember:	4.: Barbaratag, 21.: Thomastag, 24.: Heilig Abend, 31.: Silvester, dazu die zwölf Rauhnächte vom 25. 12. bis einschließlich 6. 1.

Magischer Kreis

Der Zauberkreis ist als magischer Schutzkreis gedacht, um den Magus während seiner Sitzung vor dräuenden Kräften zu bewahren und die Wirkung seiner Magie zu potenzieren. Seit jeher wurde der Kreis neben der Kugel als die ideale Form angesehen. Dementsprechend symbolisiert er Vollkommenheit und steht für die Macht des Himmels. Da er weder Anfang noch Ende erkennen läßt, ist er auch Zeichen für die Zeitlosigkeit der Ewigkeit und Metapher für das Rad des Lebens. Im magischen Ritual ist er ein unerläßliches Mittel, um dem Zauber einen gültigen Rahmen und einen sicheren Raum zu verschaffen, aus dem heraus er wirken kann. Folgerichtig ist das Ziehen des Kreises meist der erste Akt zu Beginn einer magischen Handlung. In einem mit solcher Absicht gezogenen Kreis baut sich rasch eine ungewöhnliche Atmosphäre magischer Mächtigkeit auf. Sobald der Magus von ihr ergriffen wird, sollte er mit seinem Zauber beginnen.

Ein magischer Kreis kann in unterschiedlicher Weise gezogen werden. Wer die Absicht hat, sich öfters der praktischen Magie zu widmen, sollte sich einen Kreis aus weißem Tuch nähen. Zur Verstärkung darf er das kreisrunde Tuch mit einer farbigen Borte versehen. Als Farben bieten sich Gold, Silber oder Blau an. Ein Zauberkreis aus weißem Tuch sei auch jedem als Insel empfohlen, der sich für eine Weile in sich zurückziehen möchte, um Kraft zu schöpfen. Ich empfehle dieserart Kontemplation vor allem solchen Menschen, die sich in irgendeiner Weise magisch bedrängt fühlen. Meist tritt nach meiner Beobachtung allein durch die aufgenommene Kraft im Kreis, mit deren Entwicklung zugleich auch eine Reinigung einhergeht, eine spürbare Linderung ein, so daß sich für gewöhnlich ein Gegenzauber erübrigt. Eine Variante eines selbstgenähten Kreises besteht darin, den Kreis auf ein quadratisches Tuch zu heften. Von der Symbolik her weist ein solcher Kreis traditionell auf den in allem Dinglichen und Leiblichen verborgenen göttlichen Funken hin. Auch hier kann das quadratische Tuch von besonderer Schutzfarbe sein, wodurch die Tabuzone des Kreises nochmals gestärkt wird.

Eine andere Möglichkeit, sich einen beständigen Zauberkreis zu fertigen, bietet sich mit einer kräftigen zu einem Rund geknüpften weißen Kordel an. Dieserart dauerhafte

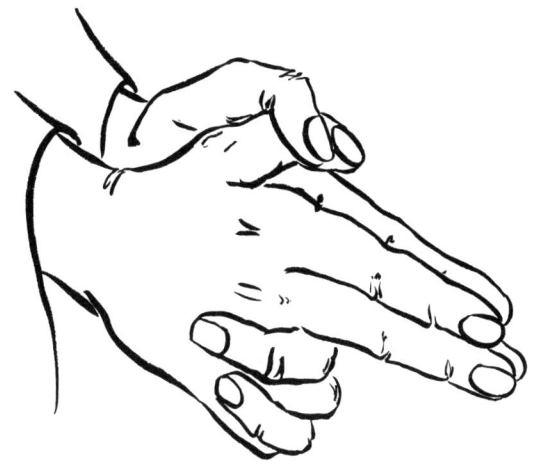

Handhaltung beim Ziehen eines magischen Kreises.

Kreise haben grundsätzlich den Vorteil, daß sie ihre Atmosphäre als magisches Zentrum bewahren, ja sich zunehmend aufladen und somit den Zauber begünstigen.

Die bereits erwähnte Verstärkung des Schutzes wird bei frei gezogenen Kreisen dadurch erreicht, daß eine Doppellinie, also zwei konzentrische Kreise, gezogen werden. Ein frei gezogener Kreis kann mittels eines Zauberstabes, der dazu beidhändig gehalten werden sollte, mit Kreide oder auch nur deutungsweise mit der Hand gezogen werden. Für einen mit der Hand gezogenen Kreis werden beide Hände gefaltet und darauf Zeige- und Mittelfinger gestreckt und gegeneinandergehalten. Alsdann dreht sich der Magus mit gestreckten und gegen den Boden gerichteten Armen langsam im Kreis.

Freihändig wie dauerhaft gezogene Kreise können durch die Hineinnahme von Schutzformeln und Symbolen zusätzlich verstärkt werden, wobei beim freihändigen Kreis die Formel meist in den Reifen der Doppellinie geschrieben wird. Die gewählte Formel steht üblicherweise in einem Zusammenhang mit der beabsichtigten Zauberhandlung. Darüber hinaus wird gerne ein Tor am Zauberkreis angebracht, durch das der Magus den Kreis verlassen und betreten kann. Dieses Tor wird durch ein für den Magus bedeutsames Schutzzeichen symbolisiert, etwa eine auf den Kreis gelegte Bibel, ein magisches Siegel oder ein ausgewähltes Kräutersträußchen, womit der Zugang nur ihm allein möglich ist.

Auch sollte ein Magus ein Tor zwingend installieren, sobald er die Absicht hegt, sich auf geistige Reisen zu begeben. Er bleibt hierdurch, auch wenn sich seine Seele andernorts bewegt, durch den magischen Kreis beschützt, da er ihn in astraler Form mit sich führt.

Vielfach besteht auch das Bedürfnis, den Zauberkreis durch eine ausgesprochene Schutzformel zu weihen. Dies kann bei einem beständigen Kreis einmalig nach seiner Fertigung geschehen, oder aber der Vorgang wird wiederholt, sowie in uns das Gefühl aufsteigt, wir bedürften für den vorgenommenen Zauber eines zusätzlichen Schutzes. In diesem Fall hilft uns der nachstehende einem chaldäischen Vorbild nachgedichtete Zauberspruch, die magische Macht des Kreises zu stärken und somit widrige Temperamente abzuhalten:

Banne! Banne! Banne! Unüberwindlicher Wall.
Kreise! Kreise! Kreise! Unbezwingbarer Kreis.
Walte, wahre, wirke! Auf daß dich niemand beheben kann.
Walte, wahre, wirke! Auf daß dich niemand verletzen kann.
Walte, wahre, wirke! Auf daß dich niemand verändern kann.
Sei heile Schlinge ohne Ausweg, sei Feuerkreis und Himmelsdom.
Verknüpfe alle heilgen Mächte von der Erde bis zum Firmament.
Zerschlage und verbrenne, zerstreue und verirre,

Was aus den Schatten dir zu nahe rückt.
Sei Wehr zu allen Seiten, sei Schild nach oben und nach unten.
Verschmelze alle guten Mächte zu einem Panzer aus Kristall.
Sein Spiegel soll verzehren, was böses Wollen noch verbirgt.
Sei Hort, sei Gral, sei heilger Quell, an dem das Übel sich gebricht.
Banne! Banne! Banne! Unüberwindlicher Wall.
Kreise! Kreise! Kreise! Unbezwingbarer Kreis.

Pendel

Das siderische Pendel, ein neben der Wünschelrute ge-
bräuchliches Instrument, um tellurische Abstrahlungen zu
muten, wird seit alters auch als magisches Medium, insbesondere in der Mantik und Iatromagie, verwendet. So
wissen wir aus antiken Beschreibungen von Metallschalen
mit eingraviertem Buchstabenkreis, in denen ein Pendel
kreiste und auf gestellte Fragen hin die Buchstaben der
Schale anklingen ließ, die in ihrer Folge die Antworten der
angerufenen Geister verkündeten.

In der weißen Magie, in der aus gutem Grund auf die
Mittlerrolle eventueller Geistwesen verzichtet wird, ist es
stets der Geist des Magus selbst, der das Pendel bewegt;
Antworten, die er hierdurch erhält, bleiben folglich auf
seine magische Wirklichkeit beschränkt und somit durch
ihn beherrschbar.

Die Handhabung und der Einsatz des Pendels durch den
Magus entsprechen weitgehend dem Befindlichkeitspen-
deln, wie es heute überwiegend landauf, landab gepflegt
wird und zudem zu allen möglichen Seelenlagen das Pendel
entweder freihändig oder über Planchetten und Diagram-
men geführt wird. Nur daß der Magus nicht nur der Befindlichkeit der Seele und möglichen durch die Mitwelt
bedingten Einflüssen nachgeht, sondern auch deren Charaktere in magischer Hinsicht überprüft, indem er die Qua-

lität der einwirkenden Temperamente abfragt. Hierzu stellt er, sobald er sich in seinen Zauberkreis begeben hat, entsprechende Fragen via Pendel in den sich ihm geöffneten magischen Raum hinein. Wobei er nur in wenigen konkreten Fällen vorbereitete Planchetten oder Diagramme benutzen wird, ist doch die magische Befragung im Grunde eine intuitive dem eigenen Geist nachspürende Erkenntnisweise, weshalb auch das Pendel überwiegend frei ohne Vorlagen geführt werden dürfte. Dies bedeutet, daß der Magus sich mit der Signatur seines Pendels vertraut machen muß, das heißt, er muß die Bedeutung der Schwingungsrichtungen und der unterschiedlichen Bewegungsformen wie Kreise, Striche, Ellipsen und komplexe Sterne eingeübt und für sich erkannt haben. Zudem sollte der Magus das Umfeld, in dem er pendelt, mit in Betracht ziehen. Gerade beim magischen Pendeln, das eine Abart des spirituellen Pendelns darstellt, wirken räumliche Disharmonien oft verfälschend auf das Ergebnis einer Befragung ein. Anhand geklärter und erkannter Strukturen lassen sich die Reaktionen des Pendels durch entsprechende Testfragen auf ihre Richtigkeit hin überprüfen und sich somit jene Besonderheiten erkennen, die treffende Pendelreflexe begünstigen, etwa die Ausrichtung innerhalb des Kreises, die Hinzunahme von Symbolen, Amuletten oder die Wahl speziellen Räucherwerks.

Ergänzend zur Praxis des freihändigen Pendels ist dem Magus auch eine Buchstabenplanchette mit dem im Kreis oder Halbkreis notierten Alphabet von grundsätzlichem Nutzen, vermag er doch durch sie mögliche Quellen negativer Kräfte auch namentlich auszumachen und darauf im Abwehr- oder Widerzauber seine Magie wirksam zu fokussieren.

Reinigende Medien

Ein wesentlicher Beweggrund, weißmagisch tätig zu werden, ist die Abwehr und Ableitung negativer Energien. Dieserart Kräfte haften sich uns für gewöhnlich als Verschattungen im alltäglichen Umgang mit unserer Mitwelt an und belasten demzufolge unser Gemüt. Im Auge des Magiers sind dies unstrukturierte, diffuse und in sich nicht zentrierte Kräfte ohne bemerkenswerten Charakter. Seltener hingegen sind dämonische Anhaftungen, sei es an Personen oder Dinglichem. Solcherlei Phänomene weisen stets erkennbare Strukturen auf und erscheinen in sich zentriert, wodurch ihnen auch ein eigenständiger Charakter zugesprochen werden kann. Gleichwohl sollten diese Charaktere nicht als wesenhafte Erscheinungen aufgefaßt werden, selbst wenn sie sich beispielshalber während eines Exorzismus Namen zuweisen beziehungsweise namentlich zu erkennen geben. Vielmehr sind solcherlei zentrierte Energien als abgelöste respektive bewußt oder unbewußt kreierte und abgesonderte Seelenaspekte zu verstehen, die entweder durch Magie oder Wahlverwandtschaft in einem Menschen festigende Attraktion finden. Dort streben sie nach seelischer Verbindung, um ihre eigentliche Flüchtigkeit zu verlieren und wesenhaften Ausdruck, schlimmstenfalls besetzende Wesenhaftigkeit zu erlangen.

Auffälligerweise erleiden überwiegend solche Menschen dämonische Anhaftungen, die eine Affinität zu parapsychologischen Grenzbereichen mitbringen. Dies dürfte zumal in dem Umstand begründet sein, daß die dort erfahrbaren möglichen Sensationen relativ leicht zu handhaben sind, da von überwiegend psychosomatisch-mechanischer Natur. Mit anderen Worten es sind je nach angewandter Technik voraussagbare Phänomene; so wird, um ein Beispiel zu nennen, jemand, der sich aufs nekromantische

Gläserrücken einläßt, auch mit entsprechend okkulten Wahrnehmungen konfrontiert werden. Andererseits gestalten sich die hierdurch geweckten Kräfte, sofern sie nicht bereits in sich dämonischer Natur sind, häufig als Attraktionskräfte für ebendiese Dämonie. Vielfach werden derartige Impulse, wie ich aus meiner Beobachtung weiß, im Zusammenspiel mit dilettantischen Wahrsagern, neuen Hexen und Hinterhofmagiern gesetzt, die sich häufig in Verknüpfung mit einer abstrusen Volksmagie eines zusammengewürfelten schwarzmagischen Instrumentariums bedienen. Wobei ein Teil dieser Finsterlinge derartige Impulse allerdings auch bewußt vermittelt, um seine Klientel an sich zu binden.

Reinigende Mittel, die der befreienden Intention des Magiers Gestalt verleihen können, sind zuvorderst Feuer und Wasser, beides Elemente wahrhaft biblischer Urgewalt. Mit dem Kerzenlicht steht das reinigende **Feuer** dem Magus für gewöhnlich bei seinen Zauberhandlungen stets zur Seite und schenkt seiner Magie somit Schärfe und Klarsicht. In den Bräuchen des Feuersprungs und Feuerlaufs wie in den Seelenlichtern auf den Friedhöfen wird gleichfalls, wenn auch meist nur mehr hintergründig, auf die reinigende Wirkung des Feuers abgehoben. Offensichtlicher ist hingegen der Gebrauch des Feuers in der magischen Praxis. Hier mag der Magus die Aura eines Klienten mit der brennenden Kerze klären oder negativ behaftete Gegenstände, seien es Überreste von magischen Abreibungen oder Notizen und Bilder, verbrennen. Stets soll dabei durch die Flamme das Üble bleibend getilgt werden. Dabei wird vielfach die reinigende Wirkung des Wassers nachgeschaltet, indem die Asche weggeschwemmt wird.

Eng verknüpft mit den Feuerritualen ist die Räucherung, als Inzensation, dem Weihräuchern, in der katholischen Kirche ein nicht wegzudenkendes Ritual. Beim Räuchern wirkt das Durchstreifen der Aura mit Räucherwerk ebenso reinigend wie das Durchführen sympathetischer Mittel und Träger – seien es Bilder, Symbole oder Amulette – durch eine Rauchfahne, wobei letzteres im magischen Verständnis einer analogen Klärung gleichkommt. Das Räuchermedium der Wahl ist in der Regel eine Weihrauchmischung. Wegen ihres überaus harmonisierenden Effektes greife ich auch gerne zu einer gleichgewichtigen Mischung aus Benzoe und Tolubalsalm.

Benzoe ist eine wohlriechende Abart des Asant, im Volksmund auch Teufelsdreck genannt, einem Gummiharz, das als Würzmittel in der indischen Küche eingesetzt wird. Benzoe gilt offiziell als ein Wundheilmittel und ist ebenso wie der Tolubalsalm, der für Lungen- und Blasenerkrankung Verwendung findet, ein Aromastoff in der Parfümherstellung. In ihren Entsprechungen stehen Tolu und Benzoe für heilsame Einigung, befreiende Weiterung, Sensualität als auch Sensitivität sowie einfühlsame Kommunikation.

Eine regelmäßige Räucherung der eigenen vier Wände scheint für den Magus prinzipiell angebracht. Verschafft und bewahrt er sich doch durch solche Inzensation eine geheiligte Zuflucht, in der er selbst stets wiederkehrend Stärke und Läuterung findet. Letztlich sei noch erwähnt, daß auch Asche von klärender Wirkung ist, vor allem dann, wenn sie von einem magischen Papier herrührt, womit reinweiße Bögen gemeint sind, auf die mit geweihtem Wasser magische Siegel gezeichnet wurden.

Wasser, das in unseren Breiten im Überfluß sprudelt, ist das Lebensmittel schlechthin und Heilmittel seit Menschengedenken, dem mit der Balneologie ein eigener medizinischer Zweig gewidmet ist. Seiner Urgewalt und seiner segnenden Eigenschaften wegen wurde es zu allen Zeiten vergöttert, und mit dem Mond wurde ihm ein sympathetisches Gegenüber gestiftet. Angesichts seiner archetypischen alles Leben bergenden Symbolik sollte sich eine Schale mit Wasser im Zauberkreis jedes Weißmagiers befinden, wo es im Zusammenspiel mit der Kerze die vier Elemente ergänzt und somit den Kreis schließt und ihm zugleich ein empathisches Temperament verleiht. Verspritzt es dort der Magier zu Beginn seines Zaubers in alle vier Himmelsrichtungen, klärt er nicht nur die Atmosphäre im Kreis, sondern begründet auch einen abwehrenden Dom. Überdies befördert eine Schale Wasser bei jeder Art der mantischen Magie die Inspiration des Magus.

Da Wasser neben Feuer das Medium ist, durch das anhaftende Energien am gründlichsten entfernt werden können, sollten magische Hilfsmittel wie Pendel, Kugel, Amulett oder Zauberstab von Zeit zu Zeit vom fließenden Wasser überströmt werden. Werden diese Instrumente anschließend vom Magier behaucht, lädt er sie mit seiner Energie auf und eignet sie sich hiermit mittels erneuter Weihe zu. In ähnlicher Weise weiht er Amulette: Er nimmt einen Schluck Wasser in den Mund und prustet es über den Schutzbringer. In einer rituellen Reinigung werden im Zauberkreis Hände und Füße benetzt, um die Zauberhandlung in vorbildlicher Reinheit zu begehen, während zur Dämonenabwehr Schläfen, drittes Auge und Fontanelle vom Magier mit Wasser betupft werden. Schließlich haben wir mit dem Weihwasser ein vor allem in der Volksmagie begehrtes Mittel zur Hand, das auch im Exorzismus als Instrument der Dämonenerkennung und -austreibung kaum wegzudenken ist. Wobei auch der Magus kraft seiner Zaubermächtigkeit befähigt ist, Wasser zu weihen.

Ein weiteres seit Urzeiten zur rituellen Reinigung verwandtes Medium kennen wir mit dem **Salz**, das ähnlich der

Asche als aufnehmendes Bindemittel für ungute Anhaftungen hoch geschätzt wird. Geweihtes Salz ist ein zwingender Bestandteil des kirchlichen Weihwassers, wohl auch deshalb wird es in der Magie reinigenden Bädern grundsätzlich zugesetzt. Im magischen Ritual wird Salz ausgestreut und zusammengekehrt, um negative Bindungen zu lösen – dies zumal bei Anhaftungen an Gegenständen und sympathetischen Trägern. Aber auch bei unstofflichen Phänomenen wie Spuk oder diffusen dämonischen Energien wird eine ausgeworfene Prise Salz als befreiendes Bindemittel hoch geschätzt.

Der negative Kräfte bindende und abstreifende Charakter des Salzes wird bei einigen anderen Medien noch offensichtlicher. Durch das **Abstreifen** eines Gegenstandes oder einer Person sollen die schlechten Energien gewissermaßen abgewischt beziehungsweise abgekehrt werden. Hierfür werden seit alters frisch geschnittene Ruten oder begrünte, am besten maigrüne Zweige verwendet, was übrigens heute noch in zahlreichen Frühjahrsbräuchen, in denen der Winter geschlagen und ausgekehrt wird, zum Ausdruck kommt. Auch Abstreifungen mit einem Kruzifix, geweihtem Palm oder einem Kräuterbüschel aus sieben verschiedenen Kräutern werden magisch wirksame Befreiung zugesprochen.

Schutzformeln

Idiomagische Schutzformeln können als kompakte Zaubersprüche aufgefaßt werden und gründen folglich auf der Vorstellung der magischen Macht des Wortes. Vielfach werden Schutzformeln benutzt, deren Sinn dem Nutzer nicht verständlich ist. Als Beispiel sei die Formel »Hax Pax Max« erwähnt, eine ebenso wie das »Hokuspokus« aus den Kirchen herausgetragene Lautmalerei, bei der die endenden kehligen Zischlaute als magische Abweisung besonders betont werden. Indes ist der Gebrauch »kauderwelschender« Formeln im Grunde nur ein Hinweis darauf, daß der Magier an seiner Mächtigkeit zweifelt und sich für unbedachte Kräfte öffnet, um sie in seinen Zauber einzubinden. Das Kauderwelschen macht nur Sinn, solange man es als Tranceübung versteht, ähnlich dem Zungenreden der Pfingstgemeinden. Hierbei ist es möglich, durch unkontrollierte Lautbildungen trancehafte Absencen herbeizuführen, bei denen unter günstigen Umständen Sinnhaftes zu vernehmen ist, das dann von den Umstehenden divinatorisch gedeutet wird. Eher als andere aber hört der Kauderwelschende selbst aus seinen anhaltenden Lautkaskaden Botschaften heraus. In diesem Sinne kann eine freie Lautmalerei ein Instrument zur Selbstfindung und Betrachtung des eigenen Seelengrundes sein. Wer sich darin versteht, mag sich ihr auch zur Ortung und Bestimmung einwirkender Kräfte hingeben.

Eine magisch wirksame Schutzformel freilich sollte aus einem klaren knappen Satz bestehen, in dem die Absicht des Magus auf den Punkt gebracht wird, wie dies etwa die Abwehrfloskel: »Walte, weiche, wirke!« ausdrückt. Mit ihr soll das Bedrängende aufgenommen und wirksam zurückgewiesen respektive aufgelöst werden. Eine derart verkürzte Formel können Sie sich auch zu Ihrem persönlichen Mantra erheben, das Sie, wann immer Sie glauben, daß Ihnen Manakraft zufließen soll, in Gedanken oder in Worten rezitieren. Ein solches Mantra können Sie sich selbst ausdenken, Sie können aber ebenso gegebene Kürzel aufgreifen, beispielsweise »Ave Maria«, das »Gegrüßet seist du, Maria« aus der kirchlichen Litanei. Grundsätzlich empfehle ich jedem, sich seine persönliche Schutzformel zufließen zu lassen. Das heißt, Sie werden sie zum richtigen

Zeitpunkt finden, sei es auf einem Grabstein, sei es ein Sie berührender Schlüsselsatz in einem Gespräch oder in einem Text, sei es ein erhellender und bezeichnender Anflug während einer Meditation.

Dem Namenszauber entliehen ist das Apotropäum, bei dem der Namen eines Widersachers in Verbindung mit einer magischen Handlung rückwärts geschrieben wird. Rückwärts gesprochene oder geschriebene Botschaften werden allgemein der schwarzen Magie zugerechnet. So hörten etwa manche »Aufklärer« in den siebziger Jahren, die die Popmusik als Ursache eines allgemeinen Sittenverfalls ausgemacht hatten, aus manchem Lied eine rückwärts gesungene satanische Botschaft heraus. Ein rückwärts geschriebener Name ist hingegen generell neutral, da er ausschließlich die Energien des Namensträgers auf diesen selbst zurücklenkt. Folglich muß, wer nichts Böses im Schilde führt, seinen verkehrten Namen nicht fürchten. Im Abwehrritual ist die Verkehrung indes ein potenzierendes Medium, mit dessen Hilfe der auf einen gerichtete Zauber gebrochen wird.

Eine auf uns gekommene Schutzformel, über die sich Generation um Generation Gedanken macht, ist die Satorformel. Sie kann, wie das Bild zeigt, von allen vier Ecken ausgehend sowohl rückwärts wie vorwärts gelesen werden. Diese Art des pflugwendigen Lesens beförderte wahrscheinlich die Deutung des Textes »Der Sämann hält den Pflug, der Arbeiter die Räder.« Nach dieser Interpretation bleibt freilich unverständlich, wieso diese Formel als Schutzzeichen an und in Häusern kurz nach der Zeitenwende weithin Verbreitung fand; wäre sie doch dieser Deutung gemäß nur eine semantisch-graphische Spielerei. Daher ist die Entstehung der Formel, wie neueste Überlegungen vermuten lassen, im Umfeld der Stoiker zu suchen. Verweist doch der Kern der Formel, das Kreuz

»Tenet« als Kürzel für »continet« = bindet, ersichtlich auf den aus stoischer Sicht göttlichen Zusammenhalt des Kosmos. In diesem Sinne wäre das magische Wortspiel als Bindezeichen zu verstehen und könnte in seiner Bedeutung wie folgt ausgelegt werden: »Was ich als Werkmeister und Vater an Werken geschaffen habe, ist unauflösbar.« Danach wird also die Schöpfergottheit mit dem Wunsch angerufen, das Geschaffene in seiner Eingebundenheit zu belassen, was auch dem magischen Gebrauch der Formel bis in unsere Tage entspricht.

Die Satorformel diente als Vorlage ähnlicher magischer Buchstabenquadrate. Wurde doch von solchen Quadraten erwartet, daß sie den Zauber ebenso potenzieren, wie sich in ihnen die Botschaft vervielfältigt. Durch die geometrische Verteilung der Buchstaben, insbesondere in der bevorzugten Gestalt eines Dreiecks, läßt sich nämlich ein Zauberwort je nach Größe rasch einige hundert Mal lesen. Beispielshalber ist die magische Bitte »Wehr dem Übel« im untenstehenden Dreieck, in der Basiszeile erkennbar zusammengefaßt, zusätzlich über 1024 verschiedene Wege herauszulesen.

W

W E

W E H

W E H R

W E H R D

W E H R D E

W E H R D E M

W E H R D E M Ü

W E H R D E M Ü B

W E H R D E M Ü B E

W E H R D E M Ü B E L

Schutzgesten

In den Linien unserer Hände verrät sich nicht nur unser Temperament, sondern offenbart sich auch unsere Seele. Wohl deshalb wurde seit alters der Gestik während eines magischen Rituals vornehmliche Beachtung geschenkt. Etliche Kulturen schufen sich gar einen komplexen Kanon speziell choreographierter Zaubergesten, so etwa mit den Mudras der asiatischen Welt, durch die göttliche Aspekte zu im Menschen wirksamem Ausdruck gelangen sollen. Etliche magische Gesten sind uns so selbstverständlich, daß wir über sie kaum mehr nachdenken. Seien es beispielshalber die verschiedenen Gebetsgebärden oder die zum Schwur erhobene Hand. Ebenso geläufig ist uns die Abwehrgeste gegen den bösen Blick, bei dem wir Zeigefinger und kleinen Finger der Faust wegstrecken und so auf die Quelle der Bedrohung verweisen. Wer glaubt, von einem bösen Hauch erfaßt worden zu sein, wird hingegen Zeige- und Mittelfinger auseinanderspreizen und sie leicht gekrümmt, gleich einem aus der Faust ragenden Bocksgehörn, der Ansuchung entgegenhalten.

Bei heftiger empfundenen unguten Anmutungen hilft das von einem Kreis umschlossene Kreuzzeichen, womöglich in alle vier Himmelsrichtungen geschlagen, um sich einen Schutzschirm zu schaffen und das Dräuende in seine Schranken zu verweisen. Hierzu sollten Kreuz und Kreis mit aneinandergehaltenen und gestreckten Zeige- und Mittelfingern gezogen werden.

Um einer dreisten Person ihre Schlechtigkeit »zurückzugeben«, spannen wir hingegen die Nagelglieder von Zeige- und Mittelfinger unter das obere Daumenglied, halten die Hand vor unser Kinn und lassen die beiden Finger in Richtung der Person schnellen. Durch ähnliches Wegschnellen vermögen wir uns auch von Bedrängungen zu befreien, sobald wir die Nagelglieder der vier Finger unter dem quer gehaltenen Daumen spannen und darauf die Hand mit einer schnellenden Bewegung öffnen. Dreimal wiederholt, wirkt diese Geste oft Wunder.

Mit der hier abgebildeten Handhaltung, einer magischen Mudra, ziehen Sie gewissermaßen einen Zauberkreis und schaffen sich so, wo Sie gerade gehen und stehen, ihren ureigenen magischen Raum. Insbesondere ist die Mudra, die hierzulande als magischer Ring bekannt ist, auch dazu geeignet, die Schutzkraft eines magischen Kreises zu erhöhen und zu verdichten. Drehen Sie sich mit den so zusammengehaltenen Händen langsam um ihre Achse, formen Sie

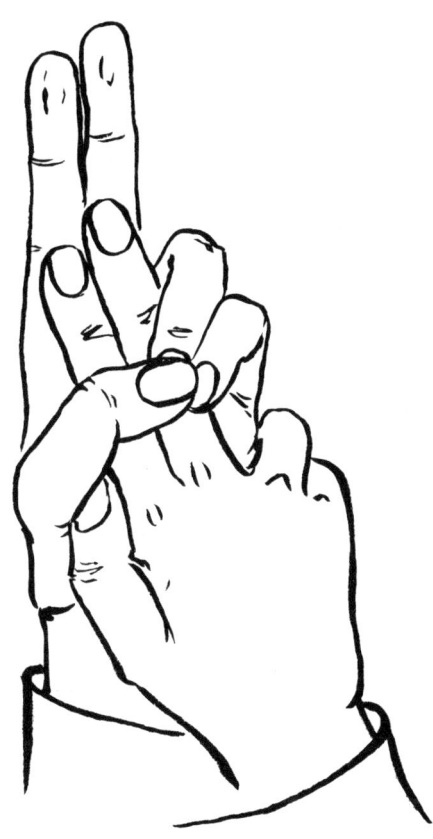

Der magische Ring, eine mächtige Mudra aus dem Djo-Foudo-Ritual des Shingon.

einen spürbaren Dom um sich. Seine Kraft werden Sie bemerken, sobald Sie den Kreis verlassen. Aus diesem Grund ist die Mudra auch ein wirksames Schild wider auf Sie gerichtete negative Energien. Errichten Sie doch mit ihr quasi eine magische Wand.

Um die Mudra zu formen, strecken Sie Zeige- und Mittelfinger der linken Hand und halten Ihre Daumenkuppe gegen die Nagelflächen von Ringfinger und kleinem Finger. Mit der rechten Hand formen Sie eine Schwurhand, strecken also Daumen, Zeige- und Mittelfinger und schlagen Ringfinger und kleinen Finger gegen den Handballen. Alsdann schieben Sie Zeige- und Mittelfinger der rechten Hand, als würden Sie ein Messer in seine Scheide stecken, unter den Daumen der linken Hand, so weit, bis die Fingerkuppen die Unterglieder von Zeige- und Mittelfinger der linken Hand decken.

Wegen seiner zeichenhaften Ähnlichkeit mit einem in der Scheide steckenden Schwert läßt sich die Mudra auch für magische Schnitte und Impulse verwenden. Wollen Sie beispielsweise etwas wirksam voneinander trennen, halten Sie die Mudra eine Weile, bis Sie den Eindruck gewinnen, Ihre rechte Hand pulsiere voller Energie. Hierauf ziehen Sie sie als imaginäres Schwert aus der Scheide, legen die linke Hand, ohne deren Haltung zu verändern, auf Ihren Kopf und führen mit der rechten Hand den notwendigen Streich. Danach stecken Sie dieses Schwert zurück in seine Scheide und lassen den Zauber wirken. Gleichermaßen können Sie, ihre rechte Hand als Schwert führend, ihrem Zauber Nachdruck und Zielsicherheit verleihen beziehungsweise Gegenstände magisch aufladen.

Spiegel

Seit der Mensch sein widerspiegelndes Antlitz im Wasser erkannte, dürfte der Spiegelschau und somit allem Spiegelnden auch eine magische Bedeutung unterlegt worden sein. Daß der Blick in den Spiegel auch als ein Blick in eine Gegenwelt aufgefaßt wurde, ist uns in vielen Mythen und Märchen, etwa in der Sage des Narziß oder der Mär von

Schneewittchen überliefert. Insofern werden dem Spiegel als Tor zu einer magischen Welt zwiespältige Eigenschaften zugedacht. So vermag man sich in ihm zu verlieren, oder böse Geister können durch ihn in unsere Wirklichkeit übertreten. Andererseits aber gilt er wegen seiner Reflektionsgabe auch als wirksames Apotropäum, durch das die dämonischen Kräfte auf sich selbst zurückgeworfen werden.

In diesem Sinne gelangt der Spiegel auch in der weißen Magie zum Einsatz. Wobei grundsätzlich empfohlen wird, sich hierfür einen eigenen Spiegel zuzulegen, der zudem zugedeckt verwahrt werden sollte und nur zum Zauber selbst aufgedeckt wird. Der ursprüngliche Grund hierfür dürfte darin liegen, daß der Spiegel in den Rang einer Sakramentalie erhoben werden sollte. Begegnen wir doch, immer wiederkehrend, ähnlichen Empfehlungen für den Gebrauch und die Verwahrung aller magischen Medien. Dennoch bleibt es letztendlich der persönlichen Einstellung des einzelnen Magus unterworfen, welchen Rang er der Äußerlichkeit seines Instrumentariums zukommen lassen möchte. Es gibt für die sakrale als auch für die profane Betrachtung der magischen Medien gute und überzeugende Gründe, die sich nicht gegeneinander aufwiegen lassen, sondern sich nur vom grundsätzlichen Zugang zur Magie her individuell bewerten lassen. Für den magischen Gebrauch empfehle ich im allgemeinen einen Schminkspiegel, der neben einer normalen Spiegelfläche auch über einen Hohlspiegel verfügt. Wegen seiner beidseitigen Spiegelflächen ist er einmal als abweisendes Medium geradezu ideal, reflektiert er doch mit seiner jeweiligen Rückseite sich möglicherweise dem Zauber entgegensetzende Energien. Zum anderen wirkt die Hohlspiegelfläche speziell bei der Reflexion unguter Kräfte fokussierend und somit magisch potenzierend.

Das Wahrsagen aus Spiegeln folgt dem Verständnis, daß sich im Spiegel eine Gegenwelt offenbart, wobei einst hierfür wegen ihrer spiegelnden Fläche bevorzugt schwarze Tinte auf Teller gegossen wurde. So verschaffte sich der Zauberer eine seine Divinationskräfte anregende changierende Sicht zwischen reflektierender Oberfläche und liquider Tiefe. Zudem ließen sich so aufscheinende Dämonen durch Ausgießen des Spiegels augenblicklich bannen. Die Vorstellung, daß im Spiegel sichtbar werdende Dämonen ihre Macht verlieren, mag hierin ihren Grund haben.

Beide Momente, die mantische wie die abwehrende Schau, scheinen auch in der weißen Magie auf. Für die mantische Schau können Sie direkt in den Spiegel blicken und sich auf ein hypnotisierendes Wechselspiel mit Ihrem Spiegelbild einlassen, durch das Ihre Intuition angeregt wird und sich eine inspirierende Weite einstellt. Den hierdurch gewonnenen Sichten fehlt allerdings meist die beobachtende Distanz. Dafür erleben Sie sie als ein unmittelbares Erkennen beziehungsweise Angesprochensein. Indes bedarf es hierfür gerade wegen der Unmittelbarkeit der Sicht einiger Erfahrung, um wahre Sicht und täuschende Selbstprojektion auseinanderzuhalten.

Im allgemeinen führt daher eine Distanz wahrende Vorgehensweise eher zu brauchbaren Erfolgen. Rücken Sie hierfür eine Glaskugel in das Zentrum des Hohlspiegels, und fixieren Sie sie. Durch den starren Blick treten alsbald optische Reize auf: Mal verschwimmt die Kugel vor Ihrem Auge, mal scheinen schleierhafte Bewegungen in ihr abzulaufen. Dieserlei Reize sind freilich noch keine Sicht. Erst wenn sich diese optischen Irritationen verlieren und die Kugel Ihrem Auge wieder gänzlich geklärt erscheint, stellen sich Visionen ein. Diese Visionen sollten Sie keineswegs nur als passives Schauen auffassen, vielmehr dürfen Sie sich auch darum bemühen, sie durch Befragen und Hinterschauenwollen zu steuern und auf ihren Grund zurückzuführen. Hierdurch lassen sich gezielt gegenwärtige Gegebenheiten ebenso wie vergangene und zukünftige Ereignisse ergründen.

Auf eine abwehrende Schau sollten wir uns indes nur dann einlassen, wenn wir einen begründeten Verdacht auf bestehende dämonische Einwirkungen hegen; andernfalls bestünde das Risiko, daß wir eben durch die Vision Kräfte weckten, die sich ansonsten gar nicht wirksam konstituieren hätten können. Ziel einer abwehrenden Schau ist es, die dämonische Kraft zu zwingen, sich im Spiegel respektive in der Kugel zu zeigen, damit sie sich in der Vision auflösen. Hierzu verlangsamt der Magier seine Sicht, bis die Bewegung der wahrgenommenen Energie zum Stillstand gelangt, worauf sie sich entweder implodierend oder explodierend auflöst beziehungsweise zerstäuben wird. Die solcherart wahrgenommene Kraft teilt sich dabei in symbolischer oder konkreter Weise dem inneren Auge des Magus mit; schließlich ist jedes visionäre Schauen in seinem Grunde eine innere Schau. Selbstverständlich wird der Magus solcherart apotropäisches Schauen mit entsprechend reinigenden Riten begleiten und sein Instrumentarium abschließend unter fließendem Wasser wieder klären.

Abschließend sei noch eine Möglichkeit erwähnt, einem Zauber mittels eines Spiegels in sinnfälliger Weise Richtung zu verleihen. Sie ist den seltenen Stücken von Zauberspiegeln abgeschaut, die in Japan mancherorts in Kulthandlungen verwendet wurden, bei denen der Priester einem inbrünstig Gläubigen die Gnade zukommen ließ, den Buddha zu sehen. Die Rückseiten respektive die Hintergrundfassungen dieser planen und auf den ersten Blick völlig klaren Spiegel war von geschickten Spiegelmachern so manipuliert worden, daß bei günstiger Beleuchtung der Spiegel mit dem reflektierten Licht ein Bild des Buddha oder ein ihm entsprechendes Symbol an die Wand warf. Schreiben Sie folglich in Anlehnung an diese Manipulation ihre Absicht auf eine Spiegelfläche und halten Sie sie in eine Lichtquelle, am besten in Sonnenlicht, trägt das zurückgespiegelte Licht den Zauber in die magische Sphäre und somit auch sichtlich seinem Ziel entgegen. Zugleich ist diese Art der Spiegelmagie eine wirksame Verfahrensweise, seinem Widerzauber Mächtigkeit zu verleihen.

Zauberbuch

Nach landläufiger Vorstellung ist ein Zauberbuch mehr oder minder einem magischen Kochbuch vergleichbar, in dem zahlreiche Tricks und Regeln angeführt werden, durch deren Befolgung man Macht über seine Mitwelt gewinnt. Und in der Tat gab es solche Schriften, die seit der Erfindung der Buchdruckerkunst, obwohl kirchlicherseits verboten, den gemeinen Aberglauben bedienend, zahlreich unters Volk gebracht wurden. Erlaubt hingegen und ebenfalls äußerst populär waren vorgebliche Pamphlete wider die Hexerei, exemplarisch etwa Johann Hartliebs um 1455 verfaßte Schrift »puech aller verpotten kunst, ungelaubens und der zauberey« (»Das Buch aller verbotenen Künste, des Aberglaubens und der Zauberei«), bargen doch solche Bücher allerlei magische Rezepturen, die, wiederum ganz den Geschmack des Publikums befriedigend, raunend und unkend, meist mehr oder minder einfältigen Hokuspokus preisgaben.

Freilich waren solcherlei Zauberschriften damals wie heute entbehrlicher Zeitvertreib. Wenn an dieser Stelle das Zauberbuch als ein magisches Medium erwähnt wird, so hebe ich eher auf die beispielgebenden Traktate ab, wie sie etwa von Agrippa von Nettesheim, Paracelsus oder Robert Fludd verfaßt wurden, denen tiefgründige Nachdenklichkeit und tatsächliches magisches Wirken zugrunde liegt.

Noch mehr jedoch kommen mir jene Tagebücher der Alchemisten in den Sinn, denen sie privatissime ihre Erfolge, Mißerfolge und sublimen Gedanken anvertrauten. Hierdurch schufen sie sich nicht nur ein Protokoll ihrer magischen Fertigkeiten, sondern auch ein Objekt magischer Verdichtung, das durch sich selbst zum magischen Medium wurde. In der Folge wurden dieserart Zauberbücher zum potenzierenden Begleiter ihrer Magie, wovon sich auch das auf uns gekommene Bild des Zauberers mit Zauberstab und Zauberbuch in der Hand ableitet. Eine diesen Zauberbüchern vergleichbare Einrichtung finden wir in den Gnadenbüchern der Wallfahrtsstätten, in die die Gläubigen neben ihren Gebeten auch ihren Dank für die Abwendung einer Not eintrugen. Solche Gnadenbücher werden durch die Summe der darin verzeichneten Glaubensbeweise und Gnadenakte zu Sakramentalien, die ihrerseits vom Geist berührt scheinen.

In diesem Sinn empfiehlt es sich, ein magisches Tagebuch anzulegen, in dem Sie gleichfalls Protokoll über ihre Magie führen. Halten Sie in ihm Anlaß und Absicht ihres magischen Tuns fest, beschreiben Sie ihr Vorgehen, und notieren Sie die empfundene Stimmung sowie die beobachtete Wirkung. Hiermit geben Sie sich mit der Zeit neben einer aufschlußreichen Übersicht zu ihrem magischen Walten auch einen Leitfaden an die Hand, mit dessen Hilfe Sie Wirksames und Unwirksames sowie Angebrachtes und Unangebrachtes in Ihrer Magie zu unterscheiden lernen. Zugleich aber schaffen Sie sich auch wie einst die Alchemisten ein magisches Medium erster Güte, das Ihnen zum Schlüssel zu ihrer magischen Sphäre wird, wirkt doch durch die Zeilen mit ihrem Geist auch ein Hauch magischer Transzendenz. Und um die solchermaßen eingeschriebene Stimmung zu pflegen, lohnt es sich auch, der Tradition folgend, die Schrift mit Tinte zu verfassen.

Zauberspruch

»Orande, Burande, Uburande«, »Aube Borante Teante«. Zwei Zaubersprüche, die in alten Fibeln empfohlen werden und denen durch latinisierende Wortmalerei biblische Mächtigkeit verliehen werden sollte. Solcherart magisches Kauderwelsch war nicht nur in der Volksmagie, sondern auch unter studierten Magiern äußerst beliebt. Strenggenommen sind Zaubersprüche Gebeten ähnliche Schutzformeln. Beides gründet auf der idiomagischen Vorstellung von der Macht des Wortes, wonach das gesprochene Wort unmittelbarer Geist ist und sich deshalb seine eigene Wirklichkeit zu schaffen versteht. Als wie zwingend die Macht des Wortes erachtet wurde, beschreiben uns zum Beispiel jene Fabeln, in denen der Teufel durch ein listiges Wortspiel übertölpelt wird, da er, an das Wort gebunden, sich der List nicht zu widersetzen vermag. Ganz in diesem Sinne wurden mittels Zaubersprüchen beliebig Geister beschworen, die bei ihrem Aufscheinen dem Magus kraft seines Wort dienlich sein mußten. In der weißen Magie verbieten sich solche Beschwörungen von selbst. Dafür wird der Weißmagier durch seinen Zauberspruch seine eigene Kraft beschwören und die Verbindung zu seinem transzendenten Hort suchen, um aus dessen Mächtigkeit zu schöpfen. Hier ein besonders mächtiger Zauberspruch, der, zu Beginn eines Rituals rezitiert, die inneren und transzendenten Kräfte des Magiers erweckt und all seine Seelenaspekte zu einer manamächtigen Verbindung zusammenführt:

Hört, hört, hört, allgütige Geister! Euresgleichen ruft euch. Ich rufe euch.
Hört, hört, hört! Ich rufe an die Macht der Erde. Ich rufe an die Macht des Feuers. Ich rufe an die Macht des Wassers. Ich rufe an die Macht der Winde. Ich rufe an die Macht des Mondes. Ich rufe an die Macht der Sonne. Ich rufe an die Macht des Himmels.

Hört, hört, hört! Kommt hernieder und erhebt mich. Kommt hernieder und erkennt mich. Kommt hernieder und wappnet mich. Kommt hernieder und befriedet mich.

Hört, hört, hört, allgütige Geister. Seht, mein Licht ist unter euch. Seht, mein Licht ist in euch. Seht, mein Licht ist über euch. Bewahrt unser Licht.

Hört, hört, hört! Unermeßlich ist die Flamme, die mich nährt. Unermeßlich ist der Raum, in dem ich walte. Unermeßlich ist die Zeit, in der ich wirke. Unermeßlich ist der Geist, der mich beseelt. Unermeßlich ist seine Gnade.

Hört, hört, hört! Ich wahre die Leidenschaft in meinen Lenden. Ich wahre das Feuer in meinem Herzen. Ich wahre das Licht in meiner Seele. Ich wahre meinen Namen, den noch niemand vernommen.

Hört, hört, hört, allgütige Geister! Ich rufe euch zu euresgleichen.

Zauberstab

Das Bild des Zauberstabes ist strenggenommen ein Archetyp für Mächtigkeit seit der Zeit, als der Vormensch sich erstmals mit Knüppeln und Ästen gegen wilde Tiere zu verteidigen begann. In der Symbolik erinnert der Zauberstab an die erstarrte Schlange und somit an die ergriffene Erkenntnis sowie als grünender Zweig an die Kraft der zum Himmel strebenden Bäume. Engel führen als Herolde göttlicher Weisungen gleich dem antiken Götterboten Merkur den Heroldstab mit sich. Für Könige und Bischöfe sind Zepter und Krummstab magische Zeichen ihrer Würde. Dem Magier dient der Stab zum Ziehen seines Zauberkreises, zum Zeichnen von Siegeln während eines Rituals oder als Rhythmusgeber bei der Rezitation von Wunschformeln und Zaubersprüchen. Gleichzeitig ist er auch mögliches Instrument, um den Zauber zu formen und zu lenken, wobei diese Handhabung vom persönlichen Temperament des Magus abhängt. So durfte ich einmal einen Magier beobachten, der mit seinem Zauberstab derart agierte, daß sein Wollen förmlich sichtbar in die Luft gezeichnet war. Des weiteren wird der Zauberstab vom Magier auch als Zeigestock eingesetzt, indem er mit seiner Hilfe seine Kraft punktgenau auf Dinge und Wesen überträgt, die er mit ihm berührt.

Zauberstäbe können im Prinzip aus jedem Material und von beliebiger Form sein. Die Tradition der Alchemisten schreibt Zauberstäbe aus Eisen vor, während in der Volksmagie seit jeher Stäbe von der Haselnuß bevorzugt werden. Im Grunde sollte einem ein Zauberstab durch Attraktion zufallen. Wer will, darf sein Instrument auch mit stärkenden Symbolen versehen. Hierzu wird zum Beispiel in alten Zauberbüchern empfohlen, den Stab mit der Kreuzaufschrift I.N.R.I. zu versehen, wodurch dem Stab die segensreichen und zaubermächtigen Attribute des heiligen Kreuzes zufließen sollen.

Das weißmagische Ritual, eine Näherung an die wahre Magie

Magie und Ritual gehen scheinbar Hand in Hand. Blickt man in alte Zauberbücher oder beobachtet man einen Schamanen bei seinem Handwerk, muß man den Eindruck gewinnen, das zeremonielle und durch strenge Regeln eingegrenzte magische Handeln sei eine zwingende Notwendigkeit dafür, daß sich der gewollte Zauber überhaupt entfalten kann. Andererseits wird man, sobald man sich mit den vorgeschriebenen Ritualen auseinandersetzt, ebenso feststellen, daß für denselben Zweck und Zauber oftmals gänzlich unterschiedliche Vorgehensweisen, Abläufe und Instrumentarien empfohlen werden und daß der eine wie der andere Magier, Medizinmann oder Schamane, auch wenn sie im selben Geist gründen, sich häufig so anhören, als würden sie über grundverschiedene Dinge sprechen, und ihre Zauberhandlungen rein äußerlich auch dementsprechend voneinander abweichen. Wer sich also beim Studium der Magie an den Regeln eines Rituals orientiert, wird eher verwirrt, als daß er Orientierung und Zugang zur Magie findet.

Gewiß ist das magische Ritual ein unerläßliches Instrument, um ein wirksames Potential aufzubauen und der Magie Richtung zu geben, dennoch ist es keine eigentliche Magie. Ein erfahrener Magier kann durchaus auf jegliches rituelle und zeremonielle Drum und Dran verzichten und seiner Kraft trotzdem zielgerechte Wirkung verleihen. Es genügt ihm eine Handbewegung, eine hingemurmelte magische Floskel, ja das Heben einer Augenbraue, um seinem Zauber Macht und Geltung zu verleihen. Seine Magie gründet auf seiner magischen Mächtigkeit und nicht auf einem rituellen Rahmen, dem er sklavisch anhängt. Gleichwohl weiß auch er das Ritual als magische Muse und Meditation zu schätzen und wird es von daher immer wieder gerne suchen, durchführen und durchleben. Schließlich verleiht ein Ritual der magischen Handlung nicht nur Tiefe, sondern bietet stets erneut die Gelegenheit zu einer ehrlichen Auseinandersetzung mit seinen Fähigkeiten und den wirkenden Bezügen. Somit ist es auch eine beständige Form der Selbstbesinnung, Selbstunterrichtung, der fortgesetzten Wandlung und ein anhaltender Weg magischer Erkenntnis. Zudem bewirkt ein gleichbleibendes rituelles Zaubern, daß sich die angesprochenen Kräfte intensivieren, der Zauber also über die Zeit an Mächtigkeit und Mana gewinnt und gleichzeitig die durch ihn wirkende Kraft besser verstanden wird. Und je deutlicher die wirkende Kraft erkannt und erinnert wird, desto eher läßt sie sich für einen spontanen Zauber abrufen und in gewollter Mächtigkeit lenken.

Durch das Ritual erhält die magische Handlung zudem einen Rahmen, mit dem die Erweckung der Kraft, ihre Entfaltung, ihre Zielgerichtetheit und ihr Enden festgelegt sind. Hierdurch kann die magische Kraft beobachtet und in überschaubaren Bahnen gelenkt werden, der Magier bleibt Herr des Geschehens, und die Gefahr, daß sich schattenhafte Erscheinungen des Zaubers bemächtigen oder an ihn heften, wird minimiert. Der festgelegte Beginn und das vorgesehene Ende eines Zaubers ermöglichen es dem Magier obendrein, bei sich zu bleiben und nicht zum Überwältigten seiner beziehungsweise der angesprochenen Kraft zu werden. Jedenfalls kann es nicht nur dem Zauberlehrling, sondern auch dem erfahrenen Meister widerfahren, daß er die Geister, die er rief, nicht mehr los wird. Man denke nur an den Teufelspakt des Doktor Faustus. Weit häufiger indessen läßt sich beobachten, daß die Macht des Zaubers den Magier über die Maßen einbindet, was heißen soll, daß so mancher Schwierigkeiten hat, nach einer magischen Handlung wieder in seinen Alltag zu finden, dafür aber den Rest des Tages in einem verzückten, meditativen Zustand verbringt. Solcherlei sich magisch eingehandelte Weltfremdheit mag zwar gelegentlich erfreuen und beglückende Einsichten vermitteln, dennoch vermag die hierbei gelegentlich spürbar werdende Zerrissenheit zwischen innerer Wonne und alltäglicher Forderung auch das Gemüt belasten.

Will die magische Berührtheit trotz eines zuvor festgelegten verbindlichen Rahmens nicht abklingen, sollte der Magus dem Taumel durch ein Apodiktum ein Ende bereiten. Gleiches gilt, wenn der Magier während seines Rituals bemerkt, daß sich malevolente Kräfte mit seinem Zauber verbinden wollen oder auf ihn einwirken und er diese für den Augenblick nicht abweisen kann. Als Schlußformel bietet sich im allgemeinen das »Amen«, das hebräische »So-geschehe-es« an. Ebenso wirksam ist die Formel »finis, magica finis« oder das beinahe lautmalerische »basta, omina basta«, mit denen beide Male ein Ende des Zaubers bestimmt wird. Zusätzlich können diese Schlußformeln durch Kreuzzeichen oder einem dreimaligen Händeklatschen dynamisch besiegelt werden. Die letztere Besiegelung durfte ich übrigens einem in Mailand residierendem Magier abschauen, der damit jede seiner Sitzungen zu einem guten Ende führte.

Hingegen dürfte es dem Magier durchaus willkommen sein, wenn sich seine magische Mächtigkeit nicht nur an das rituelle Vorgehen bindet und sich in ihm beschränkt. Vielmehr wird er sich, da er ja gewissermaßen auf einer Scheidelinie wandelt, auch im Alltag seiner magischen Sphäre, in der er sich zu Hause fühlt, bewußt sein wollen; allerdings ohne den zuvor beschriebenen, seine gewohnte Handlungsfähigkeit einschränkenden Taumel. Dieses angestrebte Gefühl einer fortwährenden Angebundenheit an seine magische Sphäre vermittelt ihm eine Vertrautheit, die ihn auch in seinem praktischen Leben stärkt. Vor allem in der Magie Debütierende werden indessen den sich anfänglich einstellenden temporären Wechsel zwischen magischer Befindlichkeit und alltäglicher Ferne als einen emotional und seelisch belastenden Aspekt auffassen und sich wiederum eher jene vorbeschriebene Zerrissenheit herbeisehnen. Gleichviel, eine magische, aber nicht übermannende Vertrautheit stellt sich ein, sobald wir es verstehen, unseren Tag mit kleinen magischen Ritualen zu bereichern. Zudem bildet sich durch solche rituellen Gewohnheiten die affektive Bereitschaft heraus, ein vorgenommenes magisches Ritual mit Herz zu begehen und weniger als mechanische Notwendigkeit zu verstehen; letzteres ein Umstand, der bei routinierten Magiern häufig zu beobachten ist und der seinerseits die eigentliche Macht der Magie beschränkt.

Solcherart kleine magische Rituale können äußerst vielgestaltig sein. So können wir den Morgen mit einer Meditation begrüßen. Oder man räuchert vor einem Hausaltar, den man sich eingerichtet hat. Ein anderer zieht vielleicht Yogaübungen vor, während sich der nächste mit einer ausgedehnten Körperpflege erfreut. Auch das mittlerweile verpönte Tischgebet kann, neu belebt, zu einer Quelle der Kraft und Rückgebundenheit werden. Gleichermaßen vermögen Regelmäßigkeiten des Alltags magisch zu kräftigen, auch wenn sie in Ablauf und Erscheinung nichts erkennbar Übersinnliches mit sich tragen. Es genügt, wenn sie im entsprechenden Bewußtsein zelebriert werden, wobei kleine Gesten ihnen oft zusätzliche Stärke verleihen. So mag man dem Brechen des Brotes oder dem ersten Schluck aus einem frischen Glas bewußt den Charakter einer Weihe verleihen oder das Innehalten, bevor man sein Besteck aufnimmt, als eine Andacht im Hinblick auf den sinnlichen Genuß verstehen; steckt doch in der Gabe der Sinnlichkeit auch der Samen der Übersinnlichkeit, und ist nicht die Sinnenfreude die Mutter der Lebensfreude und somit auch ein Gottesdienst. Des Abends mögen wir vielleicht eine Kerze anzünden, deren Farbe wir mit Bedacht gewählt haben und von deren Schein umschlossen wir den Tag Revue passieren lassen. Und wer mag, wird vielleicht ganz im Sinne Goethes ein Gedicht rezitieren, der einst meinte, ein Tag, ohne ein schönes Gedicht gelesen zu haben, sei ein verlorener Tag. Ein anderer mag indes die abendliche Mußestunde nutzen, um einer Melodie zu lauschen, sich eine Handarbeit vorzunehmen oder einen Spaziergang zu machen, bei dem er, stets auf dem selben Wege schreitend, auf die leisen Wandlungen der Natur und seiner Umgebung achtet. All diese täglichen Begebenheiten bieten uns Gelegenheit, über ihr magisches Flair nachzusinnen und wahlverwandtschaftlichen Momenten nachzuspüren, wodurch wir sie ihrer Gewöhnlichkeit entheben und vermeiden, daß sie in monotoner Wiederkehr zur Gewohnheit werden. Hierdurch bewahren sie sich etwas Keusches und Feierliches, und wir dürfen sie von Mal zu Mal als Einmaligkeit neu erleben. Hierdurch aber finden wir zu einer unspektakulären Erinnerung transzendenter Räumlichkeit und schaffen uns ein magisches Umfeld im Alltag, das ohne Dominanz mit und in uns wirkt.

Gleichzeitig schärft sich dabei unser Blick für die Magie des Alltags, und wir werden sensibel für die magischen Augenblicke, die er uns beständig bietet. In dem wachen Gespür für diese Momente schulen wir unsere Fertigkeiten und bewegen uns, lernend und staunend, fort auf dem Pfad der Magie. Freilich sind auch diese magischen Augenblicke in ihrer reinen Tatsächlichkeit für gewöhnlich meist unbedeutend, weshalb derjenige, der hier mitteilsame Sensationen erwartet, sich von vornherein der leisen Berührung allgegenwärtigen Zaubers verschließt. Derlei feinsinnig magische Anmutung will ebenso einfühlsam erahnt werden. Das kann, um ein paar Beispiele zu geben, der Wind sein, der um die Ecke pfeift und dem wir nachlauschen, was er uns zuflüsterte; das mag ein turtelndes Taubenpaar auf dem Dach gegenüber sein, dem wir zuschauen und hinter dessen ausschließender Zweisamkeit wir neben schlichter Lebensfreude ein magisches Weben erkennen; oder wir mögen einen Augenblick lang vom gleichförmigen Klick-Klack einer traktierten Computertastatur magisch berührt werden und in dem Rhythmus Sinn und Größe verspüren, die uns etwas von dem Potential verraten, das unser Dasein für uns bereithält. Ebenso mag die eine oder andere Begebenheit Zeichen mit sich tragen, die wir als Botschaften erfassen, wodurch sich unser Blick erhellt und wir die Ursachen künftiger Wirkungen beeinflussen können beziehungsweise Zusammenhänge verstehen, die sich uns eben zuvor noch verschlossen hatten.

All dieserart scheinbare Nebensächlichkeiten fördern unsere magische Gewandtheit, und wir gewinnen verstärkt Zutrauen in unsere Mächtigkeit. So aber gewinnen wir auch eine Freiheit, die uns bei der Ausgestaltung magischer Rituale zuträglich ist. Das Schema des Rituals tritt in den Hintergrund, und die magisch wirksamen Bezüge gewinnen zunehmende Bedeutung. Der Ritualablauf gestaltet sich zu einer lebendigen Performance wahrer Zauberkraft. Wir werden offen für das magische Geschehen und Wirken; wir erkennen die Richtung, in die es drängt; durch Einflechtungen und Schnörkel verleihen wir der Bewegung Schwung und geschmeidige Festigkeit; wir spielen mit der magischen Strömung wie Kinder an einem Bächlein, dämmen sie ein, verlangsamen ihren Lauf oder beschleunigen ihn, stauen sie zu einem funkelnden See, öffnen Schleusen, aus denen die Kraft munter hervorsprudelt, lassen sie perlend über Kaskaden plätschern, leiten sie an Abstürze, von denen sie gischtend in die Tiefe braust, oder setzen Zaubersteine, an denen

sich der Fluß teilt, um Gumpen und Brunnen, die Tummel-
plätze der Nixen, zu füllen, auf daß sich die magischen Wasser alsbald wieder vermischen und in heiteren Mäandern
ihrem Ziel zufließen. Magisches Handeln wird so zu einem
munteren Treiben, das wir lenken, wie uns der Sinn steht,
will heißen wie sich uns sein Sinn offenbart. Hierdurch werden wir in einer erfrischenden Weise wach. Die Magie an
sich wird für uns nunmehr faßbar durch das Ritual, das trotz
aller Lebhaftigkeit nach wie vor fein abgestimmt den ver-
knüpfenden Rahmen bildet. Durch unser Temperament
aber verdichtet sie sich gleichsam und tritt sichtbar an die
Oberfläche, und wir bemerken, wie die Handlung und ihr
Ziel einander entgegenstreben, wie sie zueinander- und in-
einanderfließen. Unsere Magie wird ebenso lebendig wie
unser Ritual. Dies ist wirkliche Magie. Und sie läßt sich in
solcher Art und Weise auch nur mit einem entfesselten Geist
und loderndem Herzen wahrhaftig betreiben.

In diesem Sinne sind auch die folgenden Beschreibungen
weißmagischer Rituale und Abläufe zu verstehen. Sie stellen weder Rezepte dar, noch beschreiben sie zwingende
Normen oder ein fixiertes Regelwerk, vielmehr sollten sie
als Empfehlungen und Ratschläge verstanden werden, die
eine probate Richtung aufzeigen, wie man sich dem Gefüge
einer lauteren weißen Magie nähern und sie letztlich für
sich entdecken und erkennen kann.

Erheben Sie also, sofern Sie sich auf den anschließenden
Parcours der weißen Magie einlassen wollen, ihre linke
Hand. Sie ist, wenn auch die linke, ganz und gar nicht die sinistre, im Sinne von unheilvoll, sondern unsere empathi-
sche Hand, durch die wir Zugang zu unserem Herzen und
unserem Gefühl finden und unsere noch unerkannte Eigentlichkeit entdecken dürfen. Mithin ist sie unsere schöne
Hand. Erheben wir sie vor einem Ritual, zeigen wir, daß wir
es mit allen Sinnen und in aller Lauterkeit begehen wollen.

Dieser mittelalterliche Holzschnitt wird vielfach gezeigt, um das damalige Weltbild darzustellen. Andererseits illustriert er auch in verblüffend stimmiger Weise den empathischen Eindruck, der sich gegen Ende dieser Initiation dem Adepten vermittelt. Insoweit darf man dieses Bild als ein archetypisches Siegel auffassen, das sich dem Initianden erschließt, sobald er in den magischen Raum fällt.

Magische Welten schöpfende Einweihung

Unter der Hand hatte er die Telefonnummer dieses Magiers erhalten. Es sollte einer der Fürsten sein, die das Geschick der Welt aus verborgener Abgeschiedenheit heraus durch ihren Geist lenkten. Dieser Fürst, das wußte er, würde ihn, der die Magie von Kindesbeinen an studiert hatte, einweihen in die wahre Magie, jene seine Seele befreiende weiße Magie, durch die er Anfang und Ende der Schöpfung erfassen würde. Also flog er über den großen Teich, mietete sich in dieser lauten, hektischen Metropole in ein Hotel zwischen dem dreißigsten und dreiunddreißigsten Stockwerk eines verspiegelten Wolkenkratzers ein und wählte mit nervösen Fingern die Rufnummer. Das Freizeichen ertönte ein ums andere Mal, bis die Verbindung unterbrochen wurde. Enttäuscht legte er den Hörer zurück, im gleichen Augenblick läutete der Apparat. Er nahm ab, meldete sich und schluckte. Eine warme sonore Stimme klang ihm im Ohr. Der Fürst sprach zu ihm. Er würde kommen und ihn initiieren. Er nannte jedoch weder Tag noch Zeit.

Von da an wartete er voller Ungeduld auf den Fürsten. Er verließ sein Zimmer nicht mehr und stand oft stundenlang am Fenster, um das geschäftige Treiben in der Straßenschlucht meditierend zu beobachten. Die Nächte aber wurden ihm zum Alp. Er träumte schreckliche Dinge. Mal riß der Boden unter seinen Füßen auf, und er stürzte ins Bodenlose, durchschlug die Etagen, brach in die Erde darunter ein und wühlte sich wie ein Wurm durch kalten Schlamm und an schroffen Felsen entlang. Dann wieder erhob er sich in die Höhe, jagte durch den Fahrstuhlschacht über das Dach des Wolkenkratzers hinaus und fegte über die dunkle Stadt. Oder er stieb durch berstende Fenster von Haus zu Haus, sauste wie ein Irrwisch durch fremde Wohnungen und verlor sich in fremden Gesichtern. Morgens fand er sich erschöpft in seinem Zimmer wieder und entdeckte häßliche Blessuren des nächtlichen Alps an seinem Körper. Er wußte, daß er auf der Suche war, doch er wußte nicht, was um alles in der Welt er finden wollte. Er wirkte abgezehrt und übernächtigt, litt an Hunger und Durst und hatte dennoch einen unüberwindlichen Ekel vor jeder Speise und Trank.

Am Tag vor seiner geplanten Rückreise wählte er wieder die Nummer des Magiers. Als er auflegte, weinte er vor Zorn und Scham, der Anschluß war der Telefongesellschaft unbekannt. Es war eine Nummer, die noch nie verteilt worden war. Hatte er etwa halluziniert? War der Anruf des Fürsten nie gewesen? Ja, er mußte sich von seinem Wunsch nach höchster und einzigartiger Initiation selbst geblendet haben, war den eigenen Trugbildern und dem selbstgestifteten faulen Zauber erlegen. Zudem war er wie ein Tropf seit Anbeginn einem üblen Scherz aufgesessen. Als ausgemachter Narr würde er wieder zurückkehren. Er versuchte sich zu sammeln, lief in seinem Zimmer auf und ab, seine Gedanken kreisten, in jeder unbedeutenden Beobachtung wie in den Träumen der letzten Tage suchte er nach Zeichen, die ihm weiterhelfen sollten. Doch darüber wuchs seine Verzweiflung nur noch weiter an. Mal war er sich ganz sicher, dem Fürsten gelauscht zu haben, mal wußte er genau, daß er sich dies nur eingebildet hatte.

Als die Nacht die Schlucht unter seinem Fenster mit dunklem Blau anfüllte, gab er erschöpft auf. Nur kein weiteres Nachtmahr heute, dachte er bei sich und rückte sein Bett von der Wand und legte mit Tüchern einen Schutzkreis darum. Dann legte er sich mit dem Rücken auf sein Lager, entspannte sich und blickte zur Decke. Lange lag er so und sah zu, wie sich der Plafond im schwachen Widerschein der Straße zu bewegen schien. Mal wölbte er sich nach außen, mal floß er in Wellen, mal drückte er nach unten, und dann wieder öffnete er sich zu Kreisen, und die Sterne blitzen hindurch. Als die Bewegungen verebbten, schloß er die Augen, streckte sich und spreizte Arme und Beine zur Seite. Hätte er sich von oben sehen können, hätte er bemerkt, daß seine Beine im Kreis exakt auf sieben und fünf Uhr zeigten, während seine Hände auf zehn und zwei Uhr wiesen. Zwei mal zwölf in der Summe, eine gute Zahl, oben wie unten. So liegend, empfand er kaum seine Schwere. Vielmehr hatte er das Gefühl, daß er sich vom Rücken her weitete, Kontakt mit der Liegefläche, mit dem Boden aufnahm. Gleichzeitig weitete sich seine Aura, und er spürte, wie er sich in ihr wiegte. Dann drang er über sie hinaus, er füllte das Zimmer, es begann mit ihm zu atmen, doch mit dem nächsten Atemzug dehnte er sich darüber hinaus, durchwob die Etage, das Hotel, das Haus, und schon umfaßte er die Stadt, das Land, den Globus, auf den er sich wie hingespannt wähnte. Doch seine Reise endete nicht, er hob sich in den Himmel, umspannte das luftige Rund, mit dem nächsten Atemzug sah er bereits mit einem Blick in sich die Erde als Kugel entrückend, dann zog er am Mond vorbei, nahm auch ihn in sich auf, verwob sich mit der Sonne, den Planeten. Nun wurden seine Gedanken still. Er schaute nur noch mit seinem geistigen Auge, sah auf das Feuerrad der Milchstraße, und er setzte seine Reise fort. Mit jedem Atemzug strich er tiefer ins All, es füllend und sich mit ihm verwebend. Eine gute Weile später spürte er, wie er sich in das Ende von Raum und Zeit schmiegte – es war wie eine silberschwarze hauchdünne Sphäre, durchlässig und dennoch unerbittlich begrenzend. Hier war seine Reise zu Ende. Er atmete den ewigen Atem des Kosmos. Und mit einem Male vernahm er sich zugleich an der Weltengrenze und dort in seinem Zimmer auf seinem Bett. Er war die Welt, er war ganz und heil. Und da kam ihm eine verrückte Idee. Wie wäre es, so dachte er sich, wenn ich mich ganz schnell zusammenzöge? Von der Grenze des Alls, zurück auf den kleinen Menschen dort auf seinem Lager? Wenn die Welt in ihm implodieren würde?

Seine Gedanken verloren sich wieder, er wehte mit der Welt, verwob sich in ihren Mantel aus Zeitlosigkeit. Doch dann löste er sich von ihr, stürzte zurück, auf sich, in sich, sein Atem setzte aus, es war ein gewaltiges blitzweißes Leuchten, das da auf ihn zuflog und in dem er sich selbst auf sich zu bewegte. Dann traf er sich wieder, mitten in seinem Herzen, in einer gewaltigen Implosion. Er bäumte sich auf. Sternenstaub puffte aus dem staubkörnchengroßen Brennpunkt des Zusammenschlags, wirbelte kochend ineinander und sammelte sich zu einer gleichzeitig goldenen und silberweißen, dazu tiefschwarz, rot und blau marmorierten Kugel, die ihm aus dem Herzen sprang. Eine Welt war geboren. Er umhüllte sie, blickte in sie hinein und sah, wie sich in ihr neue Welten formten. Er blickte auf sich auf dem Bett, sah sich wie aus großer Ferne und wußte, daß es Zeit war, zu sich zu kommen. Er spürte seinen Atem wieder, hörte sein Herz schlagen und öffnete die Augen. Seine Welt drehte sich im Zimmer, ihr goldenes und silberweißes Licht erhellte den Raum. Er beobachtete sie, bis sie allmählich verblaßte, so als würde sie mit feinem Gaze Lage um Lage ummantelt. Schließlich schlief er ein. Es war ein tiefer traumloser Schlaf. Als er am Morgen mit der Sonne erwachte, fühlte er sich unendlich weit, voll himmlischer Harmonie und grenzenlos bereichert. Er hatte ein unteilbares Geheimnis geschaut. Von nun an war etwas mit ihm, das sich im Schweigen verlor.

Er packte seinen Koffer und wollte just das Zimmer verlassen, als das Telefon klingelte. Die sonore Stimme vom Tag seiner Ankunft drang wieder in sein Ohr. Er aber hörte nicht darauf, was sie zu sagen hatte, sondern legte auf.

Anmerkung: Initiationserfahrungen können ihrer Natur nach nur bildhaft vermittelt werden. Sie schildern zwar einen Ablauf, dennoch ist dieser Ablauf nicht die Initiation selbst. Folglich kann einem allein durch das Nachexerzieren der beschriebenen Initiation keine Einweihung widerfahren. Andererseits können durch die Übernahme der Übung bei mangelnder Reife beziehungsweise durch eine uneingestandene Weigerung, sich gänzlich auf das Geschehen einzulassen, Halluzinationen und affektive Störungen auftreten, vor allem bei einer vorliegenden entsprechenden Disposition. Derlei auftretende Störungen werden allerdings nicht durch die Übung selbst provoziert, sondern sind ursächlich in der ehrgeizigen Beflissenheit des Novizen zu suchen, sich ein etwaiges Versagen illusionär zu verbrämen. Von daher ist die Übung unbedenklich, denn wer sich täuschen möchte, vermag dies für sich grundsätzlich mit jedem magischen Instrument zu leisten.

Ein echtes Gefahrenmoment besteht allerdings in der Phase der Extransion, also jenem Moment, in dem die Wahrnehmung, sich außerhalb seines Körpers zu befinden und in die »geschöpfte« Welt hinüberzutreten, scheinbar übermächtig wird. Diesem Hang darf unter keinen Umständen nachgegeben werden. Wer hier den Willen nicht aufbringt, in sich zurückzukehren, und der Verlockung, eine Welt durch sich zu beseelen, nachgibt, der wird sich in ihr verlieren. Das heißt, er wird keinen Weg mehr zurück finden. Dies ist kein klabauterhaftes Gerede, sondern eine ernstzunehmende Warnung!

Schließlich sei noch auf die Selbstverständlichkeit hingewiesen, daß eine Initiation eine einmalige Angelegenheit ist. Sich einem Einweihungsritual ein zweites Mal zu unterziehen wäre ebenso unsinnig, als wollte sich ein Priester ein zweites Mal der gleichen Weihe unterziehen.

Die weißmagische Kraft stärken und bewahren

Mit dieser Übung schließen wir an die Einweihungsübung an, indem wir uns an die dabei gewonnenen Einsichten erinnern und die uns widerfahrene heilsame Kraft bewahren. Zugleich verhilft uns diese Übung dazu, den eingeschlagenen Weg der Wandlung fortzusetzen, denn sie ist von ergreifender, ja aufregender Wirkung und vermag unsere Chakren, die Energiezentren unserer Temperamente, in außerordentlicher Weise zum Kreisen und Pulsieren zu bringen.

Sie lag entspannt und weich gelagert, so daß ihre Energien ungehindert fließen konnten. Die Arme ruhten bequem und unverkrampft leicht angewinkelt längs des Körpers; ihre Handflächen berührten die Unterlage; Beine und Füße waren gerade ausgestreckt. Über ihr Gesicht hatte sie ein weißes Tuch aus dünner Seide gebreitet. Sie hielt die Augen geschlossen. Ihr Atem strich in gleichmäßigen Zügen. In Gedanken zog sie einen weißen Kreis um sich.

Nachdem sie sich gesammelt hatte, begann sie, sich darauf zu besinnen, sich auszudehnen. Ihr Ziel war, den Kosmos zu durchwehen und sich mit dem Rand des Universums zu vereinen. Zunächst verwob sie sich mit ihrer Aura, die sie mannshoch umspannte. Einige Atemzüge lang verweilte sie in ihr und erfreute sich an ihr. Ihre Aura war von goldenem Licht durchwirkt, und zugleich war sie selbst dieses Licht. Dann hob sie zu ihrer Reise an. Sie füllte das Zimmer, in dem sie lag, überwand das Haus, die Stadt, deren Sichtkreis, das Land, war rasch eins mit Erde, hierbei fiel ihr die Festigkeit auf, mit der sie mit ihr verbunden war. Einem Prometheus gleich, fühlte sie sich an sie geschmiedet, als wäre sie mit ihr gar eins. Doch schon setzte sie ihre Reise fort. Sie durchmaß die Sphäre, strich am Mond vorbei, einte sich mit der Sonne, den Planeten, durchwehte die Galaxie. Sie war jetzt nur noch Hauch, der zu allen Seiten durch fernste Welten strich. Dann war sie am Ziel ihrer Reise angelangt, an der samtweichen Grenze der Welt, die sie mit tausend Sinnen erkannte und in sich erblickte. Trotzdem war sie sich ihrer Körperlichkeit im Zentrum des Alls durchaus bewußt. Sie atmete nun mit geöffnetem Mund. Während ihrer Reise hatte sie sich unabhängig von ihren Atemzügen gleichbleibend ausgedehnt; anfangs bedächtig, doch mit zunehmender Weiterung mit in sich unsagbar ansteigender Geschwindigkeit.

Nachdem sie eine Weile die unermeßliche Weite geschaut

hatte, war es an der Zeit zurückzukehren. Sie wußte, daß sie, um ihres Heils willen, einer Zurückhaltung verpflichtet war. Und so sah sie aus der Tiefe des Alls auf sich im Zentrum und wußte sich vom Zentrum aus am Rande der Welt. Sie löste sich aus der Zeitlosigkeit des Weltenendes, und doch blieb sie noch mit einem Teil ihres Bewußtseins in ihm. Mit atemberaubender Fahrt stürzte der gelöste Seelenaspekt auf sie zu. Eine erste Implosion erschütterte sie. Ihr Atem setzte aus. Doch noch ehe sich die Kraft der Implosion zerstäubend umkehren konnte, hatte sich ein zweiter Seelenaspekt gelöst und jagte, die sich schon umkehrende erste Implosion ummantelnd und dämmend, auf sie zu. Ein blitzweißer Wirbel tobte einem Tornado gleich über ihre fünf Rumpfchakren hinweg, die Bewegung lief entlang ihrer Körperachse und stürmte gleichermaßen durch ihre Aura. Und in einer dritten Welle löste sich ihr Bewußtsein nun vollends aus der Zeitlosigkeit und fiel implodierend auf sie zu. Der Rücksog erfaßte den Wirbel, und seine Kraft transformierte ihn zu einer silber-goldenen Kugel, die sie eine Armspanne weit umfaßte. Ihr Atem setzte wieder ein. Für einen Moment verlor sie sich in der Betrachtung dieses Eindrucks, dann zog sie sich das Tuch vom Gesicht und schlug die Augen auf.

Sie sah die Kugel um sich leuchten und blickte zur Decke. Lichtwogen, wie man sie sonst nur während einer Sonnenfinsternis sieht, zogen über die Decke. Und sie nahm ihren eigenen körperhaften Schatten wahr, so wie sie dalag, als graublauen Äther über sich. Wieder schloß sie ihre Augen. Blau-weiß flimmernde kristalline Bilder stiegen in ihr auf. Sie sah ihnen zu, registrierte ohne Aufregung die aufscheinenden beglückenden Visionen. Nun öffnete sie wieder die Augen und blickte auf ihren ätherischen Schatten über sich. Sie hob ihre Arme an und streckte ihm ihre Hände entgegen. Ihrer beider Hände fanden Kontakt, und sie breitete mit nach oben geöffneten Händen die Arme aus. So zog sie den Schatten sanft auf sich. Mit weit zur Seite gestreckten Armen lag sie da, kurz darauf hob sie die Hände leicht an und hatte dabei das Gefühl, sich selbst zu umarmen. Dann ließ sie die Hände wieder zur Seite gleiten und genoß diese mystische Umarmung mit sich selbst. Fülle und Mächtigkeit strömten nun, sie verklärend, in sie ein. Sie versank in eine tiefe Meditation. Als sie aus dem Schweigen wieder zu sich fand, bemerkte sie eine ausnehmende Harmonie in sich und richtete ihren Blick über die Zeit hinaus in die Ferne.

Anmerkung: Diese Übung birgt zwei Gefahrenmomente in sich, auf die unbedingt geachtet werden muß. Keinesfalls darf die einmalige Implosion, wie sie in der Initiationsübung geschildert wurde, wiederholt werden. Trotz ihrer Ähnlichkeit mit der zuvor beschriebenen Initiationsübung ist diese Übung von grundverschiedener Zielsetzung. Es ist daher außerordentlich wichtig, daß man, bevor man sich auf den Sturz zurück einläßt, einen Bewußtseinsaspekt an der Grenze seiner Weiterung umfassend verankert. Nur hierdurch kann die folgende Implosion kontrolliert ablaufen. Das in sich Zurückfallen kann auch in mehr als drei Wellen erfolgen. Wichtig ist, daß man die Augen erst dann öffnet, wenn man wieder ganz bei sich ist.

Das zweite kritische Moment auf das unbedingt geachtet werden muß, besteht in der Sicht des Ätherschattens. Hier muß man sich soweit kontrollieren, daß keine Bilder, Temperamente oder Charaktere in diesen Schatten projiziert werden. Er darf betrachtet werden, so wie er ist, jedoch in keinster Weise definiert werden. Andernfalls bestünde die Gefahr, daß Seelenaspekte zeitweilig externalisiert werden.

Die bei dieser Übung aufscheinenden Visionen haben erkennbar archetypische Charaktere und können je nach

Temperament auch von ekklesiogener Natur sein. Ein verantwortungsbewußter Magus wird sich an ihnen erfreuen, sie aber kaum bereden. Sind sie doch von ihrem Charakter her eher seelenerhellende Privatissima und von daher nur wenigen Mitmenschen in ihrem an und für sich schlichtem Sosein verständlich.

Die nach der Rückkunft aufscheinenden energetischen Phänomene können auch von anderem als dem beschriebenen Charakter sein. Gelegentlich werden durch die konzentrierte Kraft bestimmte Chakren besonders angesprochen, ein andermal mag das Kraftzentrum vom Scheitel bis zur Sohle über den gesamten Körper hinweg ziehen. Die bildhaft erlebbare Kraft kann hierbei auch bewußt gelenkt werden. Ein solch bewußtes Einwirken erscheint vor allem dann zwingend, sobald die verdichtete Energie dazu neigt, unterhalb des Rumpfes auszuschwingen. Würde sie nämlich hier verbleiben, könnten unnötiger Weise okkulte Chakren, die bereits im Wurzelchakra sublimiert sind, aktiviert werden und in der Folge eine mißliche Disfunktion des Energieflusses bewirken. Häufig wird die konzentrierte Kraft nicht als Wirbel, sondern in Kugelform visualisiert. Sie rollt dann meist als goldene Kugel knapp über der Körperoberfläche und versetzt die Chakren in heftige Schwingungen. Mit Ausnahme der okkulten Chakren empfiehlt es sich, der Kugel ihren Lauf zu lassen, bis sie sich lösend und befruchtend mit einem Chakra verbindet. Hierdurch erfahren wir Kräftigung und Wandlung exakt dort, wo sie uns zugedacht ist. Aufschlußreich an diesem Gewährenlassen ist, daß sich die Energiekugel nicht selten in Nebenchakren löst, deren Vorhandensein und Bedeutung mancher oft erst später nach dem Studium einschlägiger Schriften erkennt.

Der durch die Übung insgesamt bewirkte Effekt ist sehr nachhaltig, häufig geht mit ihm auch eine Anregung der

Kundalini einher. Noch Stunden danach bleibt der Körper aufs höchste sensibilisiert. Der Energiefluß scheint vom Scheitel bis zur Sohle angeregt und der Puls der Chakren oft körperlich spürbar. Gelegentlich treten leichte Absencen auf, die allerdings mühelos gemeistert werden können. Die magische Kraft, die durch die Übung potenziert wird, ist ebenfalls deutlich wahrnehmbar und an praktischen Handlungen, etwa einer gesteigerten Intuition beim Kartenschlagen, ablesbar. Sie wird auch von anderen Personen intuitiv erkannt, weshalb man häufig ungewollt in den Mittelpunkt eines angenehmen Interesses gerät. Während die körperliche Sensation über den Tag abklingt, bleibt das magische Potential mehrere Tage lang auf hohem Niveau erhalten.

Dem magischen Raum Gestalt geben

Als er sich einst der Magie verschrieb, wollte er wie in einem Märchen aus Tausendundeiner Nacht sagenhafte Zaubermacht erringen, um all seine Feinde das Fürchten zu lehren. Nachdem er auf dem langen Weg dorthin schließlich in das Geheimnis der weißen Magie eingeweiht worden war, stellte er mit gelindem Erstaunen fest, daß er keine Feinde hatte; ja, daß jene, denen er einst mit seiner Magie nachstellte, es nie und nimmer wert gewesen waren, seine hingegebene Kraft zu verzehren. Nun also, da er die Zaubermacht besaß, wußte er sie nicht mehr einzusetzen. Ein Treppenwitz der Magie, der ihn überaus belustigte. Wofür sollte all sein Streben gut gewesen sein? Diese Frage drängte sich ihm auf, und sein Lachen darüber war ihm Antwort genug. Es verhallte lange nicht in seinem Ohr und ward ihm so Tag um Tag zum zauberhaften Klang ungeahnter Glückseligkeit.

Später, als wieder Stille in seinen Sinn kehrte, es war just Herbst geworden, erhob er sich und ging in seinen Garten, um Blätter aus dem Gras in einem Korb zu sammeln. Damit zog er sich in seinen Wintergarten zurück und begann, ein Mandala zu legen. Er hatte absolut keine Idee, wie es aussehen sollte, sondern ließ sich von Form und Farbe des jeweiligen Blattes leiten, das er ohne eine Wahl zu treffen, aus dem Korb nahm. Mal legte er es nahe zur Tischmitte, mal an den Rand, mal, wie zur Seite geschoben an einen beliebigen Platz. Doch dort, wo er es hinlegte, lag jedes Blatt richtig. Nicht einmal korrigierte er sein Werk. Es war eine eigene Sprache, die er Blatt um Blatt schrieb. Eine Sprache, die er noch nicht verstand, doch die er mit jedem ausgelegten Blatt Wort für Wort erlernte. Was wie aus einer Laune heraus begonnen worden war, erwies sich zunehmend als eifriges Forschen. Ein Forschen, das einzig in der Beobachtung bestand, ein Forschen ohne Ausbeute und ohne Ziel, einzig in sich allein voll Sinn und Zweck. Es war ausschließlich geleitet von seinem Lauschen in die Stille hinein, jene Stille, die voll ungehörter Töne war, und eben diesem Klang, dieser Melodie der Stille, verlieh er mit dem Mandala Blatt um Blatt Gestalt. Und hatte er noch anfänglich ein Blatt aus dem Korb heraus dem Raum des Tisches zugefügt, so wandelte sich Zug um Zug sein Raumverständnis; ihm tat sich eine Weite auf, in der er nicht mehr als Zentrum fungierte. Er war entgrenzt, und aus dieser Entgrenzung heraus hob sich ein Blatt nach dem anderen aus dem Korb, legte sich auf den Tisch, mal vereinzelt, mal in die Nachbarschaft eines anderen oder ein anderes halb oder vollständig bedeckend. Doch mit dem letzten Blatt, das er aus dem Korb nahm, war auch der Tisch zur Gänze bedeckt. Das Mandala, ohne Idee und Absicht begonnen, war vollendet.

Es hatte sein Zentrum, seine Strahlen, seine Flächen, seine Korrespondenzpunkte, seine abgestimmte Bewegung samt den notwendigen Spannung stiftenden Akzenten, und auch die farbliche Komposition war bis ins kleinste Detail eins. Doch es war nicht nur in seiner Gestalt vollendet, sondern auch in seinem Sinn. Denn mit dem letzten Blatt, das er gelegt hatte, hatte er auch die Botschaft verstanden, der er so absichtslos nachforschte. Der Raum selbst, in dem er weilte, teilte sich ihm mit, und er war zugleich selbst jener Raum. Er hatte sich selbst verstanden. Und er sah mit seinen Augen die Stille, die ihn umfaßt hatte, vor sich, er sah den Gesang der Sterne, und er wußte, wofür seine Magie gut war. Eine lange Weile saß er in der Stille, betrachtete das Mandala, eins mit der unendlichen Weite, dann stand er auf und öffnete Fenster und Tür des Wintergartens. Der Herbstwind wehte über den Tisch und verwischte das Mandala, verwirbelte Blätter wippten zu Boden, andere tanzten mit dem Wind in den Garten hinaus. Er lachte, und die Welt war Lachen.

Anmerkung: Mandalas sind zentrierte symbolträchtige Meditationshilfen, die sich dem Auge des Betrachters von außen nach innen und wieder nach außen kehrend erschließen. Die Betrachtung eines Mandalas kann uns zu einem mystischen Erleben führen. Selbst erstellte Mandalas bieten uns, solange sie nicht konstruiert werden, dank ihrer Symbolik einen Einblick in die Tiefen unserer Seele. Wobei das Bild selbst die eigentliche Mitteilung ist, während die nachgetragene Bilddeutung nur eine Umschreibung der Sicht sein kann.

In diesem Sinne darf auch das vorgestellte Ritual verstanden werden. Mit der Kreation eines Mandalas geben Sie nicht nur verborgene Seeleninhalte preis, sondern offenbaren sich auch den wirksamen Raum Ihrer ureigensten Magie. Und es ist allein das vorliegende Bild, das Ihnen das Zuviel-und-Zuwenig, das Vor-und-Zurück ihres Weges aufzeigt. Lassen Sie sich auf ein solches Mandala ein, treten

Sie in eine Zwiesprache mit sich selbst und Ihrer empfundenen Transzendenz. Und weil diese Zwiesprache gleich einem Gespräch eine wechselseitige Anregung ist, bei der die verwehenden Worte den Geist schöpfen, den wir uns entweder bereichernd erinnern oder unberührt vergessen, darf ein Mandala dieser Art nichts Bleibendes sein. Andernfalls wäre es in seinem Wesen bereits als ein Protokoll angelegt und somit fernab von der hier vermittelten Magie. Deshalb sollten Sie es auch ohne vorbedachte gestalterische Absichten auslegen, geht es doch nicht um ästhetischen Glanz, sondern allein darum, die Sprache der Seele und der Magie verstehen zu lernen. Ein solches Mandala dürfen Sie mit jedem Material schaffen, seien es Glasscherben, Steine, Blüten oder rostige Nägel. Von Bedeutung ist ganz allein, daß Sie für den Augenblick von eben diesem Material berührt worden sind. Nur dann werden Sie sich über das Bild einen weiteren erkennenden Zugang zur Sphäre Ihrer Magie erschließen.

Im Auge des Hurrikans

Diese rituelle Übung wirkt zum einen äußerst beruhigend auf das Gemüt und erlaubt zum anderen einen tiefen Blick in sich selbst. Gleichzeitig stärkt sie die magische Kraft in unspektakulärer Weise. Manche nutzen diese Übung auch als Sprungbrett für ihre Geistreisen.

Begeben Sie sich in ihren magischen Kreis, entspannen Sie sich, und schließen Sie Ihre Augen. Stellen Sie sich vor, eine aus dem Himmel hängende Windhose würde sich auf Sie zu bewegen. Sie kommt näher, windet sich Ihnen zu und streift Sie von vorne ungefähr mit ihrer Mitte, um sich, Sie so erfassend, weiter vor Ihnen zu drehen. Beobachten Sie, wie dieses luftige Gebilde, sich von rechts nach links drehend, vor ihnen wirbelt. Blicken Sie ohne Angst hinein, und sehen Sie den vorbeirasenden regenblauen Wolkenfetzen zu. Nadelspitze Nebel fegen auf Sie zu, umhüllen Sie und verschwinden wieder im gewaltigen Rund des Trichters. Lassen Sie sich von diesem Sturm erfassen, drehen Sie sich mit dem Wirbel, und wehen Sie seinem Zentrum zu. Verlassen Sie jedoch nicht die wolkige Hülle der Trombe. Nach einem kurzen Moment werden Sie an der Innenseite der wirbelnden Trompete anhalten. In Ihrem Rücken sehen Sie die sich windenden Wolkenfetzen kreisen. Vor sich aber blicken Sie in einen milchfarbenen Trichter, er läßt das innere Rund des Wirbels nur erahnen.

Sie befinden sich auf einem stabilen Punkt. In Ihrem Rücken die wirbelnde Bewegung der Wolkenwand und vor Ihnen das milchige Weiß. Dieses Weiß ist von einer unfaßbaren Stofflichkeit, einerseits dicht, andererseits völlig luftig. Und es ist still, vollkommen still, absolut unbewegt und dennoch von unermeßlicher Dynamik. Betrachten Sie in aller Gelassenheit diese Erscheinung, in die sie sich alsbald fallen lassen werden. Sind Sie so weit? Dann lehnen Sie sich leicht nach hinten zurück. Die Dichte des Wolkenwirbels kommt Ihnen einen Augenblick lang dunkel vor, doch mit dem Zurücklehnen erhalten Sie im selben Augenblick einen »Kick«, der Sie nach vorne in die undenkbare Stille fallen läßt. Freilich ist es nicht Ihr Körper, der stürzt, sondern Ihr Geist. Ihr Körper verharrt auf der Scheidelinie auf dem stabilen Punkt. Sie aber schweben in der milchigen Stille. Hier gibt es kein Oben, kein Unten und kein Links und kein Rechts. Sie schweben, spüren die Dynamik und ahnen gleichzeitig die Unbewegtheit. Lassen Sie sich auf sie ein, lauschen Sie der unbewegten Bewegtheit. Konzentrieren Sie sich ohne Zwang darauf. Hören Sie die Stille? Ihre Gedanken schwinden, fliehen in den Wirbel, der die Stille umtost … Sie aber sind nun in der Undenkbarkeit, sind milchweiße unfaßbare Unstofflichkeit, unermeßlich tief und unendlich hoch …

Sobald Sie zurückkehren wollen, werden sich Ihre Gedanken wieder rühren. Sie finden zu Ihnen, lassen Sie Ihre Stofflichkeit erkennen, und Sie sehen sich wieder in Ihrem Körper, von dem stabilen Punkt aus ins Zentrum der Trombe blickend. Es ist ihr Stand, und die Vision verfliegt.

Anmerkung: Nach dieser Übung werden Sie in sich einer ungeahnten inneren Harmonie gewahr sein. Womöglich werden sich Ihrer Seele Bilder aufdrängen, die Sie an Erlebtes erinnern. Sofern Sie sich von diesen Bildern leiten lassen, werden Sie Zusammenhänge erkennen, die Ihnen bislang verborgen blieben. Nehmen Sie sich die Muse, sie zu bedenken. Möglicherweise werden Ihnen auch Eingebungen zufliegen, die weit in die Zukunft weisen. Sie haben sich eine Quelle der Inspiration erschlossen, lassen Sie sie sprudeln. Falls Sie eine magische Handlung ausüben wollen, haben Sie jetzt die unbestrittene Macht, Ihr Ziel zu erreichen.

Sie können die Übung im Stehen, Sitzen oder Liegen ausführen. Liegend eignet sie sich gut als Meditation zum Einschlafen, fliehen wir doch aus der angenommenen Undenkbarkeit sanft hinüber in einen tiefen Schlaf, aus dem uns dann gegen Morgen unsere Träume Ungeahntes aus unserer Seele zuflüstern.

Gelegentlich, vor allem wenn die Meditation besonders tief war, verlagert sich mit der Wieder-Bewußtwerdung der Wirbel in unsere Körpermitte. Hier erleben wir dann Zwiespältiges. Einerseits sind wir denkend, mit Gedanken in den Wolkenwirbel verflochten, andererseits bleiben wir, meditierend das Füllhorn der Stille durchmessend, in die Stille eingebunden. Dieses Füllhorn gründet dabei in unserem Wurzelchakra am Rumpfende und reicht, sich erweiternd, über unseren Scheitel hinaus in nachtblaue Unendlichkeit. Zugleich spüren wir, wie unsere Energien zu fließen beginnen und die Chakren entlang unserer Körperachse angeregt werden. Kundaliniprozesse sind in diesem Zustand möglich. Es besteht kein Grund, sich ob dieser Zwiespältigkeit zu fürchten, genießen wir doch einen Moment voll Seligkeit.

Wer möchte, kann diese Übung auch als Sprungbrett für eine Geistreise nützen. Hierfür ahnen wir, sobald wir uns im milchweißen Zentrum befinden, nicht der Stille nach, sondern lassen uns von ihrer Dynamik ergreifen. Sie trägt uns, unsere Bewußtheit bewahrend, nach oben. Wir gewinnen zunehmend Leichtigkeit und können uns schließlich in jede Richtung und an jeden Ort wehen lassen, an den wir wollen. Das Erleben gleicht einem Schwebetraum, wobei uns überdies Wände und Türen durchlässig erscheinen. Gleichzeitig fühlen wir uns mit einem hauchdünnen Faden, ähnlich der vielbesagten Silberschnur, die hier freilich in der Stille gründet, mit unserem Körper verbunden. Es ist eine geistige und keine feinstoffliche Verbindung, die hier unsere Seele über das imaginierte Medium knüpft. Sobald wir wieder in uns kehren wollen, setzen wir einerseits den Impuls dazu und rufen uns gleichzeitig zurück. In wenigen Augenblicken, in denen sich die empfundene Weite und Leichtigkeit rasch verdichten, finden wir auf unseren Stand zurück, und die Vision löst sich auf.

Wiedersehen mit meinem Baum

Er hatte es sich zur Angewohnheit gemacht, zu Beginn jeder Jahreszeit den Baum aufzusuchen. Längst empfand er dieses Ritual weniger als Zauber, als vielmehr als ein Wiedersehen mit einem vertrauten Freund. Vor langer Zeit, an einem Frühlingstag, begegnete er ihm das erste Mal. Als er aus dem Wald heraustrat, sah er ihn in seinem Blütenkleid auf der Wiese stehen und war überwältigt von seiner Pracht. Er ahnte die alte Seele, die in ihm wohnte. Zögernd, ja furchtsam, hatte er sich ihm genähert. Als er unter seiner Krone stand, hörte er ihn singen. Aberhunderte von Bienen umsummten seine Blüten und schenkten ihm so diese betörende Stimme. Er berührte den Stamm mit seinen Händen und fühlte, wie sein Willkommensgruß erwidert wurde. Siebenmal umschritt er den Stamm, tastete mit seinen Händen an seiner Rinde entlang und ließ ein wenig von seiner Lebenskraft auf sich überfließen. Dann ging er zurück in die Wiese, ließ sich nieder und verlor sich für eine Spanne im Anblick des Baumes. Eine Anwandlung, daß der Baum zu ihm sprechen wollte, flog ihn an. Und er wußte zugleich, daß er hierfür einen Raum zu schaffen hatte. Doch noch wußte er nicht wie, und so saß er dem Baum eine lange Weile schweigend gegenüber. Schließlich stand er auf und pflückte acht seiner Blüten, die er in einem weiten Kreis als Windrose in alle vier Himmelsrichtungen und deren Halbachsen legte. Wieder setzte er sich in die Wiese. Jetzt nahm er die Seele des Baumes wahr, erkannte, wie sie ausgreifend den abgezirkelten Raum füllte und ihn in ihr Wesen mit einschloß. Und er sah in der blühenden Krone, was ihm der Baum zu sagen hatte. Er blickte in das Bild seiner Seele, sah ihre Ahnen und erschauerte vor der unermeßlichen Ruhe, in der sie wogte.

Als diese Stille jäh auch über ihn kam und er mit ihr über der Wiese wehte, veränderte sich sein Blick. In der Krone tauchten andere Bilder auf, es waren Bilder, die ihn betrafen. Er sah vertraute Mienen von Freunden, unbekannte Gesichter und solche, die er seit langem der Vergessenheit anheimgegeben hatte. Sie bewegten sich im Baum, wechselten ihre Plätze und standen zueinander in Beziehungen, die ihm teilweise fremd waren. Unverkennbar erzählte der Baum etwas über ihn. Er sprach von dem, was heute ist, aber er sprach auch von der Vergangenheit und der Zukunft. Fragen drängten sich ihm auf zu dem, was er sah, und noch im gleichen Augenblick vernahm er die Antworten. So saß er lange in der Wiese in stiller Zwiesprache mit dem Baum, mit sich selbst und mit den Gesichtern. Endlich stand er auf und ging auf ihn zu. Er lehnte sich an den Stamm und atmete den Duft der Blüten. Er fühlte, wie der Baum in seinem Rhythmus atmete, so als würde auch er ihn wittern. Er schmiegte sich dem Stamm an, umarmte ihn, bedankte sich bei dem Baum für die geschenkte Sicht und wußte, daß es ihm so wohl war.

Als er ahnte, daß es Zeit zum Abschied geworden war, umschritt er den Stamm abermals siebenfach, mit den Händen die Rinde betastend, dann löste er sich von ihm. Am Rand seiner Krone verharrte er kurz, lauschte und verstand. Ein Angedenken sollte er sich pflücken. Er brach eine Blüte vom Zweig und ging. Ein ums andere Mal drehte er sich, Abschied winkend, um und sah, wie der Baum seinen Gruß erwiderte. Und so wie ihm sein Freund, der Baum, im Frühjahr eine Blüte schenkte, so durfte er sich im Sommer als Gabe ein grünes Blatt pflücken; im Herbst ließ er ihm eins seiner bunten Blätter vor die Füße fallen; und im Winter bestand das Geschenk aus einer Frucht, die er aus seinen Zweigen pflücken durfte. Diese Angedenken verwahrte er bis zu seinem nächsten Besuch, und wann immer er Fragen an das Geschick hatte oder seinem Zauber zusätzlichen Schutz und Mächtigkeit verleihen wollte, öffnete er die Schatulle, in der er die Gabe aufbewahrte, und verfiel in stille Zwiesprache mit seinem Freund, der weit vor der Stadt auf seiner Wiese weilte.

Anmerkung: Der Baum ist eins der inhaltsreichsten Symbole. Als Baum der Erkenntnis steht er im Zentrum des Paradieses, und so sehen wir ihn auch in seiner sinnbildlichen Gestalt, sich standhaft himmelwärts reckend, als unbestechliche Verbindung zwischen Himmel und Erde. In solcher Erscheinung ist er ein eindeutiges Symbol weißer Magie. Gleichzeitig ist ein Baum ein in der Tat urwüchsiges Symbol der Lebenskraft und Langlebigkeit, als solches richten wir ihn zu den hohen Feiertagen in den Städten auf oder tragen ihn in unsere Häuser. Es sind dies ebenso magische Rituale wie die öffentlichen und privaten Baumpflanzungen zu hohen Anlässen; beispielsweise gebietet es der Brauch, zur Geburt eines Mädchens einen Birnbaum und für einen Knaben einen Apfelbaum zu pflanzen, beides zeitlose Fruchtbarkeitssymbole. Überhaupt scheint sich die Verehrung der Bäume einem uns eingeschriebenen Impuls zu verdanken, und dies nicht nur, weil ihre alten Seelen uns langmütige Begleiter über viele Generationen sind. Und so erstaunt es uns und scheint uns dennoch ebenso selbstverständlich, daß, so wie tausendjährige Eichen oder Linden hierzulande heilige Denkmäler sind, das älteste Leben auf Erden ein Baum sein muß. Seit 43 600 Jahren wächst ein Baum, eine Konifere, die »Kings Lomatia«, unberührt und einzig in ihrer Art in den kalten Sümpfen Tasmaniens. Und wer von diesem Baum hört, hört nichts von einem Rekord, sondern lauscht der Kunde von einem Heiligtum.

Einen seelenverwandten Baum, wie im Ritual beschrieben, kann man sich freilich nicht suchen, man wird, sobald man ihm begegnet, von ihm angerührt werden. Sollten Sie in dieser Weise von einem Baum angesprochen worden sein, haben Sie in ihm ein kontemplatives Gegenüber gewonnen, das Ihnen zu vertiefenden magischen Sichten verhilft. Vornehmlich dann, wenn Sie magische Einwirkungen bestimmen möchten, erlaubt Ihnen das bewahrte Andenken des Baumes, als Sinnbild einer allwaltenden Seele, stimmige Antworten zu finden. Statt der beschriebenen kontemplativen Visualisierung, empfiehlt sich für in derlei

Sichten weniger Geübte die Befragung mit dem Pendel, um zu brauchbaren Ergebnissen zu gelangen. Neben dem einen persönlich zugewandten Baum gelten in unseren Breiten von den Laubbäumen hauptsächlich Eichen, Buchen und Linden sowie bei den Koniferen Eibe, Tanne und Wacholder als besonders zauberkräftig. Ihre Früchte, Blätter und Rinden werden deshalb gerne sowohl zum Schutz und zur Kräftigung als auch zur Erdung des Zaubers mit in den Zauberkreis genommen. Darüber hinaus gilt grundsätzlich jeder grünende Zweig als ein wirksames Apotropäum.

Magische Bäder für Leib und Seele

Als er das Licht im Hausflur anknipste, platzte die Glühbirne, und es folgten ihr an diesem Abend noch weitere. Er benötigte keine weiteren Zeichen mehr, um zu wissen, daß es höchste Zeit war, Belastungen abzuwaschen und sich einem reinigenden Bad zu unterziehen. Es war weniger eine konkrete Bedrohung, die ihm anhaftete, als vielmehr das diffuse dämonische Potential der verschiedenen Menschen, mit denen er in den letzten Tagen wohl oder übel verkehren hatte müssen. Und so war er in zu vielen Rollen unterwegs gewesen, und mit jeder Verkehrung seiner Person hatte sich für den Schatten, den sein Rollenspiel auf ihn warf, auch dessen Schattenhaftigkeit an ihn geheftet. Ein Blick in den Spiegel genügte – er war nicht mehr er selbst. Trotzdem blickte er länger hinein als sonst. Sein Spiegelbild begann zu changieren, und für einen kurzen Moment sah er aus dem Spiegel heraus auf sich. Er sah die graugrünen und rotbraunen Schatten, die seine Aura durchwirkten, und er sah die grau-braun-schwarzen schlierenhaften Schemen, die seine Aura umwölkten und die windhosengleiche Finger ausgebildet hatten, um von seinem Lichtkleid zu zehren. Ja, es war höchste Zeit, sich wieder zu klären.

Während das Wasser in die Wanne sprudelte, entkleidete er sich. Sodann schlug er einen Kreis und stellte eine brennende Kerze auf den Boden. Zu sanfter Musik begann er, sich zu bewegen, und schritt dabei ein ums andere Mal über das milde Licht der Kerze hinweg. Dazu murmelte er: »Das Licht zu mir, die Schatten in die Finsternis.« Siebenmal siebenmal überschritt er die Kerzenflamme. Danach begab er sich mit der Kerze in der Hand ins Badezimmer. In die gefüllte Wanne goß er eine Kanne Milch und streute drei Eßlöffel Salz hinzu; die lebenspendende Milch und das reinigende Salz verrührte er mit der linken Hand. Im Kerzenlicht stieg er in die Wanne und tauchte unter. Nach etwa zehn Minuten, während denen er immer wieder mit dem Kopf untertauchte, ließ er das Wasser ab, hüllte sich, ohne sich abzutrocknen, in seinen Morgenmantel und ließ sich im Zauberkreis nieder. Dort verweilte er unbewegt, bis seine Haut getrocknet war. Alsdann warf er den Morgenmantel ab und ölte seinen Körper mit Olivenöl, wozu er einige wenige Tropfen auf ein Seidenpapier träufelte. Anschließend verbrannte er das Papier in einer Metallschüssel und spülte die Asche fort. Er begab sich wieder ins Badezimmer, um eine zweite Wanne, diesmal mit ätherischen Badezusätzen, zu füllen. Während das Wasser einlief, blickte er erneut, das Wechselspiel mit seinem Spiegelbild provozierend, in den Spiegel. Und als er vom Spiegel aus sein Lichtkleid betrachtete, war er's zufrieden. Die lemurenhaften Schatten und die trüben Verfärbungen waren verschwunden. Er war wieder bei sich. Mit dem zweiten Badegang beschloß er den Zauber, und er fühlte sich, nachdem er sich noch ausgiebig frottiert hatte, rundum wie neugeboren.

Anmerkungen: Rituelle Reinigungen sind in erster Linie Seelenreinigungen, weswegen dieser Ritus auch Kathartik, die Kunst des Reinmachens und Abwaschens von aller Befleckung, genannt wird. Die Kathartik zählt in weiterem Sinne auch zum atmosphärischen Zauber. Reinigende Rituale sind selbstverständliche, mal mehr, mal weniger offensichtliche Bestandteile jeder Kultur. Bei uns sind sie allerdings mittlerweile weitgehend auf die Taufe und das Aspergieren, die Benetzung mit Weihwasser, reduziert, sieht man von vereinzelt erhaltenen Zunftbräuchen, etwa dem Gautschen oder dem Metzgersprung, ab. Ergo unterziehen wir uns heute mehrheitlich unbewußt, und eher einer inneren Notwendigkeit folgend, Reinigungsbädern, die wir dann aus der Tradition gelöst auch entsprechend individuell ausgestalten. Solchen Bädern fehlt freilich der magische Impetus. Geben wir ihnen statt dessen ganz überlegt einen rituellen Rahmen, verstärken wir ihren seelenklärenden Effekt weit über den Tag hinaus.

Insofern dürfen Sie Ihr magisches Bad gleichfalls ganz nach individuellen Gesichtspunkten gestalten und unterschiedliche magische Medien »integrieren«. Zum Beispiel belieben es manche, statt des läuternden Umgangs über einer Kerze vor dem Bad, die Haut mit frischem Grün, etwa einem frisch gebrochenen Haselzweig, abzustreifen oder statt Milch einen Schoppen Wein als klärendes Apotropäum ins Wasser zu gießen. Auch Abreibungen mit einer Scheibe Brot oder einem Hühnerei sind gebräuchlich, wobei diese Mittel vornehmlich als Apotropäa nach widerfahrener Kontaktmagie angezeigt erscheinen. Derartige Kontakte können sowohl durch unmittelbare Berührung erfolgen als auch über die arglistige Zueignung eines besprochenen Gegenstandes hergestellt werden. Auch widrige Körperkontakte nicht magischer Art lassen sich mit Brot und Ei wirksam abstreifen. Hierzu wird eine Scheibe Brot oder ein handwarmes Ei mehrmals über die betroffene Körperregion geführt. Zur Vernichtung der üblen Anhaf-

tung wird das Brot anschließend eingeweicht und fortge-
spült, während man das Hühnerei unter fließendem Wasser
zerschlägt und wegschwemmt.

Dem eigenen Haus Frieden schenken

Zunächst war alles eitel Sonnenschein, nachdem er mit seiner Familie das Haus bezogen hatte. Doch nach und nach
veränderte sich die Stimmung, die anfängliche Fröhlichkeit
schwand, ein unbestimmter Mißmut machte sich breit,
Alpträume begleiteten den Schlaf, und die anfänglich als so
heiter empfundenen Räume drückten auf das Gemüt. Man
begann dem Haus zu entfliehen, flüchtete sich in Freizeiten
und war lieber hier und dort als zu Hause, gestaltete sich
doch jedes Heimkommen zum Tiefpunkt des Tages. Also
rief er sich eine Rutengeherin. Sie sollte das Haus nach
störenden Erdstrahlen untersuchen. Die Frau kam und
stellte, nachdem sie Räume und Garten durchschritten
hatte, fest, daß der Grund, auf dem das Haus stand, geradezu ideal war. Dafür bemerkte sie die ungute Atmosphäre,
die im Haus wirkte. Sie stellte Fragen nach den Vorbesit-
zern, und man erzählte ihr, wie diese sich in einer häßlichen
Scheidung um jeden Stein gestritten hatten, so daß am Ende
ein jeder, um den anderen zu verbittern, das Haus, an dem
sie beide mit Leib und Seele hingen, veräußern wollte. Dieser Haß hatte sich offenbar dem Haus »eingelebt«, nur zu
deutlich empfand sie diesen unguten Geist vom Keller bis
zum Dach durch die Räume wehen. Sie entschloß sich, einen klärenden Zauber durchzuführen.

Noch am selben Tag rührte sie zwei Klumpen Gips an,
die sie mit schwarzer Farbe anstrich und vor der Haustüre
zu beiden Seiten deponierte. Hiermit wollte sie die Temperamente der Vorbesitzer an die trocknende und atemberau-
bende Wirkung des Gipses binden, wobei die schwarze

Gleiches mit Gleichem abzuwehren ist der Kerngedanke des Analogie-zaubers. Um das Üble von den Kirchen und Häusern fernzuhalten, schreckte man es daher mit seinem Abbild.

Farbe diesen Prozeß beschleunigen sollte. Anderntags kam sie wieder, zerschlug die beiden Gipsklumpen und warf den Schutt im nahen Bach gegen die Strömung, eine Läuterung, der zugleich blockierende Wirkung zugeschrieben wird. Wieder zurückgekehrt, begann sie, alle Räume mit dem würzig erdigen Duft des Patchouli zu räuchern. Nachdem in allen Räumen der weihende und reinigende Rauch stand, öffnete sie alle Fenster und ließ die vom Rauch gebundenen Kräfte abziehen. Während so das Haus, nach dieser Reinigung durch Inzensation jetzt gründlich durchlüftet, Atem schöpfen durfte, umschritt sie es mit der Familie dreimal gegen den Uhrzeigersinn, hierbei bespritzte sie die Ecken mit Wasser und klopfte mit einem Eisen auf den Boden davor. So sollte das Haus neu begründet und von unguten Anhaftungen befreit werden. Wieder zurück, stellte sie eine Ampel mit einigen Tropfen Zitrusöl im Eingang auf, um die eingekehrte Frische zu verstärken und mögliche verbliebene Anhaftungen zu lösen. Damit war ihre Arbeit getan, dem Hausherrn hinterließ sie einen Satz stählerne Pentagramme, von denen er eins unter der Eingangsschwelle vergraben und die restlichen mit der Spitze nach außen in die Fenster legen sollte. Mit dem guten Rat, das Haus mit seinen Lieblingsmelodien auf seine Schwingung einzustimmen, verabschiedete sie sich – und war von da an nicht mehr gebraucht.

Anmerkung: Seit der Zeit, da der Mensch in Höhlen Wohnung nahm, hat er sich darum bemüht, das Üble von seiner Heimstatt fernzuhalten. Gleichzeitig hat er aber auch die Räume, die ihm Zuflucht boten, mit seiner Kraft aufgeladen beziehungsweise Örtlichkeiten gesucht, die von einer spürbaren belebenden Kraft durchdrungen waren. Insbesondere in Kirchen, die häufig auf bereits steinzeitlichen Kultstätten gründen, sind uns beide Momente dieses atmosphärischen Zaubers gegenwärtig, wobei dieser an ausgewählten Punkten von Trance auslösender Intensität sein kann. Andererseits wissen wir auch um Orte schrecklicher Ereignisse, deren Atmosphäre uns auch nach Jahrhunderten bedrückt und schaudern läßt.

Häuser als Stätten, die mit dem Menschen leben und sich folglich auch mit ihm verändern, scheinen einen eigenen Geist zu beherbergen, weshalb seit Urzeiten der Hausgeist mit Altären und Gaben um Schutz und Wohlwollen angefleht wurde. Und es finden sich auch heute kaum Wohnungen, in denen nicht wenigstens ein schutzträchtiges, die Stimmung des Heims befriedendes Symbol zu finden wäre; sei es der schmucke Türkranz am Eingang, ein Kruzifix oder Herrgottswinkel in der Stube oder ein Segensspruch in der Küche. Jeder harmonisierende Zauber befördert folglich auch die Stimmung des Hauses, und mit ihr hebt sich auch das Wohlgefühl seiner Bewohner.

Besondere Bedeutung wurde seit je dem Schwellenzauber geschenkt, findet doch jede Art des Geschicks für gewöhnlich Zutritt über die Eingangsschwelle. Deshalb wurden Zauber abwehrende Figuren und Symbole schon mit dem Bau des Hauses zum bleibenden Schutz unter der Türschwelle vergraben. Ergänzend brachte man Heiligenfiguren und andere Apotropäa über dem Türstock an. Diese Gebräuche sind im Grunde heute ebenso lebendig wie einst, auch wenn sich die Symbolik und die Art der eingesetzten Apotropäa gewandelt hat. Auch hier gilt grundsätzlich, daß nur eine vorhandene Affinität und ein bewußtes Verständnis zum Abwehr- und Schutzmedium dem Zauber die erwünschte Mächtigkeit verleihen können, ist es doch letztlich wiederum ganz allein unser Geist, der die Seele des Hauses speist.

Der Abwehrzauber, ein magisches Rückspiel

Mit einem Mal war sie hellwach, mitten aus dem traumlosen Tiefschlaf gerissen. Sie spürte die Anwesenheit des anderen im Zimmer, es war eine bedrohliche, ja bösartige Atmosphäre. Die Gefahr war förmlich zu riechen. Sie knipste das Licht an, um sich zurechtzufinden. Selbstverständlich war niemand Fremdes im Raum. Dennoch war die Bedrohung weiterhin gegenwärtig. Sie schlug ein Kreuz, umkreiste es und wiederholte diese Geste dreimal. Dazu murmelte sie ihre Schutzformel: »Segen sei mit mir, Fluch der Fata!« Die Stimmung im Raum klärte sich, und die Bedrohung löste sich auf. Dennoch, die empfundene Bedrängung war so greifbar dicht gewesen, daß sie keinen Zweifel daran hatte, daß dahinter eine böse, womöglich schwarzmagische Machenschaft eines ihr Übelgesonnenen stecken mußte. Und da an Schlaf vorerst nicht zu denken war, nahm sie ihr Pendel und spürte der Richtung nach, aus der der Angriff wohl gekommen sein mochte. Sie fand die Quelle alsbald im Kollegenkreis. Es war eine schwarzmagische Kraft, wobei sie nicht von einer Person ausging, sondern von der Gruppe insgesamt. In ihrem übelwollenden Neid hatten sich deren Energien zu einem eigenständigen Zentrum der Gemeinheit verdichtet. Und einer unter ihnen mußte bewußt oder unbewußt über soviel magische Macht verfügen, daß er imstande war, diesem Dämon Impulse zu vermitteln.

Nachdem sie ihre Vermutung mit dem Tarot noch einmal überprüft und dazu ein zweites Mal das Pendel befragt hatte, bereitete sie sich auf den Gegenzauber vor. Zunächst nahm sie ein reinigendes Bad, in das sie drei Eßlöffel Meersalz gab. Anschließend räucherte sie ihre Wohnung mit Lorbeer, mit dem schon seit der Antike bösen Mächten getrotzt wurde, weswegen sich ihre Helden auch mit Lorbeer bekränzten, um den Geist der Neider zu bannen. Sie durchstreifte mit den auf der Kohle der Räucherschale schwelenden zerbrochenen Lorbeerblättern alle Zimmer und hob in jeder Ecke das Räuchergefäß dreimal über ihren Kopf. Schließlich setzte sie sich an ihren Sekretär, zu ihrer Rechten hatte sie eine brennende Kerze und zur Linken eine Schale mit Wasser gestellt. So war der Kreis der vier Elemente Erde, Feuer, Luft und Wasser um sie geschlossen. Dieser Kreis würde sich als innerer Mantel in ihren Zauberkreis fügen, ihn quasi doppeln und ihrem Zauber darüber hinaus auch dingliche Wirkung verleihen.

Mithin angemessen vorbereitet, murmelte sie ihre Schutzformel und strich dabei über den Rand des Hohlspiegels vor sich, ein simpler Schminkspiegel, den sie sich für ihre Magie zugelegt hatte. Dann notierte sie in Kreisform die Namen der beteiligten Neider auf einem weißen Zettel, in die Mitte zeichnete sie einen liegenden Halbmond, in dem ein lang gestrecktes Pentagramm gründete. Um die Namen herum schrieb sie: »Freßt eure Schlechtigkeit, sie soll euch dreimal drücken, so lange, bis ihr sie fahren laßt!« Hierauf schnitt sie den Zettel zurecht und plazierte ihn mit der Schrift nach unten in der Mitte des Spiegels. Sie nahm ihr Stundenglas, drehte es um und beschwerte damit den Zettel. Dazu wiederholte sie laut den Wehrspruch und die Namen ihrer Neider. Eine Weile sah sie zu, wie der Sand in den unteren Zylinder des Stundenglases rieselte, dann bedeckte sie die Installation mit einem schwarzen Tuch und schleuderte dreimal mit einer wegwerfenden Bewegung ihre Hände in Richtung des Stundenglases. Dieses Ritual wiederholte sie drei Tage lang. Dazwischen drehte sie, wann immer es ihr einfiel, das Stundenglas um und plazierte es wieder auf dem Zettel im Spiegel.

Der Erfolg ließ nicht lange auf sich warten, der Dämon verflüchtigte sich, die Gruppe der Neider begann zu zerbrechen, und sie waren darauf untereinander mit ihren Ränkespielen derart beschäftigt, daß sie fortan unbehelligt blieb.

Anmerkung: Vor allem im Volksaberglauben wird weiße Magie quasi nach dem Motto: »Wer sich nicht wehrt, der lebt verkehrt!« immer wieder mit dem apotropäischen Zauber gleichgesetzt. Dem ist indes ganz und gar nicht so. Ein Abwehrzauber ist für den weißen Magier allemal eine Gratwanderung, da in jeder Apotropäe notwendigerweise auch eine Attacke steckt. Und da, wie ich aus meiner Praxis weiß, ein Weißmagier überwiegend zum Abwehrzauber konsultiert wird, bedarf es einiger Disziplin und Erfahrung, um nicht von dem Grat ins Behaftete bipolarer Magie zu stürzen. Bis auf ganz wenige hier nicht zu erörternde Ausnahmen sollte sich deshalb der Zauber nur auf die

Reflexion der negativen Kraft beschränken. Daß dies größtenteils ein hinlänglich abwehrendes Potential darstellt, zeigt wiederum die magische Praxis; jedenfalls schlotterte so mancher Bösewicht schreckensbleich vor dem Dämon seiner eigenen Schrecklichkeit, sobald er ihm nur selbst ansichtig werden würde.

Damit eine solche Reflexion aus ihrer Dinglichkeit nicht heraustritt, daß heißt in einer im Hier und Jetzt gründenden und Gleiches mit Gleichem vergeltenden Wirkebene verbleibt, werden die vier Elemente mit ins Spiel gebracht, die in ihrer Vierheit auf die materiellen Gegebenheiten und somit auf unsere Lebenswirklichkeit verweisen. Gleichzeitig stärken die in den Zauberkreis eingebrachten Elemente die magische Handlung und stellen wirksame Schutzzeichen dar, aus deren Sublimierung günstigenfalls der Äther als fünftes Element hervorgeht, um die magische Wirkung zu krönen.

Bei der Formulierung von Wehrsprüchen sollte man sich streng darauf beschränken, das Übel als solches zurückzuwerfen und nichts hinzuzudichten. Indes ist es durchaus statthaft, die reflektierte Energie zu potenzieren, etwa wie im geschilderten Fall auf das Dreifache; freilich sollte man hierbei Augenmaß bewahren und auch die Lösbarkeit mit einbeziehen. Grundsätzlich sollte der Wehrspruch knapp gehalten werden. Wem dies indes nicht genügt, dem sei die Lesung folgender Psalmen des Alten Testaments empfohlen, die ihrerseits als Wehrgebete zu verstehen sind: 3., 28., 35., 59., 70., 94. und 120. Psalm. Nur im Fall einer wirklichen Heimsuchung darf man sich auf den 109. Psalm kaprizieren, der in seiner Art der mächtigste Fluch sein dürfte, der in der Bibel zu finden ist, und von manchen Exegeten gar als schwarzmagischer Text interpretiert wird.

Das Stundenglas, eine Sanduhr mit etwa einer Stunde Laufzeit, dient der Verdichtung und zeitweiligen Konzentration des in Gang gesetzten Zaubers. Sollten Sie über kein Stundenglas verfügen, können Sie auch durch einen ausgewählten Stein dem Zauber Dichte und Richtung verleihen. Ein gelegentliches Wenden des Steins verleiht dem initiierten Zauber seinerseits auffrischende Impulse. Zusätzliche Dichte und Anbindung erhält Ihr Zauber, sofern Sie einen persönlichen Gegenstand Ihres Widersachers unter den Spiegel legen.

Im Bildzauber die offene Flanke erkennen

Er hatte die Demütigung, die ihm widerfahren war, längst verwunden, doch die Narbe brach wieder auf, als er erfuhr, daß ihm sein Widersacher hinterrücks weiter nachstellte. Also entschloß er sich, dem auf magische Weise Einhalt zu gebieten. Dazu zog er sich in seinen magischen Kreis zurück, breitete ein weißes Blatt Papier vor sich aus, konzentrierte sich auf seinen Gegner und nannte ihn beim Namen. Dabei fixierte er das Blatt. Nach einer Weile schien es sich vor seinen Augen zu beleben. Er sah unterschiedliche zarte Tönungen in ihm, die ineinander übergingen, sich abwechselten und wieder auflösten. Schatten strichen über das Papier, verschwanden und machten Mustern und Linien Platz. In dieser Weise wechselten sich die Eindrücke ab, bis er das Gefühl gewann, daß sie sich verdichteten, sich förmlich dem Papier einschrieben. Wieder nannte er seinen Widersacher beim Namen. Darauf schien sich das Blatt zu verdunkeln, ein bleigrauer Schatten legte sich darüber. Es begann zu wogen und hob sich leicht über die Tischplatte, umrandet von einer milden Korona, als würde ein Licht unter ihm glimmen. Nach und nach zeichneten sich hellere Linien in den Schatten, es war ihm, als würde sich der Gerufene in das Blatt schreiben, als würde sich ein Hauch seiner Seele im Zauberkreis offenbaren.

Jäh verflog die Vision, das Blatt lag weiß vor ihm auf dem Tisch. Bevor er seine Augen von dem Bogen löste, nannte er den Widerpart ein drittes Mal beim Namen. Dann griff er zu dem Stift und setzte einen Punkt in die Blattmitte. Er fixierte ihn kurz und wischte mit der linken Hand über das Papier auf den Punkt zu, als ob er Staub in seine Mitte wischen wollte. Jetzt zog er einen kleinen Kreis um den Punkt, schloß die Augen, sammelte sich kurz, öffnete sie wieder und begann zügig zu zeichnen. Er hatte keinerlei Begabung dafür, doch das war nun unerheblich. Kurz darauf legt er den Stift beiseite, der Bogen war mit einer krakeligen Zeichnung bedeckt. Er betrachtete sein Werk und verstand.

Mit wenigen Blicken erkannte er die Stärken und Schwächen seines Gegners, sah seine Absichten und wußte zugleich, wo und wie dieser den Zauber erwartete, ja ersehnte. Denn das Üble, das sich verströmt, verströmt sich, um an seiner eigenen Pein zugrunde zu gehen, um in und an sich selbst zu verenden. Es bietet dem Sehenden seine offene Flanke dar, damit er den Streich, der das Üble selbst erlöst, führen kann. Er griff zu den bereitgelegten Buntstiften, und mit wenigen Strichen und Schattierungen hatte er die Temperamente der magischen Entgegnung skizziert. Jeder Strich und jeder Farbtupfer saß richtig, trug das Üble zurück und schlüpfte dort in die Seele des anderen, wo dieser selbst ersichtlich die Energie für seine Schlechtigkeit schöpfte. Er sah förmlich die Erschütterung, die den Gegner in seinem Seelengrund erbeben ließ. Das Bild sprach eine eindeutige Sprache. Er zerknüllte das Blatt, legte es in die Räucherschale, warf drei Wacholderbeeren, diese Dämonen verscheuchende Frucht, hinzu und steckte es an. Nachdem es in Rauch aufgegangen war, spülte er die Asche in den Ausguß und entzündete eine Duftampel, die er mit einem Tropfen Rosenöl tränkte. Der harmonisierende Duft beruhigte sein Gemüt, und er wußte, daß seine Magie gelungen war.

Anmerkung: Ebenso wie die Macht des Wortes als zwingendes Instrument in der Magie erachtet wird, gilt das Bild als ein magisches Medium allererster Güte. Ein unter magischen Gesichtspunkten entstandenes Bild wird mithin zu einem die magische Absicht bewahrenden Medium. Das für einen Bildzauber in Betracht kommende Bild kann von sehr verschiedener Natur sein, seine mögliche Gestalt reicht von der einfachen geformten Figur aus Knetmasse über die freihand erstellte Zeichnung bis hin zur bearbeiteten Fotografie. Aber auch sympathetische Bilder wie Wurzelstöcke, Steine, Blüten und andere aufgrund ihrer Form und Farbe der magischen Absicht entsprechende Gegenstände finden im Bildzauber Verwendung. Das hier beschriebene Ritual, bei dem allein dem handgezeichneten Bild Aufmerksamkeit gewidmet wurde, läßt sich daher in seinen Grundzügen auf jedes andere gewählte Medium übertragen.

Auf einen Bildzauber mag man sich aus vielfältigen Motiven einlassen. So können Sie zum Beispiel einen Bildzauber durchführen, um in divinatorischer Weise den Hintergrund eines Ereignisses zu deuten; oder Sie wollen über das Bild eigene Seelenaspekte und verborgene Wünsche visualisieren; beides Momente, die in der Psychotherapie heute mehr oder minder zum Alltag gehören. Deshalb wurde hier ein apotropäisches Zeichnen vorgestellt, in das beide Momente mit einfließen. Die magische Technik ändert sich jedoch nicht grundsätzlich bei einer anders motivierten Zielsetzung. Selbstverständlich dürfen Sie dieses Ritual auch dann durchführen, wenn Sie glauben, keinen Feind zu haben, womöglich werden Sie dafür andere Einschränkungen aufdecken; und falls nichts dergleichen geschieht, wird Ihnen auch dies Botschaft genug sein beziehungsweise das entstandene Bild Ihnen entsprechend erhellende Informationen liefern.

Falls Sie Zweifel an der Wirkung des Zaubers haben oder Ihren Widersacher als zu mächtig einschätzen, können Sie Ihre Magie intensivieren, indem Sie mit der Zeichnung weiterarbeiten. So können Sie die Energien der Zeichnung in entsprechenden weiteren Abwehrritualen auf ihren Gegner lenken. Ebenso verstärkend wirkt ein Kontaktzauber, bei dem Sie die Zeichnung Ihrem Widerpart zukommen lassen und ihn somit unmittelbar ihrer magischen Kraft aussetzen. Auch können Sie die Asche der Zeichnung so lange verwahren, bis sie sich von der Wirkung Ihres Zaubers überzeugt haben. Hierbei läßt sich die Asche als Träger des gelösten magischen Fluidums in weiteren magischen Ritualen einbringen. Beispielsweise können Sie sie ins Zentrum eines Hohlspiegels streuen, um Ihre Magie fortgesetzt zu fokussieren, oder Sie bestreichen, sofern möglich, Ihren Widersacher direkt mit einer Prise dieser magischen Asche.

Werden beim Bildzauber Fotos verwendet, neigen viele dazu, das Foto gleich einer Voodoo-Puppe zu traktieren. Dieserart Zauber hat jedoch mit weißer Magie nichts mehr gemein, da der Gegner nicht in seine eigene negative Energie eingebunden wird, sondern einem Angriffszauber eigener Güte ausgesetzt wird. Wollen Sie hingegen Ihren Widersacher in seinen eigenen Sumpf zurückstoßen, sollten Sie das gezeichnete Bild mit farbigen Temperamenten übermalen. Und will man verschiedene Aspekte über einen längeren Zeitraum ansprechen, empfiehlt es sich, statt das Bild direkt zu bemalen, es unter eine Glasscheibe oder Folie zu legen und auf diese die magischen Impulse farbig aufzutragen. Eventuell verborgene offene Flanken des Gegners lassen sich auch entdecken, sobald Sie ein Foto in vier Teile zerschneiden. Anschließend vertiefen Sie sich in die

Schnipsel und schieben sie, von Ihrer Eingebung gelenkt, zu einem beliebigen Versatzstück zusammen. Betrachten Sie darauf die sich berührenden Schnittkanten, denn an ihnen zeigen sich oft eigentümliche Muster, Zeichen und Bilder, die ihnen etwas über Ihren Gegner oder das Temperament seiner dämonischen Kraft verraten.

Bindungen lösen und trennen

Sie hatte genug von dieser Freundschaft, die längst keine mehr war, sondern eine fortwährende Bedrückung, die ihr den Atem nahm und den Schlaf raubte. Doch auch diese alte Freundschaft wollte nicht rosten. Immer wieder trafen sie sich, telefonierten, und immer wieder war sie danach mit ihren Nerven am Ende. Gut, sie hätte jeden weiteren Kontakt, ob mit oder ohne Erklärung, verweigern können, doch sie wußte auch, daß eine unbestimmte Kraft in ihr sie stets aufs neue dazu drängte, Kontakt zu halten. Nein, es war keine magische Kraft, die da wirkte, vielmehr war es das über Jahre gewachsene Band, das offenbar nicht reißen mochte; offenbar war es eine dieser pseudomagischen Kräfte, die sie in anderer Gestalt häufig überall dort bemerken konnte, wo Gewohnheiten ihre Fakten und diese Fakten ihre Tabus schufen. Indes, wollte sie endlich wieder frei durchatmen, mußte der trennende Schnitt gewagt und das Mana des leidigen Tabus entkräftet werden.

Also zog sie sich, nachdem sie die notwendigen Utensilien zusammengetragen hatte, in ihren Kreis zurück. Vor sich auf den Tisch hatte sie ein Bild der Freundin gestellt, davor lag ein kleiner Rosmarinzweig, und ihre Räucherampel verströmte Zitronenduft, beides althergebrachte Übergangs- und Trennungssymbole, die obendrein die Verwundbarkeit in der Lösungsphase reduzieren. Eine Weile bedachte sie den vorgesehenen Zauber, dann sprach sie eine schnörkellose Zauberformel, in der sie ihr Leid ansprach und das Ziel ihres Zaubers formulierte. Dazu knüpfte sie in ein rotes Band einen Knoten nach dem anderen, um es abschließend zu einer Schlaufe zu binden. Hierauf legte sie das Band vor sich und drehte es bedächtig zwischen ihren Fingern. Bei jedem Knoten hielt sie inne und spürte der Kraft ihres hineingegebenen Fühlens und Wollens nach, die sie mit ihm gebunden hatte. Dann war sie soweit, die Schlußformel zu sprechen:

> In des Bandes Kreis
> wirkt späte Freud,
> verknüpft mit Leid.
> Rot ist das Band
> durch alte Lieb
> und lange Not.
> All Sorg und Weil
> sind gebunden
> und umwunden
> im festen Knot.
> Nun bring zu Ende,
> was zu Ende ist.
> Und was noch lebt,
> Schnitt und Feuer löst!

Mit diesen Worten warf sie das Bild der Freundin um, griff zur Schere und trennte die Schleife, das lebendige Band, das sie so lange verband, mit einem Schnitt in zwei Teile. Die beiden Stücke warf sie auf die glosende Kohle in ihrem Räuchergefäß. Dort schwelten sie eine Weile, bevor sie in Flammen aufgingen. Sie blieb in ihrem Kreis und wartete, bis die Kohle verglüht war. Dabei ließ sie den Zauber auf sich wirken; mehr als deutlich empfand sie, wie eine übergroße Last ihr vom Herzen fiel.

Nach der ersten Erleichterung aber bemerkte sie die

Kälte, die ihr entgegenschlug. Es war nicht die Kaltherzigkeit der Anfeindung, sondern die Kälte der Selbstvereinsamung und Hartherzigkeit. Sie erschrak, diese Wirkung des Zaubers hatte sie zwar bedacht, aber bei weitem nicht so erwartet. Noch aber glimmte die Kohle, noch konnte sie das Temperament ihres Zaubers beeinflussen. Also griff sie nach dem vorsorglich bereitgelegten gelben Band, ließ es bedächtig durch die Hände streifen und knüpfte es zu einer Schleife. Die gelbe Schleife als Ausdruck der Hoffnung auf Heimkehr war ihr hier auch Symbol für eine gleichwertige, von Nüchternheit geprägte Verbindung. Die empfundene Kälte verlor sich, statt dessen nahm sie die angenehmer temperierten Naturen der Klarheit und Vernunft wahr. Sie war zufrieden. Als die Kohle erloschen war, kippte sie sie auf einen Karton, verrieb sie ein wenig und fegte sie schließlich zum Kehricht. Danach legte sie das Bild der Freundin zusammen mit der gelben Schleife in ihr Album zurück.

Ihre Freundschaft setzte zwar immer noch keinen Rost an, doch sie war eine andere geworden. Man begegnete ihr nunmehr mit dem von ihr zuvor vermißten Respekt, und sie war dazu imstande, mit aller Freundlichkeit und Härte ihre Sphäre wirksam zu verteidigen.

Anmerkung: Trennungsrituale sind, wie hier erkennbar aufgezeigt, häufiger Übergangsrituale, als daß durch sie ein endgültiger Schnitt vollzogen werden soll. Und da Magie weder beliebig noch Spielerei ist, bei der einmal gültig gesetzte Impulse verwischt oder zurückgerufen werden können, sollten wir uns unserer Absicht zweifelsfrei bewußt geworden sein, ehe wir uns auf ein Ritual einlassen. Von daher muß, wie im obigen Ritual beschrieben, eine eingeschobene Bedenkzeit von vornherein eingeplant sein, um dem Zauber gegebenenfalls ein abgemildertes Temperament zu verleihen. Zudem bedarf es einer ausgebildeten

Bedachtsamkeit, um die Wirkung der sich entfaltenden Magie mitzuempfinden und daraufhin korrigierend einzugreifen. Wer hierin noch unsicher ist, sollte sich daher seines eigentlichen Wollens zuvor ganz besonders versichern. Übrigens zählt eine Bedenkzeit beim vergleichbaren Trennungszauber in vielen Stammeskulturen zwingend zum Ritual, und es müssen dort meist mehrere magische Schritte überwunden werden, ehe der Stab über einen Auszustoßenden endgültig gebrochen wird.

Bedeutsam für den Trennungszauber ist weiterhin, daß wir uns ausschließlich auf die Trennung kaprizieren und nicht versuchen dem Kontrahenten einen Stein nachzuwerfen. Im Grunde sind es zwei Momente, die die magische Intention bei diesem Zauber lenken. Zum einen sollen mit dem Trennungszauber einmal die zu lösenden Bande schadlos durchschnitten werden, und zum anderen die in der Übergangsphase fragile Seele vor Übergriffen dämonischer Kräfte, die sich durch die Trennung konstituieren können, beschützt werden. Insoweit ist ein Trennungszauber gleichermaßen ein Abwehrzauber.

Mit folgenden magischen Entsprechungen lassen sich überdies ein Trennungszauber wirksam unterstreichen und die gewollte Richtung zusätzlich betonen. So können vor der eigentlichen magischen Handlung die zu lösenden Charaktere in symbolischer oder figürlicher Weise aus Teig gebacken werden. Während des Zaubers werden sie dann zerbrochen, in Wasser gelöst und abschließend weggeschwemmt. Verfügen Sie über ein Bild, auf dem Sie mit dem Kontrahenten abgebildet sind, vollziehen Sie die Trennung erst mit einem gelben Respekt beweisenden, aber auch gebietenden Kreidestrich und schneiden dann entlang der Linie das Bild mit einer Schere entzwei. Falls es Ihnen erforderlich erscheint, Ihren Kontrahenten gänzlich aus Ihrer Sphäre zu verbannen, dürfen Sie sein Bild verbrennen und die Asche wegkehren. Der eigene Bildanteil darf darauf dem abfließenden Wasser übergeben werden. Wird er hingegen verwahrt, bewahrt er auch den Gefühlsanteil der Trennung, was als affektive wie magische Erinnerung für die Stetigkeit einer notwendigen Scheidung durchaus gewollt sein kann. Bezeugt doch der verbliebene Rest gleichsam die psychische Macht, mit der man sich aus der Verbindung zu lösen vermochte.

Überhaupt ist das erwähnte Auskehren eine häufig aufscheinende Analogiehandlung bei Trennungsritualen. So weiß ich von verschiedenen Freunden, daß sie ihre Wohnung jedesmal nach einem Besucher aussaugen, um dessen sphärische Anwesenheit zu tilgen. Hinter diesem kleinen Alltagsritual steckt freilich keine Abneigung gegen die Gäste, sondern vielmehr der Wunsch, seine Privatsphäre wiederherzustellen und den erfolgten Abschied auch emotional zu besiegeln.

Kraftvoll entschieden gestaltet sich hingegen ein Trennungsritual, sobald das Bild des Auszustoßenden vom Magus bespuckt und aus dem Zauberkreis geworfen wird. Bricht er darüber hinaus auch noch einen Stab über der anderen Person, ist der herbeibeschworene Bruch von unbedingter Härte. Besiegelt wird ein Trennungsritual häufig auch durch abschließendes Salzstreuen und anschließendes Auskehren des Kreises.

Störe meine Kreise nicht

Wie im beispielhaften Ritualablauf zum Trennungsritual beschrieben, muß das Bemühen um Distanz nicht zwingend auf eine gänzliche Lösung einer Bindungen hinauslaufen. Vielfach ist diese auch nicht möglich, weil dem materielle beziehungsweise soziale Gründe entgegenstehen oder eine Bindung als solche nicht gewünscht ist; vielleicht wird ein formeller oder informeller Übergriff von der anderen Seite als beeinträchtigend empfunden, der sich aber rational und konventionell nicht abwehren läßt, da die Nachstellung bewußt oder unbewußt magisch unterfüttert ist und folglich tiefer in unsere Seele greift, als dies bei rein »funktionaler« Betrachtung auszumachen wäre. Solcherart magisch-seelische Übergriffe widerfahren uns ihrem faßbaren Charakter nach häufig als nötigende Ratschläge, verdeckte oder offene unbegründete Ablehnungen sowie als impertinente oder devote Bittstellungen.

Steht für Sie folglich eher das Bedürfnis nach Abgrenzung als der Sinn nach Trennung im Vordergrund, werden Sie sich zunächst reinigenden und kräftigenden Ritualen zuwenden wollen. Gleichwohl sollten Sie auch die Ursache, sofern sie magische wirksame Aspekte in sich trägt, angehen, um eine womöglich länger anhaltende diffuse negative Umgrenzung von vornherein auszuschließen.

Treten Sie dazu in Ihren Kreis, und stellen Sie in ihm sowohl sich selbst als auch den Sie bedrückenden Übergriff dar. Dies können Sie einmal an Hand von Puppen ausführen, in bildhafter oder schriftlicher Form. Haben Sie in dieser Weise dem belastenden Sachverhalt Gestalt verliehen, gehen Sie zur magischen Abgrenzung über, indem Sie Ihren Bereich und den bedrängenden Umstand jeweils einzeln umzirkeln. Hierbei unterstützen Sie die Farben Rot und Grün, die Sie entweder per Stift konkret einsetzen oder imaginieren und mit Geste oder Zauberstab den Kreisen zuweisen. Mit Rot beleben Sie Ihren Sektor und verleihen Ihrem Ansinnen magische Verbindlichkeit. Mit Grün umgrenzen Sie die negative Einwirkung. Hierdurch wird sie geerdet, was heißt, Sie vermitteln ihr einen ableitenden und dämmenden Impuls; gleichzeitig verdinglichen Sie diesen Aspekt, wodurch seine magische Wirkung an Dynamik verliert und seine Bewegung in sich selbst zu kreisen

beginnt. Alsdann umschlingen und umknoten Sie die Bedrückung mehrmals und werfen sie über Ihre linke Schulter
rückwärts zum Kreis hinaus. Eine abschließende Räucherung und stärkende Betrachtung, zu der Sie Ihren persönlichen Aspekt aufnehmen und mit beiden Händen halten,
beschließt dieses Abgrenzungsritual.

Anmerkung: Je nach Temperament mag man vielleicht ein
Abgrenzungsritual magisch dichter und wehrhafter durchführen, indem bildkräftigere Analogien mit einbezogen
werden, beispielsweise ein Umzirkeln mit im Kreis ge-
schärfter Klinge oder die Umgrenzung des eigenen Aspektes mit abwehrenden Nägeln. Freilich ist hierbei auch die
Gefahr gegeben, daß wir mit derlei Bildsprache von den
Prinzipien der lauteren weißen Magie abrücken und uns auf
ein bipolares Geplänkel einlassen. Empfinden wir indes
die magische Bedrängung als so heftig, daß wir meinen, zu
solchen Mitteln greifen zu müssen, sollten wir besser zwei-
schichtig vorgehen, und uns zum einen magisch abgrenzen, und zum anderen die Kräfte des Widerparts in einem
eigenen Abwehrritual in sich beschränken und zurückweisen.

In einer solchermaßen auf sich bezogenen solitären Abgrenzung fließen, da der bedrängende Gegensatz ausge-
schlossen bleibt, von selbst vermehrt stärkende Impulse in
das Ritual ein. So werden Sie womöglich einen reinigenden
Zauber an den Anfang stellen und im magischen Kreis Ihre
Sphäre durch Schutzzeichen kräftigen. Ebenso werden Sie
beim eigentlichen Abgrenzungsritus Ihre Belange tiefer
durchschauen und auch Ihre Angreifbarkeit erkennen –
und dementsprechend den ausschließenden Zirkel fein-
fühliger gestalten. Begrenzen Sie ihn abschließend mit
einem roten und einem gelben Schutzkreis. Gelb steht hierbei für distanzierende und nach außen gekehrte Versach-

lichung. So dürfte der magische Impuls Ihrer Unnahbarkeit auch für den auf sich selbst zurückgeworfenen Widersacher unmißverständlich sein.

Der Liebe zur Neigung verhelfen

Daß der Liebeszauber der weißen Magie zugeschlagen wird, entspricht einer weit verbreiteten Auffassung, die allerdings so nicht zu halten ist. Ist doch ein Liebeszauber im Grunde nur ein magisch unterfüttertes Werben und Begehren einer buhlenden Person und somit ein egoistisches Streben, das vorderhand nichts mit der Suche nach Transzendenz gemein hat. Umkleiden wir indes diese Einschätzung mit dem edlen Teil der Gefühle und den in der Liebe unbestreitbar aufscheinenden Aspekt himmlischer Seligkeit, mögen wir durchaus auch einen magisch-mystischen Raum erkennen, in dem die Liebe jenseits aller schätzenswerten irdischen Sinnlichkeit und Betörung als eine den Menschen erhöhende Kraft wirkt. Sie eint Schöpfergeist und Schöpfergabe und befördert neben sinnlicher Verzückung gleichermaßen eine mystische Verzückung, die in ihrem Walten unterschiedslos einer transzendenten Sicht entspricht. Gründet die Intention zum Liebeszauber auf einem solchem Verständnis, ist die magische Handlung einem weißmagischen Zauber freilich allemal vergleichbar. Darüber hinaus mag man, einer harmloseren magischen Auffassung folgend, einen Liebeszauber als die magisch verdichtete Erweiterung menschlichen Balzverhaltens betrachten, das in sich auch magisch wirksame Momente trägt. Wobei ich entsprechend meiner Beobachtung und Konfrontation mit dahingehend Ratsuchenden bemerken darf, daß ein Liebeszauber so gut wie immer von einem Beteiligten aus einer bereits bestehenden, sich abkühlenden Partnerschaft nachgefragt wird und so gut wie nie von einseitig entflammten Herzen. Insofern ähnelt ein Liebeszauber eher einem therapeutischen Ritual, bei dem die Attraktionskräfte des Beistand suchenden Partners durch die magische Handlung angehoben werden, auf daß sich in sympathetischer Weise wieder fügt, was sich einst entsprach.

Wollen Sie sich auf einen Liebeszauber einlassen, sollten Sie vornehmlich in Analogien und Wahlverwandtschaften denken, was bedeutet, Sie wählen Medien, die mit den Eigenschaften des Partners korrespondieren, welche Sie entweder verdrängen oder wieder wecken möchten. Häufig vollzieht sich ein Liebeszauber in Gestalt eines Bindezaubers, indem beispielsweise in rote Schnüre Knoten geknüpft werden und hierzu die Erwiderung der Liebe durch den Begehrten beschworen wird. Um die in solcher Weise eingeflochtenen Wünsche zu beseelen, werden die Knoten überdies vielfach angeblasen. Dieserart behandelte Schnüre werden alsdann, sofern sie dem Begehrten nicht zugesteckt werden können, um schnell wachsende Gehölze wie Weide oder Hasel gebunden; und im selben Maße, wie sie dort einwachsen werden, soll auch die Liebe wachsen. Nicht minder häufig werden persönliche Attribute des Umworbenen über längere Zeit am Körper getragen, um hierdurch die Attraktion so weit zu steigern, daß einen der Geliebte endlich erkennt. Auch Fotos oder persönliche Gegenstände werden gerne in den Zauber mit einbezogen und von roten, hier die Liebe symbolisierenden Kreisen umschlossen, wobei sich meist Attribute der werbenden Person hinzugesellen und ein magisches Arrangement komponiert wird, indem sich etwa das Paar in bildhafter Weise in einem herzförmigen Feld wiederfindet oder die aufzuschließende Person im Kreis in den Süden gerückt wird, um den im Zentrum stehenden Werbenden gewissermaßen zu bestrahlen und gleichzeitig von dessen Gravitation gehalten zu werden.

Solcherlei symbolische Arrangements sind unbestreitbar von magischer Mächtigkeit und vermögen insbesondere im Rahmen einer magischen Zeremonie die Attraktionskräfte zu steigern. Gleichzeitig offenbaren sie auch etwas über die im Spiel befindlichen Gefühle beider Seiten, auf deren Beobachtung aufbauend sich weitere magische Handlungen ergeben können. Insofern sind derlei magische Szenarien, auch wenn sie gelegentlich banal anmuten, nicht zu unterschätzende Fingerzeige für einen gezielten Folgezauber. Die Analyse eines liebeszauberischen Arrangements sollte sich als eigenes Ritual in Form einer magischen Meditation vollziehen. Anschließend dürfen Sie die hierbei gewonnenen Informationen und Rückschlüsse in einer weiteren Zeremonie ansprechen.

Räuchern Sie hierzu mit süßen betörenden Düften wie Ambra, Moschus oder Rose. Notieren Sie währenddessen Ihre Wünsche an Ihren Partner mit Tinte auf weißem oder rot getöntem Papier, und verbrennen Sie es anschließend in Ihrem Kreis. Lenken Sie die mit dem Rauch aufsteigenden Wünsche in Gedanken Ihrem Partner zu, und bewahren Sie die Asche auf. Bei nächster Gelegenheit, zu der Sie Ihren Partner berühren können, nehmen Sie mit dem linken Ringfinger etwas von der Asche auf und betupfen oder bestreichen Sie ihn damit unbemerkt. Hierdurch übertragen Sie nicht nur die Macht Ihrer Wünsche auf ihn, sondern auch die Kraft Ihrer Liebe. Wenn möglich, versuchen Sie diesen Kontaktzauber an drei aufeinanderfolgenden Tagen zu wiederholen.

Zudem empfiehlt es sich, daß Sie in einer eigenen Zeremonie Ihre persönlichen Attraktionskräfte entwickeln und verstärken. Hierzu notieren Sie sich wiederum mit Tinte sowohl den eigenen Anspruch als auch den selbsterkannten Liebreiz samt Ihren Wünschen auf einen weißen oder blau eingefärbten Bogen. Diesen Bogen weihen Sie, indem Sie ihn mit Wasser besprengen und über das Räucherwerk halten. Dabei stellen Sie sich vor, wie die angesprochenen Eigenschaften mit dem Rauch auf Sie übergehen beziehungsweise in Ihnen aufgeschlossen werden. Gleich dem Rauch sollen sie fortan in Ihre Aura hineinwirken und dort für den Angesprochenen sowohl in übersinnlicher als auch in feinsinniger Weise erkennbar werden. Falten Sie den Bogen anschließend zu einem Brief, und versiegeln Sie ihn. Adressieren Sie den Brief an sich, und vertrauen Sie ihn der Post an. In ein, zwei Tagen wird Sie Ihre Botschaft wieder erreichen. In einer erneuten meditativen Zeremonie brechen Sie das Siegel und lesen Ihre Botschaft. Hierbei werden Sie klar erkennen, was von Ihrem Sehnen Ihnen bereits zuströmte und was noch keimt und was schon sprießt. Danach verbrennen Sie diesen Brief und verreiben seine Asche über ihrem Herzen.

Anmerkung: Ein Liebeszauber kann grundsätzlich nicht mehr leisten, als an möglichen Attraktionskräften ohnehin gegeben ist. Er vermag diese folglich nur aufzudecken, zu beleben und in magischer Weise zu verstärken. Insoweit stellt er auch keine unzulässige bedrängende Einflußnahme in die Sphäre einer anderen Person dar. Findet die geweckte Attraktion keine Entsprechung, weil das Herz des Umworbenen erkaltet ist oder sich nicht erwärmen läßt, bleibt auch der Zauber wirkungslos. Es läßt sich folglich nur das durch ihn verbinden, was einander auch entgegenstrebt, auch wenn es zunächst nur einseitig erwählt wurde.

Diese einseitige Bestimmung aber kann von dem Erwählten als Übermannung empfunden werden, weswegen das oberste Gebot für einen Liebeszauber ist, daß der durch ihn Angesprochene niemals vom erfolgten Zauber erfahren darf, auch wenn es in Augenblicken innigster Verbundenheit eine allzu süße Verlockung werden könnte, den Geliebten in das Geheimnis der zweisamen Findung einzuweihen. Schließlich vermag das Wissen um die magisch bewirkte Bezauberung den Zauber der Liebe so weit zu überschatten, daß im nachhinein die an sich glückliche Übermannung eine negative Bewertung findet. In rückblickender Einschätzung könnte der eigene Anteil daran in Frage gestellt werden, und was einst als wunderbare Fügung verstanden, hierauf als Verhexung gedeutet werden. Letztlich sei noch bemerkt, daß ein Liebeszauber grundsätzlich vom Werbenden ausgeführt werden sollte, während ihm der Magier lediglich als beratender Arrangeur zur Seite steht.

Wer den Namen weiß, hat auch das Mittel

Wieder hatte er eine vielversprechende Einladung ausgeschlagen aus der unbestimmten Angst heraus, ein Unheil könnte ihn darob ereilen. Doch diesmal war das Gefühl der Angst anders als sonst, zum ersten Mal bemerkte er, daß diese Angst konkret war, sie besaß einen Charakter, als wäre sie ein faßbares Gegenüber. Ihm graute, er hatte Angst vor dieser Angst. In seiner Furcht vor diesem Unbenennbaren wandte er sich an sie, von der er wußte, daß sie hinter die Schleier blicken konnte. Manche nannten sie eine Hexe, doch das war sie nicht; sie war ein Mensch, in dem das Gute wohnte, eine Zauberin. Als er bei ihr saß, sprach sie mit ihm über seine Angst. Er beschrieb sie ihr als diese elende Furcht, in jedem Gutsein für ihn könne sich das Unheil verbergen. Ihm waren die psychologischen Mechanismen für eine solche Einstellung vertraut, doch sie trafen auf ihn nicht zu. Womöglich ginge es ihm zu gut, weshalb er mit der Furcht vor einem Schicksalsschlag beschwor, was er angstvoll erwarten würde. Womöglich könnte er so der Katastrophe vorausgreifen, sie sogar herbeiführen, danach zu seiner alten Unbeschwertheit zurückzufinden.

Sie hörte ihm lächelnd zu, stellte Fragen und zeichnete dabei ein Bild. Ob so seine Angst aussähe, fragte sie ihn. Er betrachtete das Bild, bejahend und verneinend. Aber, so meinte er, seine Angst hätte Gestalt, und er erzählte, wie er sie erstmals als etwas Konkretes, Substantielles erfahren hatte. Währenddessen zeichnete sie weiter an dem Bild. Plötzlich hielt er inne und meinte, ja, so könne seine Angst aussehen. Sie nahm das Bild, bespritzte es mit Wasser und verbrannte es. Dann fragte sie ihn unvermittelt, welchen Namen seine Angst habe. Er war sprachlos.

Also nahm sie ihr Pendel und ließ es über einem Buchstabenkreis kreisen, die Antwort war »Thus«. Thus, er sprach den Namen mehrmals, und es war ihm irgendwie leichter. Was der Name wohl bedeuten könnte? Weihrauch, klärte sie ihn auf, aber dies wäre ohne besondere Bedeutung. Seelenwehen, die sich ablösen und mit anderen Verwehungen verdichten würden, gäben sich häufig Namen, die ein schräges Bild vorspiegelten, damit man sie nicht angreifen würde. Inzwischen hatte sie ein weißes Blatt vor sich gelegt und einen Stahlgriffel in die Hand genommen. Dann schrieb sie ohne sichtbare Linie auf das Blatt einen Bannspruch, in dem sie Thus verbot, sich ihm weiterhin zuzuwenden. Schließlich beschwor sie das Benannte, sich aufzulösen und zu verwehen. Nachdem sie damit fertig war, drehte sie das scheinbar leere Blatt um und bat ihn, den Kontrakt mit Tinte zu unterzeichnen. Darauf ging auch dieser Bogen in Flammen auf. Sie vermischte die Asche beider Papiere, strich sie ihm auf die Handrücken und schickte ihn zum Händewaschen. Als er wiederkam, war er sichtlich gelöst. Sie faßte seine Hände und besiegelte das Ritual mit einem Dankgebet. Zum Abschied empfahl sie ihm, sollte sich die Angst wieder einstellen, sollte er sie beim Namen nennen und zurückweisen. Aber wahrscheinlich würde sich die Angst nicht mehr zeigen und er mit der Angst auch den Namen vergessen. Und so war es auch, denn als er zu Hause ankam, konnte er sich partout nicht mehr an den korrekten Namen der Angst erinnern. Er wollte sie schon anrufen und nach ihm fragen, doch dann ließ er davon ab.

Anmerkung: Nicht jede Furcht hat einen Namen, dafür aber faßbare Ursachen. Deshalb gilt es vor jedem Zauber, die mögliche Ursache für eine scheinbar unfaßbare Bedrängung aufzudecken. Erst wenn man sich sicher ist, daß es sich bei der empfundenen Einschränkung um eine unterschwellige Kraft handelt und keine benennbaren Ursachen hierfür zu finden beziehungsweise von ausschlaggebender Relevanz sind, darf man dazu übergehen, den Namen des Übels zu bestimmen. Andernfalls könnte sich durch eine voreilige Benennung eine noch instabile Kraft in sich konzentrieren und hierdurch überhaupt erst jene Herrschaft erlangen, die man schlechterdings vermeiden wollte. Hat man sich von dem substantiellen Charakter der Bedrohung soweit überzeugt, daß man ihn als ein Gegenüber auffassen darf, wird man sich der Namensfindung zuwenden. Dies dürfte üblicherweise, wie im vorstehenden Ritual beschrieben, eine Suche per Pendel sein, alle anderen intuitiven Vorgehensweisen wie etwa Hellhörigkeit oder Notarikon sind ebenso gangbar. Maßgeblich bei der eigentlichen Namensfindung ist allein, sich des Namens des Übels zu bemächtigen; auch wenn es sich mit dem offenbarten Namen verbergen möchte, bleibt es durch ihn faßbar und somit auch abweisbar.

Mit dem Namen gewinnt der Magus Macht über das Übel, und diese Macht darf er keinesfalls verspielen. Das bedeutet, er muß es in der Folge konsequent binden und auflösen, keinesfalls sollte er sich auf einen Austausch mit ihm einlassen oder es durch weitere Befragungen ergründen. Schließlich ist er bereits allein durch den Namen im Besitz des »Grundes« seines Gegenübers, also dessen Zentrum, das ihm Halt und Gestalt verleiht. Sprengt er mit seinem Bann diese Selbstzentrierung des Übels, indem er es beim Namen nennt und seiner Mitte entreißt, löst sich der üble Schein. Er ist kein Gegenüber mehr und mithin nichts, was noch zu überwältigen wäre. Ab diesem Augenblick aber ist auch der Name ohne Bedeutung, er bleibt ungenannt, damit sich an ihm nicht sammelt, was nicht mehr ist.

Als Binde- und Bannformel können Sie, sofern Sie keinen eigenen Text sprechen möchten, die seit Generationen bewährte Anrufung deklamieren: »Im Namen Jesu müssen sich beugen alle Knie, die im Himmel, auf Erden und unter der Erden sind. Fliehe daher von hinnen du unreiner Geist (Namen), denn hier ist Jesus.« Oder aber Sie sprechen nachstehendes aus dem kirchlichen Exorzismus abgeleitetes Gebet und fügen wie zuvor auch den Namen des Übels ein.

Gott des Himmels, Gott der Erde, Gott der Erzengel, Gott der Propheten, Gott der Apostel, Gott der Märtyrer, Gott der Jungfrauen: Gott, der du die Macht hast, nach dem Tod das Leben, nach der Mühe die Ruhe zu verleihen. Außer dir gibt es keinen anderen Gott. Du bist der einzig wahre Schöpfer des Himmels und der Erde, du bist der wahre König, dessen Reich ohne Ende ist. In Demut flehe ich zu deiner glorreichen Majestät: Zersprenge, zerstäube und verwehe den unreinen Geist, der sich da nennt (Namen). Bewahre uns vor seinem Übel. Durch Christus, unseren Herrn. Amen.

Als Dankgebet zum Schluß des Zaubers empfiehlt sich der 23. Psalm Davids, der zugleich als ein Leitmotiv der weißen Magie aufgefaßt werden darf und deshalb auch grundsätzlich jedem weißmagischen Ritual vorangehen kann.

Der Herr ist mein Hirte, nichts wird mir fehlen.

Er läßt mich lagern auf grünen Auen und führt mich zum Ruheplatz am Wasser.

Er stillt mein Verlangen; er leitet mich auf rechten Pfaden, treu seinem Namen.

Muß ich auch wandern in finsterer Schlucht, ich fürchte kein Unheil; denn du bist bei mir, dein Stock und dein Stab geben mir Zuversicht.

Du deckst mir den Tisch vor den Augen meiner Feinde. Du salbst mein Haupt mit Öl, du füllst mir reichlich den Becher.

Lauter Güte und Huld werden mir folgen mein Leben lang, und im Hause des Herrn darf ich wohnen für lange Zeit.

Wie du mir, so ich nicht dir, sondern du dir selbst

In den zuletzt beschriebenen Ritualen wurden magische Kräftigungs- und Abwehrzeremonien dargestellt, mit denen wir mehr oder minder alltäglichen Bedrängungen begegnen können. Der im nachstehenden Bild geschilderte Widerzauber greift indes noch weiter als der zuletzt vorgestellte Namenszauber, der für sich gesehen bereits eine ungewöhnlich starke magische Kraft aufbietet. Insofern wird mit diesem Widerzauber eine Situation beschrieben, die fernab von jeder Alltäglichkeit ist und uns folglich gottlob in verwandter Weise vermutlich niemals eine Herausforderung werden dürfte. Gleichwohl scheint mir dieses Ritual an dieser Stelle angebracht, um einen Einblick sowohl in den Grenzbereich als auch in Mächtigkeit weißer Magie zu geben.

In was für eine Geschichte und in welch seltsame Verstrickungen er geraten würde, nachdem er sich entschied, das Haus in dem Dorf zu beziehen, war für ihn als Außenstehenden nicht zu ahnen gewesen. Es war eine idyllische Gemeinde nahe der Heide weitab vom städtischen Getriebe, und er versprach sich dort eine seine Seele befriedende Atmosphäre, die seinem Schaffen neue Kraft zuführen würde. Doch es kam gründlich anders, als er es sich erträumt hatte. Kurz nachdem er in das Haus gezogen war, begann er zu kränkeln, und die erhoffte Schaffensphase wollte sich gleich gar nicht einstellen. Zur Selbstbesinnung und Erholung machte er lange Spaziergänge, die eher einer Flucht mit vorbestimmter Wiederkehr zum Grund der Vertreibung gleichkamen. Auf einem dieser Spaziergänge aber machte er eine seltsame Beobachtung.

Beim Durchwandern eines Wäldchens begegnete er einem Mann aus dem Dorf, man plauschte kurz und ging dann wieder seiner Wege. Als er sich, in einiger Entfernung zufällig umdrehte, sah er, wie der Mann eine derbe magisch auslegbare Abwehrgeste gegen ihn ausführte. Stutzig geworden, begann er mit Nachforschungen, deren Ergebnisse ihm seine bedrückende Befindlichkeit in ganz anderem Licht erscheinen ließen. Der ganze Ort, so fand er heraus, sei seit Generationen eine Brutstätte schwarzmagischer Finsterlinge, vor denen vor etlichen Jahrzehnten selbst der örtliche Pfarrer geflohen sei. Zudem sei sein Haus zuletzt von einer Hexe bewohnt gewesen, die hinausgeklagt werden mußte. Nun mache sie ihn als neuen Mieter für dieses Geschick mitverantwortlich und würde ihm deshalb in schwarzmagischer Manier nachstellen.

Nachdem er den magischen Hintergrund seiner körperlichen und geistigen Entkräftung und die Quelle des Übels überprüft hatte, nahm er sich vor, nicht wie einst der Pfarrer zu weichen, sondern sich standhaft zu zeigen und zu wehren. Doch vorweg galt es, sich selbst zu schützen. Hierzu begab er sich in seinen Zauberkreis, den er entgegen seiner Gewohnheit diesmal nicht mental, sondern sinnfällig mit weißer Kreide zog. Räucherwerk sorgte für eine traute Stimmung, als er begann, sich in eine kristallene Pyramide zu imaginieren. Kaum sah er sich rundum von

spiegelnden Schrägen umschlossen, flammte ein schnee-
weißes Licht, jenes mystische blaustichige Weiß wahrer
Zauberwelten, über seinem Haupt auf, als würde es die
Pyramide krönen. Parallel dazu formte sich eine rubinrote
tausend Feuer in sich bergende Kugel unter seinen Füßen,
als Basis der Pyramide. Er war in seinem Allerheiligsten,
dem imaginierten Abbild seiner magischen Sphäre. Dieser
Raum war reinste und edelste Energie, und er begann, mit
ihr zu atmen und zu pulsieren. Er war in der Kraft, und die
Kraft war in ihm. Er war unverletzlich, kein Arg mochte
ihn mehr schrammen. Er blieb lange in diesem Raum, und
er machte es sich fortan zur Gewohnheit, ihn jeden Morgen aufzusuchen.

Nach der ersten Meditation versiegelte er das Haus mit
Abwehrzeichen, die er, um sie zu weihen und magisch auf-
zuladen, in einem kleinen Ritual in seinem Zauberkreis fer-
tigte. Es waren Dreiecke aus blauem Karton, die er mit
einem weißen Dreieck hinterlegte, so daß er ein Hexagramm erhielt. Das blaue Dreieck wies nach oben, es
versinnbildlichte seine magische Kraft, die sich mit dem
transzendenten Raum verband; es war sein Anruf an diesen
Raum. Die Antwort aus dieser Sphäre floß über das weiße
mit der Spitze nach unten gerichtete Dreieck. So strömte
ihm die sublimierte und geläuterte Kraft seiner Magie wieder zu, um seinem Zauber überirdische Macht zu verleihen.
In die blauen Dreiecke schrieb er mit roter Farbe an die Seiten: »Wie du mir – so ich nicht dir – sondern du dir selbst.«
An die Basis zeichnete er als Spiegel einen liegenden Halbmond, über dem im Schwerpunkt des Hexagramms ein
Pentagramm nach oben wies, dessen Hauptstrahl er mit
drei pfeilartigen Schenkeln ummantelte und verlängerte.
Die solchermaßen präparierten sechsstrahligen Sterne
brachte er über den Eingängen des Hauses, im Schlafzim-
mer am Kopfende seines Bettes und im Dachfirst an.

Die ungute, ihn entkräftende Befindlichkeit verließ ihn, doch er sah gleichzeitig während seiner morgendlichen Schutzmeditation, wie der gegen ihn gerichtete Zauber fortwirkte. Trotz der mächtigen Reflexion, die sie erschüttern mußte, wollte die Schwarzmagierin nicht von ihm ablassen. Also entschloß er sich zu einem Widerzauber. Hierzu begab er sich ins Freie in einen nahen Hain. In seiner Mitte öffnete sich eine kreisförmige Lichtung, deren magisch geladene Atmosphäre ihm stets wie ein Tor zur bipolaren Zauberwelt anmutete. Womöglich barg sie einen vergessenen Kultplatz. Jedenfalls war es gerade das empfundene zwiespältige Wehen an diesem Ort, das er für seinen Zauber suchte, konnte er doch so den Geist seiner Widersacherin ohne Rückwirkungen zitieren.

Er legte eine schwarze Schlinge aus, in deren Rund er eine weiße Schlinge plazierte. Die schwarze Schlinge sollte die böse Kraft an sich ziehen und binden, die weiße Schlinge hingegen umzirkelte seinen Schutz- und Zauberkreis. Im Kreis leitete er das Ritual ein, indem er sich in seiner Pyramide verspiegelte. In ihr zur Ruhe gekommen, umwehte ihn Sternengesang, gleichzeitig sah er die auf ihn anstürmenden Kräfte, die sich im Dom der schwarzen Schlinge ansammelten, indes die Barriere seines Zauberkreises nicht zu überwinden vermochten. Alsdann imaginierte er die Pyramide in sich, wo sie sein Herz umschloß. Sein Geist war leer, und er war gänzlich ohne Gefühl und Leidenschaft, als er mit seinem Zauber begann. Er zog sich weiße Handschuhe über, ehe er eine Fotografie der Hexe, die er sich für diesen Zauber angeeignet hatte, hervorholte und dreimal seinen Abwehrspruch sprach: »Wie du mir, so ich nicht dir, sondern du dir selbst!« Hierauf zeichnete er ein nach unten gerichtetes schwarzes Dreieck über das dritte Auge der Frau. Nach nochmaliger dreifacher Wiederholung des Abwehrspruches stach er eine Nadel quer durch beide Augen des Bildes. Hiermit nahm er ihr den Blick auf ihn, und verschloß sie zugleich in ihrer eigenen Widrigkeit. Erneut wiederholte er seinen Spruch und legte das Bild auf die schwarze Schlinge. Hierauf schloß er sich wieder zur Gänze in seine Pyramide ein und verweilte dort, bis das wirre Toben und Treiben, das darauf rund um den schwarzen Dom anhob, sich beruhigt hatte. Er stand auf, nahm die weiße Schlinge an sich und hob das präparierte Foto auf. Die schwarze Schlinge beließ er an ihrem Platz, das Üble würde sich fürderhin darum scharen. Das Bild verschloß er ohne Speichel in einem mit Maschine adressierten Briefumschlag. Zurück im Dorf, warf er ihn in den Postkasten. Jetzt erst zog er auch seine Handschuhe aus.

Sobald seine Widersacherin den Brief öffnen würde, würde das, was ihr auf magischem Wege bereits zugekommen war, sie auch in sinnlicher Weise anspringen, und sie würde von den Kräften ihrer eigenen Hexerei erfaßt und niedergerungen werden und über diesen Kreis niemals mehr hinauswirken. Ja, durch jedes magische Wirken würde sie sich nur noch weiter in ihr eigenes Gespinst einschließen und verwirren.

Anmerkung: Jeder weißmagische Widerzauber stellt eine Gratwanderung dar, die neben einer gehörigen Portion Unerschrockenheit auch vollkommene Selbstbeherrschung und Selbstsicherheit verlangt, um nicht in die Abgründe des gemeinen Zaubers zu schlittern. Es ist eine Magie der Ultima ratio, auf die man sich grundsätzlich nur einlassen sollte, wenn man bei bestem Wissen und Gewissen und gründlicher Prüfung aller Umstände keinen anderen Ausweg mehr findet. Das Prinzip solchen Widerzaubers besteht darin, den magischen Widersacher gleichsam in seine eigene Grube zu stürzen. Deshalb dürfen in ihm zwar mediale Elemente, die gemeinhin der schwarzen Magie zugewiesen werden, eingesetzt werden, allerdings nur insofern, als sie auch absichtslos in den Zauber eingeführt werden. Dies bedeutet, der Magus vollzieht keinen magischen Akt aus sich heraus, vielmehr versteht er sich frei von allen Gefühlen und allem Wollen als Vollführender, der ausschließlich die magische Kraft des Widerparts nützt; für den Augenblick wirkt er nur als ein Spiegel, der die destruktiven gegnerischen Energien auf das ausgewählte Objekt sowie auf den Gegner selbst fokussiert. So kreiert er ein Apotropäum, das erst in der Hand des Widersachers zum wirksamen Symbol gerät. Denn es wird allein der Widersacher sein, der die Symbolik in seinem Sinne erkennt und belebt. Mit dem Apotropäum wird ihm also ein Spiegel zugespielt, in dem er seiner eigenen Häßlichkeit gewahr wird, und es liegt in der Folge einzig und allein an ihm, ob er, in seiner Konditionierung verhaftet bleibend, sich diesem Bild verschließt und durch fortgesetzten Schadenszauber sich nunmehr selbst konzentriert beschädigt oder ob er hiervon, dank eines ihn erleuchtenden Moments der Selbsterkenntnis, fürderhin davon abläßt. Schließlich werden ihm mit dem Apotropäum beide Möglichkeiten in die Hand gegeben.

Die Zuspielung eines mit dem Widerzauber verbundenen Zaubersiegels, im beschriebenen Ritual das präparierte Bild, ist eine erwünschte, verstärkende Bekundung, um den Gegner bewußt und nicht nur magisch diffus zur Auseinandersetzung mit seinem Tun zu zwingen. Allerdings sollte der Magus penibel darauf achten, daß er mit dem Siegel keine persönlichen Kontaktkräfte dem Widersacher zukommen läßt, werden doch berührte Gegenstände in der Magie generell als attraktive Medien verstanden, die die magische Absicht für gewöhnlich zwingend auf ihren vormaligen Eigner ziehen. Aus diesem Grunde werden magische Medien, die mit der Energie einer anderen Person beladen sind, auch gerne an unverfänglichen Plätzen deponiert, um einen Zauber abzulenken. Im beschriebenen Ritual war es die schwarze Schlinge, die im Hain zurückblieb und der nach dem Zauber die wütende Kraft der Widersacherin anhaftete. In der Volksmagie werden solche ideomagisch geladene Medien an Kreuzwegen hinterlegt, damit der zu bannende Geist seine Orientierung verliert beziehungsweise, in seine Zweifel und Zwiespältigkeit geschirrt, bleibend umherirrt.

An der Schwelle zur Anderwelt

Als er von ihrem Unfall erfuhr, eilte er ins Krankenhaus. Dort, vor der Schleuse zum Operationssaal, erfuhr er, wie schlecht es um sie stand. Die Blutungen waren nicht zu stillen, sie erhielt eine Blutkonserve nach der anderen. Wenn nicht ein Wunder geschähe, sei mit dem Schlimmsten zu rechnen. Verzweifelt saß er in dem langen Korridor, die Operation dauerte an, er kam schier um vor Sorge und flüchtete sich in den Klinikgarten. Dort erinnerte er sich, wie er seinerzeit der Seele seines verstorbenen Freundes half, sich zu lösen und in die Anderwelt überzugehen.

Es war während seiner morgendlichen Meditation, als er einen Tag vor dem Tod des Freundes einen dunklen Schatten in seiner Aura bemerkte. Er wogte grauschwarz in seinem Rücken auf seiner Herzseite. Er hielt diesen Schatten für eine persönliche Belastung und versuchte, diese Energie abzuleiten. Am nächsten Tag starb der Freund. Darauf zündete er für ihn drei Räucherstäbchen an und sprach mit dessen Seele. So wie der Rauch aufstieg und sein Duft die Sinne anregte, so sollte auch er aufsteigen, sich lösen und zugleich allen berührend im Sinn bleiben. Er wiederholte die Räucherung bis zum Tag der Beerdigung – morgens, mittags, abends und zur Nacht. Am Morgen danach nahm der Schatten in seiner Aura an Mächtigkeit zu, er verdichtete sich, war farbintensiver und schien von eigener Dynamik zu sein. Ihm wurde deutlich, daß dies nicht Ahnung oder Trauer war, sondern Berührung durch den Geist des Freundes. Er ließ sich auf ihn ein und verstand, daß er sich noch in der Zwischenwelt aufhielt, daß er sein gelöstes Wesen noch nicht verstand und deshalb in der Bindung sein Fortwähren suchte. Also schickte er sich an, das begonnene Seelenamt fortzuführen, galt es doch für ihn, sich dieser Bindung zu versagen. In seiner Meditation imaginierte er die Farbe Eisblau, die Farbe spiritueller Strenge. Sie formte sich zunächst vor seiner Brust zwischen Herz- und Kehlkopfchakra, gewann Atemzug um Atemzug an Stärke, bis sie sich schließlich in seine Aura ergoß. Dabei lenkte er den eisblauen Aspekt bewußt in seinen Rücken. Dort umschloß er den Schatten, und er konnte ihn darauf aus seiner Aura drängen, indem er ihn über die linke Hand zum Boden hin ableitete. Gleichzeitig sprach er mit der Seele des Freundes, versicherte ihr seine Liebe und ermunterte sie, sich zu lösen, um hinübergehen zu können. Seine Aura klärte sich rasch, nahm wieder eine gleichmäßige Form an und weitete sich. Der eisblaue Aspekt behauchte den Rand seines Lichtkleides. Der Seelenschatten des Freundes schwang nun außerhalb auf der rechten Seite, eine Armspanne über seinem Kopf. Wieder sprach er mit ihm, ihn tröstend und ermunternd, sich der notwendigen Lösung nicht zu widersetzen, und er ahnte, wie sich der Schatten entfernte und allmählich zu verwehen begann.

Diesmal aber war es anders. Er saß auf einer Bank im Klinikgarten, und für einen Augenblick schwand seine angstvolle Sorge, die Natur um ihn berührte ihn, er floß in sie über und sah in seine Aura. Am Rande seines Lichtkleides bemerkte er den Schatten des Todes. Ihre Seele war bei ihm. Sie wehte um seine Aura, und ihr Schatten stand ihm direkt gegenüber. Voll Schmerz erkannte er die flüchtige Seele, sie war dabei, sich sterbend in die Zwischenwelt hinein zu lösen. Ihr Schatten war jedoch nicht von dem letalen Schwarzgrau, wie vordem der Schatten des Freundes, sondern ein wenig lichter und blauviolett durchwebt. Noch lebte sie. Mit Tränen in den Augen öffnete er seine Hände und wandte sich ihr zu, tief ein- und ausatmend. Mit jedem Einatmen zog er über das Handchakra seiner rechten Hand ihren Seelenaspekt in sich ein und blies ihn mit dem Ausatmen über das zentrale Chakra seiner linken Hand in sein Lichtkleid hinein. Dort sammelte er sich, doch er ahnte, daß er noch keine Festigkeit gewann. Das Ringen mit dem Tod hielt an, und wieder entfloh sie ihm, wollte hinübergleiten in die Zwischenwelt. Also formte er die magische Mudra, die ihm aus einem Shingon-Schrein zugetragen worden war, dazu besann er sich auf die Grenze seines Lichtkleides, das von ihrer Seele umweht wurde. Gleichzeitig legte er die Daumenspitze seiner linken Hand gegen den Nagel des kleinen Fingers und atmete wieder tief und gleichmäßig ein und aus. Beim Einatmen klopfte er mit der Fingerspitze des kleinen Fingers der rechten Hand gegen den Gelenkknöchel des Nagelgliedes des kleinen Fingers der Linken, ohne jedoch die Mudra zu lösen. Beim Ausatmen wechselte er klopfend auf den Knöchel des linken Daumens. Ihr zuvor noch flüchtiger Seelenschatten drängte sich darauf, gleich einer zur Wasseroberfläche aufsteigenden Luftblase, in seine Aura und stabilisierte sich in ihr. Er setzte die Mudra fort und wußte sie nunmehr dem Leben wieder zustrebend bei sich. Später vor dem Operationssaal wurde ihm gesagt, daß die Krise überstanden sei; das erhoffte Wunder war geschehen.

Anmerkung: So gut wie alle Rituale, die sich dem Übergang vom Leben zum Tod widmen, sind ihrer Natur nach Abwehrrituale, die den Toten in die Sphäre der Anderwelt bannen wollen. Dahinter steht die Furcht, der Tote könnte sich um seines Fortwährens willen der Seele der Lebenden bemächtigen. Auch der weiße Magus wird die tote Seele durch apotropäische Mittel von sich fernhalten, gleichzeitig aber wird er sich darum bemühen, ihr den Übergang zu ermöglichen. Hierzu hat er auch die Kompetenz, ist er doch selbst bereits durch das Tor gegangen, vor dem die wankende Seele des Verstorbenen in der Zwischenwelt steht. Eben diese aus seiner transzendenten Sicht erwachsene Sicherheit erlaubt ihm, eine Seele hinüberzugeleiten oder eine Seele aus dem Grenzbereich ins Leben zurückzuführen. Dementsprechend sind es weniger die magischen Techniken als vielmehr seine spirituelle Kraft, die seinem Bemühen gerecht wird. In diesem Sinn steht er in der Rolle des Charon, des Fährmanns, der sein Boot über den Styx lenkt; dessen Wirken läßt sich ebenfalls nicht vom Schlag seines Ruders oder der Machart seines Bootes ablesen, sondern ruht ausschließlich in seiner Mächtigkeit, von einer Welt in die andere wechseln zu können.

Unerlöste, nach Fortwähren strebende Seelen versuchen sich im übrigen ebenso wie dämonische Kräfte, an Menschen über den Rücken von der Herzseite her anzubinden. Aus diesem Grund wird der Magus diesem Bereich der Aura sowohl bei sich selbst als auch bei anderen Personen seine eigentliche Aufmerksamkeit widmen, sobald er den Verdacht hegt, die Ursache einer umsessenen Befindlichkeit könnte okkulter Natur sein. Für den ohnehin aurasichtigen Magus dürfte eine solche Feststellung unproblematisch sein. Gleichwohl wird er seine Sicht auch sensorisch überprüfen, indem er mit der offenen Hand die Einwirkung in der Aura überprüft. Bemerkt er dabei ein deutliches Kältegefühl in seiner Hand und eine abgekapselte Verdichtung in der Sphäre des Lichtkleides, wird er seine Sicht bestätigt finden. Zusätzlich kann er sie noch mit dem Pendel überprüfen, indem er mit dem Pendel durch die Aura streicht und so nach etwaigen Verdichtungen forscht, deren Qualität er alsdann, das Pendel befragend, überprüft.

Die Magie des Lächelns

Das Ritual war beendet, und er wußte, daß der Zauber, obwohl er ihm Richtung und Ziel zugewiesen hatte, noch bei ihm im Kreis weilte. Indessen war er erfahren genug, sich dadurch nicht erschrecken zu lassen. Es war ihm ein bekanntes, wenn auch äußerst selten widerfahrenes Phänomen, und ihm war klar, was zu tun sei. Er würde den Zauber mit sich tragen, um ihn persönlich zu überbringen, und erst, wenn er erkannt werden würde, könnte er auch überfließen und sein Ziel erhellen. Gleichzeitig wußte er, welches Siegel den Zauber bis dahin bewahren würde. Ein Lächeln sollte es sein.

Also setzte er sich vor den Spiegel und betrachtete sein Spiegelbild. Musterte er sich anfänglich noch in gewohnter Weise in seiner reflektierten Erscheinung, so blickte er sich nach einer knappen Weile direkt in die Augen. Hierdurch verengte sich sein Blickfeld, und es entstand jenes seltsame Wechselspiel, das dieserart Zauber stets einleitete. Was ihm aus dem Spiegel ansah, wurde für kurze Momente zu einem Gegenüber, das ihn seinerseits betrachtete, um im nächsten Augenblick wieder spiegelndes Abbild zu sein und sich im darauffolgenden Wimpernschlag erneut zum Gegenüber zu wandeln, dem er nun seinerseits befremdet in die Augen schaute. In dieser Weise sprang die Sicht in und aus dem Spiegel hin und her, bis sie sich stabilisierte und sich, nur getrennt durch die Scheibe, zwei Fremde, aber dennoch

Vertraute beäugten. Sie sahen einander so umfassend und tief, daß ihr Blick seine Starrheit verlor und auch das Gesichtsfeld durchstreifen konnte, ohne daß sich das jeweilige Gegenüber verflüchtigte.

Eine Zeitlang beobachteten sie sich so, interessiert und wohlgefällig, aber auch gelegentlich etwas kritisch und ein wenig eifernd. Es war beinahe so, als wären zwei mit sich mit ihren Doppelgänger konfrontiert; man sah in Sekundenbruchteilen nach dem Gleichen, dem Ähnlichen und dem Anderen, um sich selbst sowohl im Gegenüber als auch in sich zu erkennen. Doch schließlich besann er sich wieder auf den Zweck dieser meditativen Begegnung, und auch sein Gegenüber schien sich daran zu erinnern. Eine Sekunde lang war man unglaublich weit auseinander, er hier vor dem Spiegel, es dort in der Tiefe der anderen Seite. Aber es wußte, was er von ihm erwartete. Dies belustigte es ebenso wie ihn, und es schenkte ihm ein zauberhaftes Lächeln. Dieses Lächeln flog ihm zu und verband sich mit seinem Herzen. Der Zauber war besiegelt. Er lächelte zurück, und das Trennende der Scheibe zerfloß, man war sich ein einig Du und Du. Nachdem er kurz über den Spiegel wischte, war der Zauber verflogen, und er sah sein Spiegelbild, so wie er es immer sah.

Wenige Tage später bot sich ihm die Gelegenheit, seinen Zauber zu überbringen. Er traf sie im Kreis ihrer Freunde, begrüßte sie und lächelte sie an, es war das Lächeln aus dem Spiegel, ihre Augen flammten auf, und er spürte, wie der Zauber überfloß.

Anmerkung: Der dem beschriebenen Ritual beigegebene zusätzliche Zweck ist durchaus sinnbildlich zu verstehen, denn durch diese Spiegelmeditation nehmen Sie nicht nur die Magie des Lächelns auf, vielmehr vermitteln Sie sich mit dem Lächeln zugleich einen manaträchtigen Impuls. Es ist

Ihre Zauberkraft an sich, die sich Ihnen mit diesem Lächeln mitteilt und einschreibt, insofern ist dieses Ritual von grundsätzlicher Natur. Mit der Magie des Lächelns verschaffen Sie sich folglich ein allzeit wirksames und einsetzbares magisches Instrument. Wann immer Sie sich ihm erinnern und es Ihre Lippen umspielt, verzaubern Sie zugleich Ihre Mitwelt und lassen sie an Ihrem Mana teilhaben. Es ist ein Geschenk, das wir allemal großzügig verteilen dürfen.

Zudem läßt sich das beschriebene Wechselspiel vor einem Spiegel auch zur magischen Selbsterkundung abwandeln. Besonders effektvoll gestaltet sich diese Meditation des Nachts, wenn nur eine Kerze die Szene erhellt. Um eine räumliche Geschlossenheit zu bewirken, sollte dazu die Kerze so ausgerichtet werden, daß der Spiegel ihre Flamme nicht reflektiert. Da man bei einer solchen Selbsterkundung sehr tief in seine Seelenschründe zu blicken vermag und dementsprechend Verdrängtes leichter als sonst an die Oberfläche getragen werden kann, sollten wir uns unserer Eigentlichkeit trotz aller Hingabe und lösender Lust an das Gegenüber stets hintergründig bewußt bleiben. Nur so können wir jederzeit in die schützende Realität zurückfinden. Ob so oder so zum Anlaß genommen, sollten wir zum Abschluß einer Spiegelmeditation auf die Einigung der hierbei gesplitteten Seelenanteile achten, indem wir unsere Hand gegen den Spiegel führen, ihn berühren und besiegelnd darüber wischen.

Wegen der Gefahr möglicher Irritationen sollten wir grundsätzlich in labilen Stimmungen auf diese Art der Magie verzichten; sie bewirkt in solchen Momenten selten Klärung, hingegen bleibt das Risiko sich verfestigender Selbsttäuschungen unübersehbar.

Heilsame Kraft und Stärke schöpfen

Der neue Mond hatte sich mit der Sonne hinter den Horizont gesenkt, und wie jeden Monat zu dieser Zeit begab sie sich in ihren Zauberkreis, um sich ihrer magischen Macht zu versichern und gleich dem Mond neue Lebenskraft zu schöpfen. Lieblicher Duft wehte aus ihrer Räucherampel und füllte den Raum. Sie saß auf dem Boden und ließ die letzten vier Wochen in Gedanken Revue passieren und blickte voraus, was die kommende Mondphase ihr bescheren würde. Sie war zufrieden und begann, die Kontemplation beendend, sich in ihren Atem zu versenken. Hierzu stand sie auf und stellte sich mit leicht geöffneten Beinen unverkrampft in die Senkrechte. Tief und gleichmäßig atmete sie ein und aus, mit dem Wohlgeruch floß Lieblichkeit in ihr Gemüt. Und mit jedem Atemzug gewann sie das Gefühl, mit der Unermeßlichkeit ihres magischen Raumes zu schwingen. Nicht mehr sie atmete, sondern dieser Raum atmete mit ihr. Der Puls des Raumes begann ihren Körper zu erfassen, und als sich ihr Eindruck verstärkte, auch der Boden würde mitpulsieren, stellte sie die Musik an. Es war ein melodiöses von kräftigen Takten unterlegtes Spiel. Noch stand sie still und atmete weiter unverändert gleichmäßig. Doch ihr Geist konzentrierte sich auf ihr drittes Auge, jene hoch empfindsame Stelle über der Nasenwurzel. Sie spürte das Kribbeln der Ameise, erst sanft, dann immer kräftiger. Es war ihr bereits schmerzhaft, als sich vor ihrem inneren Auge das Mandala entfaltete. Silbern und Blau entfaltete sich sein Stern, stob hinaus in die Weite des Raumes, sammelte sich wieder und begann, den Puls ihres Atems übernehmend, sich zu drehen. Jetzt bewegte auch sie sich. Folgte sie anfänglich noch dem Puls des Mandalas, gab sie nach und nach dem Rhythmus der Musik Vorrang und ließ sich auf deren Takt ein. Das Mandala schien sich von ihr zu lösen und sie zu umfassen. Es bewegte sich mit ihr, als wäre es nunmehr es selbst, das sie zum Tanz verlockte. Sie tanzte mit geschlossenen Augen, und aus ihrem dritten Auge strömten Bilder, die in den Kreis hineinpurzelten, sich mit ihr im Reigen drehten und in den Raum hinaus verwehten. Gute und belastende Gefühle taten sich ihr kund, bekannte und verborgene Wünsche, vergessene und erinnerte Begegnungen. Es war ihre Seele, die sich ihr offenbarte, und sie war schön. Doch all dies geschah längst in lichter Trance. Hier war niemand mehr, der das Geschehen beherrschte, das Geschehen selbst hatte seine eigene Mächtigkeit gewonnen, und es war voller Harmonie. Als die Musik endete, setzte sie ihre Bewegung fort. Allmählich wurde sie langsamer und stand still. Auch das Mandala, das sie die ganze Zeit begleitet hatte, bewegte sich nicht mehr, doch noch hielt es sie wie Sternenstaub umfaßt. Erst kaum merklich, dann immer schneller flogen die silberblauen Sterne auf sie zu und vereinten sich mit ihr. Das Mandala war in sie zurückgekehrt, und sie erwachte aus ihrer Trance.

Sie nahm die vorbereitete Figur aus Teig, die sie zuvor gebacken hatte, vom Tisch. Sie war noch warm und sie wärmte die Handfläche ihrer linken Hand, in die sie sie gelegt hatte. Sie betrachtete die Figur und ließ zu, daß sie sich von ihrer Kraft belebte, sie sah, wie sie sich mit ihrem Puls hob und senkte. Und als sie in ihr ein Stück Eigenes bemerkte, hob sie sie mit beiden Händen hoch und hielt sie vor ihr drittes Auge. Gleich einer Sternschnuppe sprang ein Funke aus ihrem Inneren auf die Figur über. Es war das auf kleinsten Raum konzentrierte Muster des Mandalas, das zuvor mit ihr in der Unermeßlichkeit pulsiert und sich mit ihr durch die magische Sphäre gedreht hatte. Jetzt, solchermaßen beseelt und mit magischer Macht geladen und durchströmt, schien sich die Figur zu erwärmen und an Eigenständigkeit zu gewinnen. Sie senkte sie vor ihr Herz, blickte sie an und war beglückt von der Harmonie, die zwischen ihnen schwang und beide miteinander verband und sich zu einem Kreis formte. Der Kreis schloß sich, und sie verspeiste die manaträchtige Teigfigur. Jetzt mochte der Mond wieder seine mehrwöchige Bahn von Westen gen Osten durch das Firmament ziehen, sie würde seine Kraft bewahren, bis er als schmale Sichel wiedergeboren werden würde.

Anmerkung: Magie war stets auch mit der Vorstellung des Heilens verknüpft. Diese Anschauung beschränkte sich nicht nur auf die medizinischen Anwendungen der Iatromagie, sondern wurde sehr weit gefaßt, indem alles, was dem Menschen, seinem Körper und seiner Seele förderlich war, als heilende Magie galt. Heilsein waren demzufolge gleichermaßen seelisches Heil und Gottesnähe, wie Gesundheit und Wohlbefinden und die Abwesenheit dämonischer Kräfte und bösen Geschicks. Aus weißmagischer Perspektive wird dies kaum anders verstanden, wobei hier freilich der Dreh- und Angelpunkt vermehrt in der jeweiligen Person gesehen und gesucht wird. Dementsprechend ist weiße Magie in ihrem Kern immer auch eine Magie der Selbststärkung – wenn nicht gar der eigentliche Beweggrund magischen Handelns überhaupt. Die Verbundenheit mit der mystischen Sphäre, dem magischen Raum, stets neu erkennen und sich einleben ist, was den weißen Magier im Grunde seines Herzens umtreibt.

Möglichkeiten, ein entsprechend stärkendes Ritual zu gestalten, gibt es viele, und sie lassen sich vielerorts in allen Kulturen abschauen. Sei es der Gläubige, der sich hierzulande fastend zu mehrtägigen Exerzitien in ein Kloster zurückzieht, oder der Schamane in den Weiten Sibiriens, der in die Einsamkeit geht, um mit den Sternen Zwiesprache zu halten, während ihn der Wolf furchtsam umstreift;

sei es der indianische Medizinmann, der nach der heiligen Wurzel gräbt, die ihn den Göttern näher bringen wird, oder der indische Saddu, der nackt und ruhelos durch das Land seinem Gott entgegen wandert. In allem magischen Tun dieserart gewinnt der Suchende innere Stärke, und stets wird seine Näherung an die übersinnliche Sphäre von Momenten der Trance begleitet, in denen die Verbindung am intensivsten ist und man vor zuströmender Kraft schier überbordet.

Gelegentlich wird diese Verbindung auch mit Hilfe von Drogen gesucht. Selten nur ist solche Näherung heute noch in ein tradiertes und kontrolliertes Ritual gebunden, weshalb Fehlentwicklungen und Abgleiten in anhaltende Wirrnis ein reales Risiko darstellen. Zweifelsohne führen Drogen zu transpersonalen und sich Transzendentes erschließenden Bewußtseinszuständen, so zum Beispiel die mittelalterlichen Hexensalben, die, wie neuere Experimente mit alten Rezepturen belegten, orgiastische und orgastische Flugträume bewirkten, oder der kultische Verzehr der Peyote-Wurzel durch mexikanische Indianer, die die prä-kognitive Wahrnehmung anregt und teilweise verblüffende divinatorische Sichten erlaubt. Andererseits gleichen solcherart Erfahrungen oft einem Blick über einen Zaun, vor dem man selbst noch nicht steht; weshalb wohl auch der Drogengebrauch beim Adepten eher zu bemerken ist als bei einem Meister. Der Einsatz von Drogen mag deshalb als Stimulans zum bewußten Erahnen magischer Sphären hinnehmbar sein, dienlich ist er indes in der Tat höchst selten, da er stets auf psychischer Reduktion beruht. Dies gilt insbesondere für die weiße Magie, deren magische Sphäre sich nicht halluzinieren läßt, da man in ihr nur in Ganzheit sein oder nicht sein kann. Nüchterne und dennoch ekstatische Trance hingegen kann den Zugang zu ihr beschleunigen und das Einleben in diese Sphäre stimulieren, wobei die sensuellen Hilfsmittel hierzu erlernt und eingeübt werden können; ihre untereinander austauschbaren Bausteine sind Ruhe, Zeit, Atem, Körperhaltung, Rezitation, Imagination, Bewegung, Rhythmus, Entspannung, Sinnlichkeit und Wiederholung. Die hieraus resultierende Erfahrung ist freilich grundsätzlich anderer Art als vorgestellt. Deshalb sei daran erinnert: Solange wir in unseren Vorstellungen verharren, werden wir diesen und ausschließlich diesen begegnen. Dabei bleiben wir jedoch im Bekannten, wo das Magische allemal nicht ist.

Die stärkende Hand, ein magischer Gruß

In unseren Händen offenbart sich unser Wesen. Zwar läßt sich aus den Händen die Zukunft nicht ersichtlich herauslesen, sondern man kann allenfalls Prognosen darüber anstellen, welche Prioritäten ein Mensch aufgrund seiner Prägungen augenblicklich setzt und sich demzufolge selbst gerecht wird oder nicht. Dafür aber verrät uns seine Hand weit mehr über seine seelische Innerlichkeit und die Harmonien und Disharmonien seiner Psyche. Aristoteles sah in der Hand das äußere Pendant zum Gehirn und erkannte somit, was moderne Hirnforschung indirekt bestätigend wiederholt. Unsere Hände sind wegen ihrer extremen sensorischen Taktilität das Körperteil, das mit 60 Prozent Oberflächenreiz in der Gehirnrinde über die großflächigste und verzweigteste Präsenz verfügt. Und so kann man sagen, der Geist liegt in der Hand, und wer die Hand berührt, berührt gleichsam den Geist. Dies soweit vorweg, um zu veranschaulichen, weshalb eine kleine Geste eine nachhaltige magische Sensation zu vermitteln vermag.

Wollen wir einen anderen Menschen ein wenig von unserer magischen Sphäre vermitteln, oder wollen wir ihn durch einen kräftigenden Impuls aufrichten oder ihm weißmagischen Schutz zukommen lassen, legen wir seine geöffnete rechte Hand in unsere Rechte und streifen mit der Kuppe des linken Ringfingers durch seine Hand, und zwar von der Handkante am Handgelenk beginnend quer durch die Handfläche zur äußeren Zeigefingerwurzel.

Nach den Prämissen der Cheirosophie, der abendländischen Handlesekunst, werden hierbei folgende Momente angesprochen und sensibilisiert: Die rechte Hand gilt als die der Tatsächlichkeit unterworfene Hand, in der Ratio und Tagbewußtsein vorherrschen und mit der wir aus dem Gegebenen heraus unser Leben aktiv gestalten. Sie ist die aufnehmende Hand, die Hand des Augenblickes und des Werdenden. Die geöffnete rechte Hand unseres Gegenübers, in der unsrigen liegend, versinnbildlicht Vertrauen und Behütetsein. Zugleich vermitteln wir ihm über den Handrücken unsere Gegenwärtigkeit und nehmen ihn in seiner Geschichte uneingeschränkt an – zeigt sich der Mensch doch mit seinem Handrücken von seiner Oberfläche her so, wie er gesehen werden möchte.

In der linken Hand, mit der wir den magisch streifenden Gruß führen, ist unser wesenhaftes Potential geborgen, sie ist die Hand der seelischen Innerlichkeit, die unbewußte emotionale Hand, mit der wir verarbeiten, was wir über die rechte aufnehmen, und durch die wir uns auf stille Weise offenbaren. Der Ringfinger, mit dessen Spitze wir durch die Hand streichen, gilt als der sonnige oder schöne Finger. In ihm sind unsere Sinnlichkeit und Schöpferkraft verschlüsselt, es ist der Finger der Zuwendung und des Mitgefühls. In seiner Spitze wirken vom Transzendenten berührte Kräfte. In diesem Sinne mag man ihn auch als den magischen Finger verstehen. Streift nun der Finger von links unten nach rechts oben durch die Hand unseres Gegenübers, verbindet er mit dem Handballen, der Handmitte und dem Berg über der Fingerwurzel des Zeigefingers die

Zentren, in denen unser Unterbewußtsein, unsere Notwendigkeit und unser Selbstbewußtsein geborgen liegen. Hierdurch werden die Extreme verbunden, die die Spanne unseres alltäglichen Wirkens ausmachen: Seelentiefe, Lebensmitte und Selbstverständnis; wodurch die knappe Geste sich auch zu einem Sinnbild erhofften Heilseins gestaltet.

Der solchermaßen gesetzte Impuls hallt als Sinnesreiz meist bis zu einer halben Stunde nach und ist auch nach mehreren Stunden noch sensorisch erinnerlich. Die mit ihm vermittelte magische Übertragung hält dementsprechend länger vor. Wer sich bewußt auf diesen Anstoß einläßt, wird neben der sinnlichen Wahrnehmung auch ein meditatives Verständnis für die ihm zugeflossene Kraft gewinnen.

Anmerkung: So segensreich diese Geste auch sein mag, ist sie kein Gruß gleich dem Händeschütteln, sondern praktizierte Magie. Deshalb sollten Sie sie niemals ohne das Einverständnis Ihres Gegenübers führen. Schließlich ist es ein unumstößliches Prinzip der weißen Magie, daß wir nur dann für eine andere Person magisch tätig werden sollten, wenn wir von ihr darum auch gebeten worden sind. Dafür dürfen Sie sich den magischen Gruß durchaus selbst angedeihen lassen, ist er doch ein patentes Mittel, uns selbst in unserer Intention zu stärken und uns unser magisches Wirken auch in einer sinnlichen Weise zu vermitteln.

Literatur

Anonym: Geschichte einer Somnambüle – Reisen in den Mond, in mehrere Sterne und in die Sonne. Heilbronn 1837.

Aram, Kurt: Magie und Zauberei in der alten Welt. Berlin 1927.

Avalon, Arthur (Sir John Woodroffe): Die Girlande der Buchstaben – Varnamālā, Studien über das Mantra-Shāstra. München o.J.

Avalon, Arthur (Sir John Woodroffe): Die Schlangenkraft – Die Entfaltung der schöpferischen Kräfte im Menschen. München 1988.

Avalon, Arthur (Sir John Woodroffe): Shakti und Shakta – Lehre und Ritual des Tantras. München 1988.

Bach, Edward: Blumen, die durch die Seele heilen – Die wahren Ursachen von Krankheit, Diagnose und Therapie. München 1980.

Bächtold-Stäubli, Hanns (Hrsg.) unter Mitw. von Hoffmann-Krayer, Eduard: Handwörterbuch des deutschen Aberglaubens. Berlin 1942/1986.

Bauer, E. und Lucadou, W. von: Spektrum der Parapsychologie. Hans Bender zum 75. Geburtstag. Freiburg 1983.

Bauer, Johannes B.: »Die Sator-Formel und ihr ›Sitz im Leben‹«. Adeva Mitteilungen Heft 31. Graz 1972.

Bauer, Wolfgang; Dümotz, Irmtraud und Golowin, Sergius: Lexikon der Symbole. Wiesbaden 1986.

Becker, Udo: Lexikon der Symbole – Mit 16 Farbtafeln und über 900 einfarbigen Abbildungen. Freiburg i.Br. 1992.

Bellermann, Joh. Joach.: Die Urim und Thummim – die ältesten Gemmen. Berlin 1824.

Biedermann, Hans: Lexikon der magischen Künste – Die Welt der Magie seit der Spätantike. München 1986.

Binder, Hans (Hrsg.): Macht und Ohnmacht des Aberglaubens – Magie, Wissenschaft, Pseudowissenschaft. Pähl 1992.

Bischoff, Erich: Die Mystik und Magie der Zahlen – Arithmetische Kabbalah. Berlin 1920.

Blau, Ludwig: Das jüdische Zauberwesen. Frankfurt a.M. 1987 Nachdruck.

Bloch, Ernst: Das Prinzip Hoffnung. Frankfurt a.M. 1977.

Braem, Harald: Die magische Welt der Schamanen und Höhlenmaler. Köln 1994.

Buber, Martin und Rosenzweig, Franz: Die Schrift – Aus dem Hebräischen verdeutscht von Martin Buber gemeinsam mit Franz Rosenzweig. Stuttgart 1992.

Conrad, Joachim und Krämer, Ralf: Weiße Magie im Köllertal des 18. und 19. Jahrhunderts – Kommentierte und mit einer Einleitung versehene Abschrift diverser Zauberbücher aus dem Pfarrarchiv Kölln. Püttlingen 1995.

Couliano, Ioan P.: Jenseits dieser Welt – Außerweltliche Reisen von Gilgamesch bis Albert Einstein. München 1995.

Deschner, Karlheinz: Der gefälschte Glaube – Eine kritische Betrachtung kirchlicher Lehren und ihre historischen Hintergründe. München 1988.

Dias, Jorge: »Ntela, der Begriff für unpersönliche Wirkungskräfte und die allgemeine Magie-Vorstellung der Makonde«. Paideuma Band 13. Wiesbaden 1967.

Dietzfelbinger, Konrad: Mysterienschulen – Vom alten Ägypten über das Urchristentum bis zu den Rosenkreuzern der Neuzeit. München 1997.

Döderlein, Günter: Die Trepanation aus ihrer Geschichte. Tuttlingen 1988.

Eggebrecht, Arne (Hrsg.): Glanz und Untergang des alten Mexiko – Die Azteken und ihre Vorläufer. Mainz 1986.

Eibl-Eibesfeldt, Irenäus: Die Biologie des Menschlichen Verhaltens – Grundriß der Humanethologie. Dritte, überarbeitete und erweiterte Auflage. München 1995.

Endres, Carl Franz und Schimmel, Annemarie: Das Mysterium der Zahl – Zahlensymbolik im Kulturvergleich. München 1997.

Folarou, Stefan: Monizum Filozoficzny N. Taurellusa. Czestochowa 1983.

Frankhauser, Alfred: Magie – Versuch einer astrologischen Lebensdeutung. München 1990.

Frazer, James George: Der goldene Zweig. Eine Studie über Magie und Religion. Frankfurt a.M. 1977.

Freud, Sigmund: Totem und Tabu – Einleitung von Mario Erdheim. Frankfurt a.M. 1994.

Frischbier, H.: Hexenspruch und Zauberbann – Ein Beitrag zur Geschichte des Aberglaubens in der Provinz Preußen. Berlin 1870/Leipzig o.J. Nachdruck.

Gardein, Uwe und Mala, Matthias: Das Jahr hat 13 Monde – Das Wissen um die Macht des Mondes in Geschichte und Gegenwart. München 1996.

Gerling, Reinhold: Der Spiritismus und seine Phänomene. Oranienburg 1921.

Germer, Renate: Mumien – Zeugen des Pharaonenreiches. Zürich, München 1991.

Gold der Skythen aus der Leningrader Eremitage – Ausstellung der Staatlichen Antikensammlung am Königsplatz in München. München 1984

Grandt, Guido und Michael: Schwarzbuch Satanismus. Augsburg 1995.

Gugenberger, Eduard und Schweidlenka,Roman: Mutter Erde, Magie und Politik – Zwischen Faschismus und neuer Gesellschaft. Wien 1987.

Gugenberger, Eduard und Schweidlenka,Roman: Die Fäden der Nornen – Zur Macht der Mythen in politischen Bewegungen. Wien 1993.

Hahner-Herzog, Iris; Kecskési, Maria und Vajda, László: Das zweite Gesicht – Afrikanische Masken aus der Sammlung Barbier-Mueller, Genf. München, New York 1997.

Hartmann, Franz: Die weisse und schwarze Magie oder das Gesetz des Geistes in der Natur. Leipzig 1910.

Hartmann, Günther: Xingú – Unter Indianern in Zentral-Brasilien. Berlin 1986.

Heiler, Friedrich: Die Religionen der Menschheit – Neu herausgegeben von Kurt Goldhammer. Stuttgart 1991.

Heller, Eva: Wie Farben wirken – Farbpsychologie, Farbsymbolik, kreative Farbgestaltung. Reinbek 1989.

Hemminger, Hansjörg (Hrsg.): Die Rückkehr der Zauberer – New Age, eine Kritik. Reinbek 1987.

Hentschel, Kornelius: Geister, Magier und Muslime – Dämonenwelt und Geisteraustreibung im Islam. München 1997.

Herriger, Catherine: Wie Rituale unser Leben bestimmen – Macht und Magie unbewußter Botschaften im Alltag. Weyarn 1998.

Holl, Adolf (Hrsg.): Die zweite Wirklichkeit – Esoterik, Parapsychologie, Okkultismus, Grenzerfahrungen, Magie, Wunder. Wien 1987.

Hörmann, Werner (Hrsg.): Gnosis – Das Buch der verborgenen Evangelien. Augsburg o.J.

Horst, Georg Conrad: Zauberbibliothek oder von Zauberei, Theurgie und Mantik, Zauberern, Hexen und Hexenprozessen. Freiburg 1979 (Nachdruck).

J.M.J. Gnadenbüchel – Das ist: kurzer Innhalt Grosser Gnaden und

Gutthaten so Jesus, Maria, Joseph. München 1679/Unterhaching 1992 Nachdruck.

James, Geoffrey: Engelszauber – Die verbotene Kunst. München 1998.

Jezler, Peter: Himmel, Hölle, Fegefeuer – Das Jenseits im Mittelalter. Katalog des Schweizerischen Landesmuseums. Zürich 1994.

Jonas, Hans: Die Gnosis. Die Botschaft des fremden Gottes. Frankfurt 1999.

Jung, Carl Gustav: Archetypen. München 1993.

Jung, Carl Gustav: Synchronizität, Akausalität und Okkultismus. München 1993.

Kieckhefer, Richard: Magie im Mittelalter. München 1992.

Kiefer, Klaus H.: Cagliostro – Dokumente zu Aufklärung und Okkultismus. Leipzig-Weimar 1991.

Koch, Klaus; Otto, Eckart; Roloff, Jürgen und Schmoldt, Hans: Bibellexikon. Frankfurt a.M. 1992.

Kocicka, Friedrich: Das Magische in uns – Zum Verständnis des Menschen und seiner Ängste. München 1984.

Kock, Gösta: »Die evolutionistische Manatheorie und ihre Kritik«. Ethnos Vol. 16. Lund 1951.

Kolakowski, Leszek: Horror metaphysicus – Das Sein und das Nichts. München 1989.

Kornerup, A. und Wanscher, J.H.: Taschenlexikon der Farben – 1440 Farbnuancen und 600 Farbnamen. Zürich, Göttingen 1981.

Krammer, Markus: Die Wallfahrt zum heiligen Sebastian nach Ebersberg. Ebersberg 1981.

Kükelhaus, Hugo: Urzahl und Gebärde – Grundzüge eines kommenden Maßbewußtseins. Berlin 1934.

Lecanu, A.: Geschichte des Satans – Sein Fall, seine Anhänger, seine Offenbarungen, seine Werke, sein Kampf gegen Gott und die Menschen. Regensburg 1863/Leipzig o. J. Nachdruck.

Lévi-Strauss, Claude: Das Ende des Totemismus. Frankfurt a.M. 1972.

Link, Luther: Der Teufel. Eine Maske ohne Gesicht. München 1997.

Lorenz, Manfred: Umbruch im biologischen Denken – Die geistige Existenz aller Lebewesen. Düsseldorf 1980.

Löw, Reinhard: Die neuen Gottesbeweise. Augsburg 1994.

Makarius, Laura: »The Magic of Transgression«. Anthropos Vol. 69. Sankt Augustin 1974.

Mala, Matthias: Das Pendel bringt es an den Tag – Die Entscheidungshilfe für alle Lebenslagen. Landsberg am Lech 1998.

Mala, Matthias: Magische Hände – Freude und Wohlbefinden durch die gelenkte Kraft der Mudra. München 1997.

Mala, Matthias: Orakelspiele – Verspielte Antworten auf schicksalhafte Fragen. München 1996.

Mala, Matthias: Wahrsagen – Die spielerische Entdeckung des sechsten Sinns. München 1992.

Mala, Matthias: Weiße Magie – 365 schützende und stärkende Praktiken. München 1996.

Mala, Matthias: Esoterisches Handlesen – Karma, Geisteskraft, Schicksal. München 1992.

Mommersteeg, Geert: »'He has smitten her to the heart with love« – The Fabrication of an Islamic Love-amulet in West Africa«. Anthropos Vol. 83. Sankt Augustin 1988.

Morris, Desmond: Das Tier Mensch. Zürich 1994.

Motoyama, Hiroshi und Brown, Rande: Chakra-Physiologie – Die subtilen Organe des Körpers und die Chakra-Maschine. Freiburg i.Br. 1990.

Müller, Jörg: Verwünscht, verhext, verrückt oder was? – Gibt es dämonisch bedingte Störungen? Was sagen Psychologie und Theologie dazu? Wer kann helfen? Stuttgart 1998.

Multhaupt, Tamara: Hexerei und Antihexerei in Afrika. München 1989.

Nemec, Helmut: Zauberzeichen – Magie im volkstümlichen Bereich. Wien 1976.

Nielsen, Enno (Hrsg.): Das große Geheimnis – Die merkwürdigsten der guten Glaubens erzählten Fälle aus dem weiten Gebiet des Übersinnlichen vom Anfang des vorigen Jahrhunderts bis zum Weltkrieg. Ohne Deutungsversuche. München 1923.

Ohm, Thomas: Die Gebetsgebärden der Völker und das Christentum. Leiden 1948.

Okkultismus und Avantgarde – Von Munch bis Mondrian 1900 – 1915, Schirn Kunsthalle Frankfurt. Frankfurt 1995.

Oosten, J.J.: Magie en Rede – een onderzoek naar de invloed van magische denkwijzen binnen ouze op het verstand georiënteerde cultuur. Assen 1983.

Orzechowski, Peter: Schwarze Magie – Braune Macht. Ravensburg o.J.

Peuckert, Will-Erich: Geheimkulte. München 1996.

Peuckert, Will-Erich: Pansophie – Ein Versuch zur Geschichte der weißen und schwarzen Magie. Berlin 1956.

Platta, Holdger: New-Age-Therapien – Pro und contra. Weinheim – Berlin 1994.

Plichta, Peter: Gottes geheime Formel – Die Entschlüsselung des Welträtsels und der Primzahlencode. München 1995.

Popper, K.R. und Eccles J.C.: Das Ich und sein Gehirn. München 1982.

Prokop, Otto und Wimmer, Wolf: Der moderne Okkultismus – Parapsychologie und Paramedizin. Magie und Wissenschaft im 20. Jahrhundert. Stuttgart, New York 1987.

Ramm-Bonwitt, Ingrid: Mudras – Geheimsprache der Yogis. Freiburg i.Br. 1988.

Rätsch, Christian: Die Steine der Schamanen – Kristalle, Fossilien und die Landschaften des Bewußtseins. München 1997.

Röd, Wolfgang: Der Weg der Philosophie – von den Anfängen bis ins 20. Jahrhundert. München 1994.

Röhr, J.: »Das Wesen des Mana«. Anthropos Vol. 14-15. Wien 1920.

Röhr, J.: »Hau und mauri, zwei neuseeländische Begriffe«. Anthropos Vol. 12-13. Wien 1918.

Rohr, Richard und Ebert, Andreas: Das Enneagramm – Die 9 Gesichter der Seele. München 1989.

Röhrer-Ertl, Olav: »Über numinose Zahlen und Möglichkeiten von damit durchführbaren Musterinterpretationen in der Prähistorie«. Mitteilungen der Berliner Gesellschaft für Anthropologie, Ethnologie und Urgeschichte Bd. 16. Berlin 1995.

Sandkühler, Hans Jörg (Hrsg.): Einheit des Wissens – Zur Debatte über Monismus, Dualismus und Pluralismus. Bremen 1996.

Schade, Sigrid: Schadenszauber und die Magie des Körpers. Worms 1983.

Schauenberg, Paul und Paris, Ferdinand: Heilpflanzen: erkennen – anwenden; 370 Pflanzenbeschreibungen. München 1978.

Schlosser, Katesa: Madelas Tierleben – Tiere in Zauberei und Alltag bei Zulu und Tonga, Zeichnungen des Blitzzauberers Laduma Madela. Kiel 1992.

Schmidbauer, Wolfgang und Scheidt, vom Jürgen: Handbuch der Rauschdrogen. Frankfurt a.M.1998.

Schmidbauer, Wolfgang: Psychotherapie. Ihr Weg von der Magie zur Wissenschaft. München 1975.

Schubert, Hermann: Zählen und Zahl – Eine kulturgeschichtliche Studie. Hamburg 1887.

Schult, Arthur: Astrosophie als kosmische Signaturenlehre des Menschenbildes – Umfassende Tiefenschau und Lehre der klassischen Astrologie. Bietigheim 1986.

Seidl, Hans-Christian: Der Mensch ein energetisches System –

Lehrinstitut H.C.S. Medizintechnik Institut für Hochfrequenz-Fotografie. Unterschleißheim 1994.

Seligmann, S.: Die Zauberkraft des Auges und das Berufen. Hamburg 1921.

Shah, Idries: Magie des Ostens – Die geheime Überlieferung des Orients und Asiens. München 1994.

Sheldrake, Rupert: Sieben Experimente, die die Welt verändern könnten – Anstiftung zur Revolutionierung des wissenschaftlichen Denkens. München 1996.

Siegmund, Georg: Der Exorzismus der katholischen Kirche – Authentischer lateinischer Text nach der von Papst Pius XII. erweiterten und genehmigten Fassung mit deutscher Übersetzung. Stein am Rhein 1989.

Simek, Rudolf: Lexikon der germanischen Mythologie. Stuttgart 1995.

Somé, Malidoma Patrice: Vom Geist Afrikas – Das Leben eines afrikanischen Schamanen. München 1994.

Staudenmaier, Ludwig: Die Magie als experimentelle Naturwissenschaft. Darmstadt 1968.

Strohm, Harald: Die Gnosis und der Nationalsozialismus. Frankfurt a.M. 1997.

Tegtmeier, Ralph: Magie und Sternenzauber – Okkultismus im Abendland. Köln 1995.

Tripp, Edward: Lexikon der antiken Mythologie. Stuttgart 1991.

Villiers, Elizabeth: Amulette und Talismane und andere geheime Dinge. München 1927.

Vollmer, Walter: Ramon Llull. Santuari de Nostra Dona de Cura 1996.

Wassner, Rainer: Magie und Psychotherapie – Ein gesellschaftswissenschaftlicher Vergleich von Institutionen der Krisenbewältigung. Berlin 1984.

Weigel, Karl Theodor: Ritzzeichen in Dreschtennen des Schwarzwaldes. Heidelberg 1942.

Wesel, Uwe: Der Mythos vom Matriarchat – Über Bachofens Mutterrecht und die Stellung von Frauen in frühen Gesellschaften. Frankfurt a.M. 1994.

Wimmer, Otto und Melzer, Hartmann: Lexikon der Namen und Heiligen. Innsbruck, Wien 1988.

Wolff, Uwe: Der gefallene Engel – Von den Dämonen des Lebens. Freiburg i.Br. 1995.

Register

310

Zum Autor

Matthias Mala, geboren 1950, wirkt als Schriftsteller, Hörspielautor und Lyriker. 1979 widerfuhr ihm während einer Lebenskrise eine tiefgreifende Initiation. Seitdem widmet er sich der kritischen Erhellung physischer und spiritueller Aspekte der Magie. Seinen neuen Zugang zur Magie sieht er als einen Weg der Erkenntnis in Gestalt einer wiederkreierten weißen Magie.

Matthias Mala hat zahlreiche Bücher veröffentlicht, u.a. »Wahrsagen« (1992), »Magische Hände« (1997).

Johannes Hartlieb

Das Buch der verbotenen Künste

Aberglaube und Zauberei des Mittelalters
Aus dem Mittelhochdeutschen übersetzt und kommentiert
von Falk Eisermann und Eckhard Graf
(Zweisprachige Ausgabe)
Überarbeitet und mit einer Einleitung und
einem Anhang versehen von Christian Rätsch
Diederichs Gelbe Reihe Band 149,
272 Seiten mit 15 Abbildungen, Paperback

Die durch kirchliches Dekret verbotenen Geheimkünste des
15. Jahrhunderts, magische Praktiken, Wahrsagerei und psycho-
aktive Rezepturen, bilden eine Art Kehrseite der anerkannten
freien Künste wie Astronomie und Rhetorik. Unter dem Deck-
mantel der moralischen Verurteilung macht der christliche
Gelehrte Johannes Hartlieb seinen kirchlichen Mäzenen
»Künste« wie Nigromanti, Geomantia und Pyromantia in
seinem Buch schmackhaft.

Kornelius Hentschel

Geister, Magier und Muslime

Dämonenwelt und Geisteraustreibung im Islam
Diederichs Gelbe Reihe Band 134, 264 Seiten, Paperback

Im modernen Volksglauben des Islam spielen Geister und
Dämonen eine zentrale Rolle: Die Dschinn dringen in Menschen
ein und treiben sie zum Wahnsinn, sie verlieben sich in Menschen
und heiraten sie. Kornelius Hentschel ist es gelungen, Zugang zu
muslimischen Heilern und Geisteraustreibern zu erhalten, die mit
Hilfe von Zeremonien, Zaubersprüchen, Amuletten und Talismanen Dschinn austreiben – oder ihre positiven Kräfte beschwören.

DIEDERICHS

John Matthews
Keltischer Schamanismus
Rituale, Symbole, Traditionen
Diederichs Gelbe Reihe Band 148,
304 Seiten mit Abbildungen, Paperback

Theorie und Praxis der keltischen Schamanen: Die Kunst des
Schamanismus, das Leben in Verbindung mit den ursprünglichen
Kräften der Seele und der Natur, findet sich nicht nur in fernen
Kulturen, in Sibirien, Amerika und Afrika. Die reichhaltige
Tradition des keltischen Schamanismus bietet eine Quelle für
spirituelle Lebens- und Erkenntnisformen.
John Matthews hat eine Fülle an faszinierendem Material
zusammengetragen und es für die heutige Zeit zugänglich
gemacht. Neben einer Darlegung der Geschichte des keltischen
Schamanismus bietet Matthews auch zahlreiche praktisch nach-
vollziehbare Beispiele zur Aktivierung von verschütteten
Wahrnehmungs- und Sinnebenen.

Malidoma Patrice Somé
Vom Geist Afrikas
Das Leben eines afrikanischen Schamanen
Diederichs Gelbe Reihe Band 125, 416 Seiten, Paperback

Nach 15 Jahren in einem Jesuitenseminar flieht Malidoma Patrice
Somé im Alter von 20 Jahren zurück zu seinem Volk, dem Stamm
der Dagara in Burkina Faso. Er muß deren lebensgefährlichen
Initiationsrituale auf sich nehmen, um wieder als Stammes-
mitglied aufgenommen zu werden. Eindringlich schildert er seine
Erlebnisse und inneren Wandlungen auf der Reise zwischen
Leben und Tod.

DIEDERICHS

DIEDERICHS GELBE REIHE
Die lieferbaren Bände

DIEDERICHS